大数据丛书

An Elementary Introduction to Statistical Learning Theory
统计学习理论基础

【美】 桑吉夫·库尔卡尼（Sanjeev Kulkarni） ◎著
  吉尔伯特·哈曼（Gilbert Harman）
  肖忠祥 闫效莺 段沛沛 程国建 ◎译

机械工业出版社

本书原作者是美国普林斯顿大学电气工程系和哲学系的两位教授，本书是在普林斯顿大学"电气工程及原理"课程中关于"学习理论和认知论"的入门性课程基础上形成的。

全书共包含 18 章，从概率密度、贝叶斯决策理论引入样本学习的基本概念，进而介绍了最近邻域学习、核学习及神经网络学习，在此基础上探讨了 PCA 学习、VC 维概念、函数估计问题等，最后重点介绍了非常实用的支持向量机（SVM）及 Boosting 算法。各章均包含小结、附录、问题及参考文献，非常适合高等院校计算机类及电气类、自动化类研究生及本科高年级学生作为参考书。

Copyright © 2011 John Wiley & Sons, Inc.

All Rights Reserved. This translation published under license. Authorized translation from the English language edition, entitled An Elementary Introduction to Statistical Learning Theory, ISBN: 9780470641835, by Sanjeev Kulkarni, Gilbert Harman, Published by John Wiley & Sons, Inc. No part of this book may be reproduced in any form without the written permission of the original copyrights holder.

本书中文简体字版由 Wiley 授权机械工业出版社独家出版，未经出版者书面允许，本书的任何部分不得以任何方式复制或抄袭。

版权所有，翻印必究。

北京市版权局著作权合同登记　图字：01-2013-7253 号。

图书在版编目(CIP)数据

统计学习理论基础/（美）桑吉夫·库尔卡尼（Sanjeev Kulkarni），（美）吉尔伯特·哈曼（Gilbert Harman）著；肖忠祥等译. —北京：机械工业出版社，2016.12（2022.2 重印）

书名原文：An Elementary Introduction to Statistical Learning Theory

ISBN 978-7-111-55522-3

Ⅰ.①统…　Ⅱ.①桑…②吉…③肖…　Ⅲ.①统计学　Ⅳ.①C8

中国版本图书馆 CIP 数据核字（2016）第 287366 号

机械工业出版社（北京市百万庄大街 22 号　邮政编码 100037）
策划编辑：王　康　责任编辑：王　康　刘丽敏
封面设计：路恩中　责任校对：佟瑞鑫
责任印制：常天培
固安县铭成印刷有限公司印刷
2022 年 2 月第 1 版第 2 次印刷
169mm×239mm・11.25 印张・211 千字
标准书号：ISBN 978-7-111-55522-3
定价：43.00 元

电话服务　　　　　　　　网络服务
客服电话：010-88361066　机 工 官 网：www.cmpbook.com
　　　　　010-88379833　机 工 官 博：weibo.com/cmp1952
　　　　　010-68326294　金　书　网：www.golden-book.com
封底无防伪标均为盗版　机工教育服务网：www.cmpedu.com

译 者 序

在工程应用及商务分析中，非常重要的任务之一是能够从小样本数据中进行快速机器学习。统计学习理论（SLT）给出了从少量数据样本中抽取模式及其关系的理论基础，这个学习机理的核心是平衡所有解决方案之间的性能与复杂度从而找出最优的解决方案。

支持向量机（SVM）提供的学习能力来自于对统计学习理论的深度数学分析，其学习过程是基于有限的观测值来估计系统的未知关系及其结构的过程。统计学习理论给出了设计这样一个经验主义机器学习的数学条件，这为在精确地表达已有数据和处理未知数据之间保持最佳的平衡提供了解决方案。SVM 的主要优点表现在：①从小样本数据记录中学习；②模型复杂度可控（SVM 可以通过调整一些参数对模型的复杂性进行直接的控制）；③奇异点检测与数据压缩。SVM 的主要缺点表现在：①黑盒模型（SVM 模型的可解释性要比理解神经网络具有更大的挑战性）；②市场推广困难（解释 SVM 及其统计学习理论基础需要深厚的数学背景知识及模式识别经验，甚至对一个经验丰富的研究人员来说都是一个挑战）。

近年来，基于深度神经网络的机器学习理论研究风靡人工智能学术领域，在工业界的应用也崭露头角，引人瞩目的事件是 2016 年谷歌公司的 AlphaGo 战胜世界围棋冠军李世石。一个错误的观点是认为深度学习神经网络将要取代传统的浅层人工神经网络以及基于统计学习理论的 SVM。不可取代的原因在于：其一，科学理论的发展有其自身的规律性，成为学术热点并不代表着会成为核心应用技术；其二，深度学习对复杂异构大数据模式的机器学习较为有效，而对规范的小数据模式 SVM 则是利器；其三，统计学习理论与深度学习的融合或许会对大数据时代的人工智能发展起到一定的推动作用，已发表的基于 SVM 的深度学习及深度 SVM 就是例证。

本书以通俗易懂的方式提供了统计学习理论与机器学习及模式识别的基本概念及常用算法，这包括概率密度函数、贝叶斯决策、最近邻规则、人工神经网络、VC 维、函数估计问题、支持向量机、集成学习等，适合作为高校研究生及本科生的人工智能、机器学习等课程的教学用书及自学参考书。

本书的出版得到西安石油大学优秀学术著作出版基金的支持，在此表示感谢！

程国建

前 言

本书为新兴领域的统计学习理论提供了一个宽泛和易于理解的入门性介绍，这一领域的发展源于对模式识别和机器学习、非参数统计、计算机科学、语言学中的语言学习和认知心理学、哲学问题中的归纳法以及哲学和科学方法论等学科与技术的研究。

本书是"学习理论与认知论"课程的非常好的入门教材，目前已在普林斯顿大学电气工程专业的教学中使用。"学习理论与认知论"课程并没有特定的基础要求，向所有对其感兴趣的学生开放，包括新生、主修科学的高年级学生，以及来自工程、人文、社会科学的学生。虽然许多材料技术性较强，但是我们发现大部分学生可以体会和领悟本书的要点。

模式识别的工程研究关注的是基于一个有用的方法研发出的自动化系统来区分不同的输入模式。为邮局开发的系统用于如何扫描手写地址并将邮件排序，制造商关注如何设计一个计算机系统把普通的谈话内容进行文字转录，还有诸如计算机能否用来分析医学图像，进而做出诊断等此类问题。

机器学习提供了对一些模式识别问题进行求解的有效方法。它可能是采用受过训练的系统来识别手写邮政编码，或能使自动化系统与用户进行交互使其学会实现对语音的识别；也许是使用机器学习算法来开发一套医学图像分析系统。

机器学习和模式识别也关注学习系统所包含的一般原则。一种系统化的方法技术非常有用，因为我们并不是从无到有开发算法并在每个新的应用程序中特设某一种方式。评估一个学习系统的性能所采用的技术也是非常重要的。对学习算法的实践环节而言，知道什么是可实现的，什么是可用的评价基准，并提出新的技术也同等重要。

这些问题也出现在认知论与哲学问题中。我们能学到什么？以及我们如何进行学习？我们能够从其他思想和外部世界学到什么？通过归纳法我们又能学到什么？

哲学问题的归纳法关注的是如何在归纳推理的基础上学到一些新东西。而给定的事实是归纳推理前提的真实性无法保证其结论的真实性。这个问题没有

前　言

唯一解，这并不是因为无解，而是因为有太多解，这取决于采用什么学习方法。在本书中，我们解释了如何根据归纳形成各种不同的解决方案。

因此，我们希望本书能为广大读者在统计学习理论中提供一个简便的入门性介绍。对于那些对学习理论或实际算法的深入研究感兴趣的读者，我们希望本书提供给他们一个有益的出发点。而对于那些对一般的认知论和哲学感兴趣的读者，我们希望本书有助于他们从其他领域中领悟一些重要的想法。对其他读者而言，我们也希望本书有助于他们对统计学习理论有更深层次的理解，因为它揭示了学习的本质及其限制，这也是人工智能的核心进展。

感谢普林斯顿大学本科教育创新课程发展 250 周年纪念基金的资助。Rajeev Kulkarni 对全书提供了非常有用的意见。Joel Predd 和 Maya Gupta 提供了许多宝贵的意见。此外，感谢 Joshua Harris 对本书的仔细审读。同时也感谢几年来，我的助教和学生们一起对该课程内容的讨论。谢谢！

目 录

译者序
前 言
第1章 引言：分类、学习、
　　　 特征及应用 ·········· 1
　1.1 范围 ··············· 1
　1.2 为什么需要机器学习？ ·· 1
　1.3 一些应用 ············ 2
　　1.3.1 图像识别 ········ 2
　　1.3.2 语音识别 ········ 3
　　1.3.3 医学诊断 ········ 3
　　1.3.4 统计套利 ········ 3
　1.4 测量、特征和特征向量 ·· 4
　1.5 概率的需要 ·········· 4
　1.6 监督学习 ············ 5
　1.7 小结 ··············· 5
　1.8 附录：归纳法 ········ 5
　1.9 问题 ··············· 6
　1.10 参考文献 ············ 6
第2章 概率 ·············· 8
　2.1 一些基本事件的概率 ··· 8
　2.2 复合事件的概率 ······ 9
　2.3 条件概率 ············ 11
　2.4 不放回抽取 ·········· 12
　2.5 一个经典的生日问题 ··· 12
　2.6 随机变量 ············ 13
　2.7 期望值 ·············· 13
　2.8 方差 ··············· 14
　2.9 小结 ··············· 16
　2.10 附录：概率诠释 ······ 16
　2.11 问题 ··············· 17
　2.12 参考文献 ············ 18
第3章 概率密度 ·········· 20
　3.1 一个二维实例 ········ 20
　3.2 在 [0, 1] 区间的随机数 ·· 20
　3.3 密度函数 ············ 21
　3.4 高维空间中的概率密度 ·· 23
　3.5 联合密度和条件密度 ··· 24
　3.6 期望和方差 ·········· 24
　3.7 大数定律 ············ 25
　3.8 小结 ··············· 26
　3.9 附录：可测性 ········ 26
　3.10 问题 ··············· 27
　3.11 参考文献 ············ 28
第4章 模式识别问题 ······ 29
　4.1 一个简单例子 ········ 29
　4.2 决策规则 ············ 29
　4.3 成功基准 ············ 31
　4.4 最佳分类器：贝叶斯决策
　　　 规则 ··············· 32
　4.5 连续特征和密度 ······ 32
　4.6 小结 ··············· 33
　4.7 附录：不可数概念 ···· 33
　4.8 问题 ··············· 35
　4.9 参考文献 ············ 35
第5章 最优贝叶斯决策规则 ·· 37
　5.1 贝叶斯定理 ·········· 37
　5.2 贝叶斯决策规则 ······ 38
　5.3 最优及其评论 ········ 39

5.4 一个例子 ·············· 40
5.5 基于密度函数的贝叶斯定理
    及决策规则 ············ 42
5.6 小结 ················ 42
5.7 附录：条件概率的定义 ····· 43
5.8 问题 ················ 43
5.9 参考文献 ············· 46

第6章 从实例中学习 ········ 47
6.1 概率分布知识的欠缺 ······ 47
6.2 训练数据 ············· 48
6.3 对训练数据的假设 ········ 49
6.4 蛮力学习方法 ·········· 50
6.5 维数灾难、归纳偏置以及
    无免费午餐原理 ········· 51
6.6 小结 ················ 52
6.7 附录：学习的类型 ········ 53
6.8 问题 ················ 54
6.9 参考文献 ············· 54

第7章 最近邻规则 ········· 56
7.1 最近邻规则 ············ 56
7.2 最近邻规则的性能 ········ 57
7.3 直觉判断与性能证明框架 ···· 58
7.4 使用更多邻域 ·········· 59
7.5 小结 ················ 60
7.6 附录：当人们使用最近邻域
    进行推理时的一些问题 ····· 60
  7.6.1 谁是单身汉？ ········ 60
  7.6.2 法律推理 ·········· 61
  7.6.3 道德推理 ·········· 61
7.7 问题 ················ 62
7.8 参考文献 ············· 62

第8章 核规则 ············ 64
8.1 动机 ················ 64
8.2 最近邻规则的变体 ········ 65
8.3 核规则 ··············· 65
8.4 核规则的通用一致性 ······ 68
8.5 势函数 ··············· 69
8.6 更多的通用核 ·········· 70

8.7 小结 ················ 71
8.8 附录：核、相似性和特征 ···· 71
8.9 问题 ················ 72
8.10 参考文献 ············ 73

第9章 神经网络：感知器 ····· 75
9.1 多层前馈网络 ·········· 75
9.2 神经网络用于学习和分类 ···· 77
9.3 感知器 ··············· 78
  9.3.1 阈值 ············· 78
9.4 感知器学习规则 ········· 79
9.5 感知器的表达能力 ········ 80
9.6 小结 ················ 82
9.7 附录：思想模型 ········· 83
9.8 问题 ················ 84
9.9 参考文献 ············· 85

第10章 多层神经网络 ······· 86
10.1 多层网络的表征能力 ····· 86
10.2 学习及S形输出 ········ 88
10.3 训练误差和权值空间 ····· 90
10.4 基于梯度下降的误差最小化 ·· 91
10.5 反向传播 ············ 92
10.6 反向传播方程的推导 ····· 95
  10.6.1 单神经元情况下的推导 ·· 95
  10.6.2 多层网络情况下的推导 ·· 95
10.7 小结 ··············· 97
10.8 附录：梯度下降与反射平衡
     推理 ··············· 97
10.9 问题 ··············· 98
10.10 参考文献 ··········· 99

第11章 可能近似正确（PAC）
         学习 ············ 100
11.1 决策规则分类 ········· 100
11.2 来自一个类中的最优规则 ·· 101
11.3 可能近似正确准则 ······ 102
11.4 PAC学习 ············ 103
11.5 小结 ··············· 104
11.6 附录：识别不可辨元 ····· 105
11.7 问题 ··············· 106

11.8	参考文献 ……………………	106

第12章　VC 维 ……………………… 108
- 12.1 近似误差和估计误差 ………… 108
- 12.2 打散 …………………………… 109
- 12.3 VC 维 ………………………… 110
- 12.4 学习结果 ……………………… 110
- 12.5 举例 …………………………… 111
- 12.6 神经网络应用 ………………… 114
- 12.7 小结 …………………………… 114
- 12.8 附录：VC 维与波普尔（Popper）维度 …………… 115
- 12.9 问题 …………………………… 115
- 12.10 参考文献 …………………… 116

第13章　无限 VC 维 ………………… 118
- 13.1 类层次及修正的 PAC 准则 … 118
- 13.2 失配与复杂性间的平衡 ……… 119
- 13.3 学习结果 ……………………… 120
- 13.4 归纳偏置与简单性 …………… 120
- 13.5 小结 …………………………… 121
- 13.6 附录：均匀收敛与泛一致性 …………………………… 121
- 13.7 问题 …………………………… 122
- 13.8 参考文献 ……………………… 123

第14章　函数估计问题 ……………… 124
- 14.1 估计 …………………………… 124
- 14.2 成功准则 ……………………… 124
- 14.3 最优估计：回归函数 ………… 125
- 14.4 函数估计中的学习 …………… 126
- 14.5 小结 …………………………… 126
- 14.6 附录：均值回归 ……………… 127
- 14.7 问题 …………………………… 127
- 14.8 参考文献 ……………………… 128

第15章　学习函数估计 ……………… 129
- 15.1 函数估计与回归问题回顾 …… 129
- 15.2 最近邻规则 …………………… 129
- 15.3 核方法 ………………………… 130
- 15.4 神经网络学习 ………………… 130
- 15.5 基于确定函数类的估计 ……… 131
- 15.6 打散、伪维数与学习 ………… 132
- 15.7 结论 …………………………… 133
- 15.8 附录：估计中的准确度、精度、偏差及方差 ………… 134
- 15.9 问题 …………………………… 135
- 15.10 参考文献 …………………… 135

第16章　简明性 ……………………… 137
- 16.1 科学中的简明性 ……………… 137
  - 16.1.1 对简明性的明确倡导 …… 137
  - 16.1.2 这个世界简单吗？ ……… 137
  - 16.1.3 对简明性的错误诉求 …… 138
  - 16.1.4 对简明性的隐性诉求 …… 138
- 16.2 排序假设 ……………………… 138
  - 16.2.1 两种简明性排序法 ……… 139
- 16.3 两个实例 ……………………… 140
  - 16.3.1 曲线拟合 ………………… 140
  - 16.3.2 枚举归纳 ………………… 141
- 16.4 简明性即表征简明性 ………… 141
  - 16.4.1 要确定表征系统吗？ …… 142
  - 16.4.2 参数越少越简单吗？ …… 143
- 16.5 简明性的实用理论 …………… 143
- 16.6 简明性和全局不确定性 ……… 144
- 16.7 小结 …………………………… 144
- 16.8 附录：基础科学和统计学习理论 …………………………… 144
- 16.9 问题 …………………………… 145
- 16.10 参考文献 …………………… 146

第17章　支持向量机 ………………… 148
- 17.1 特征向量的映射 ……………… 149
- 17.2 间隔最大化 …………………… 150
- 17.3 优化与支持向量 ……………… 153
- 17.4 实现及其与核方法的关联 …… 154
- 17.5 优化问题的细节 ……………… 155
  - 17.5.1 改写分离条件 …………… 155
  - 17.5.2 间隔方程 ………………… 155
  - 17.5.3 用于不可分实例的松弛变量 …………………………… 156
  - 17.5.4 优化问题的重构和求解 … 156

17.6 小结 …………………………… 157
17.7 附录：计算 ………………… 158
17.8 问题 …………………………… 159
17.9 参考文献 …………………… 160

第18章 集成学习 ……………… 161
18.1 弱学习规则 ………………… 161
18.2 分类器组合 ………………… 162
18.3 训练样本的分布 …………… 163
18.4 自适应集成学习算法
（AdaBoost）………………… 163
18.5 训练数据的性能 …………… 165
18.6 泛化性能 …………………… 165
18.7 小结 …………………………… 167
18.8 附录：集成方法 …………… 167
18.9 问题 …………………………… 168
18.10 参考文献 …………………… 168

第 1 章　引言：分类、学习、特征及应用

1.1　范围

本书主要关注模式分类——根据目标的几个观测值或测量值，将其划入其中一个范畴。最简单的情况是将一个对象划分为两类之一，但更常见的是类别数目不确定的情况。与之密切相关的第二个任务是对与目标属性实际数目的估计。如在分类中，存在对一些目标的观察值或测量值，我们的估计正是基于这些观察的结果进行的。

本书讨论的大部分问题来源于第一个任务，即分类。但偶尔也会讨论第二个任务——估计。这两种情况中，我们感兴趣的都是当已知观测值或测量值时，目标的分类规则或估计值，更具体地说，是用于分类和估计的学习规则的建立方法。

下面进一步讨论一些具体的例子。如考虑从视觉数据中识别手写字符、脸、其他物体或者语音等。尽管人类很擅长这种分类问题，但是却很难设计出接近人类识别性能和鲁棒性的自动算法来完成这些任务。

经过半个多世纪的努力，在诸如电气工程、数学、计算机科学、统计学、哲学和认知科学等领域中，人们仍在探寻最优的机器学习算法。也就是说，人们在学习理论的研究及应用等方面已取得了巨大的进步，在这一领域中有很多深入且实用的结论，它们与前述学科相关。这些理论的应用很广泛，但是，对这些理论的多数讨论相当先进，需要一定的技术背景以及专业知识支撑。

写作本书的目的是为读者提供一个对该领域易于理解的入门级介绍，既可以方便那些希望对这个问题做深层次研究的读者，也可以为那些渴望对基本概念做全面理解的读者提供一个基础。本书主要专注两类的模式分类问题。该问题来源于实际应用，同时也可用于解释该领域的许多关键问题，同时我们还去除了一些不必要的复杂内容。虽然还有一些学习相关的重要内容在本书中没有包含，但是我们的目标是致力于提供一个具有更大深度、更加广泛性的参考资料和模型。我们希望这本书将作为一个有价值的学习切入点。

1.2　为什么需要机器学习？

模式识别算法在很多实际问题中都很有用，它是人工智能的一个重要方面。

但你可能会问为什么我们需要设计一个用于分类的机器学习方法来学习好的规则，而不是仅仅为某一个给定的应用设计一个好的规则，并实现它。

主要原因是在许多应用中，我们可以找到一个好的规则的唯一方法是使用数据来学习。例如，要精确地描述一幅图像中的人脸是如何构成的是非常困难的，因此，直接设计分类规则来判断一个给定的图像中是否包含人脸是很困难的。但是，给出一个好的学习算法，我们就可以为算法提供具有人脸的图像和许多没有人脸的例子，然后让算法总结出能识别是否有人脸的规则。拥有一个学习算法的其他优点包括：对假设和建模误差具有鲁棒性，减少编程量，并能适用于环境的不断变化。

一般来说，对于一个分类问题，我们希望根据对象的某些测量值决定该对象的分类。通过使用多个具有类别标签的对象来学习规则，这时会出现以下问题：

1. 我们所说的"对象"和对象的"测量"是什么？
2. 在分类问题中，哪些是对象所属的类？
3. 在估计问题中，我们试图估计的值是什么？
4. 如何衡量一个分类或估计规则的质量，我们所期望的最好的规则是什么？
5. 哪些信息可用于学习？
6. 我们该如何去学习一个好的分类和估计规则？

本章我们将回答前 3 个问题。其余问题需要一些概率的背景知识，这些概率知识将在第 2 章和第 3 章提到。有了这些背景知识，我们将在第 4 章和第 5 章讨论第 4 个问题。第 6 章讨论第 5 个问题。本书的其余部分专门介绍最后一个问题的多方面应用和方法。

1.3 一些应用

在讨论详细细节之前，先准备一些具体的例子可能会对后期的理解有帮助。关于学习、分类和估计的应用实例有很多，下面列举几个例子。

1.3.1 图像识别

在许多应用中，分类的对象是数字图像。在这种情况下，"测量"可以描述图像中各像素的输出，如在黑白图像中，每个像素的亮度可作为一个测量。如果图像有 $N \times N$ 个像素，则像素总数为 N^2。在彩色图像中，每一个像素有 3 个测量值，其对应于 3 种颜色分量的强度，即 RGB 值。因此，对于一个 $N \times N$ 的彩色图像，有 $3N^2$ 个测量值。

根据不同应用，许多分类任务以这些测量值为基础。如人脸检测或识别就是一个常见且有用的应用。在这种情况下,"类别"就是有人脸和没有人脸,或者有可能是对数据库中每个人脸都有单独的定义。

另一个实例是字符识别。在这种情况下,笔迹可以被分割成只包含一个单一字符的小图像,这时类别可能包括字母表的 26 个字母(如果区分大小写字母,则是 52 个字母)、10 个数字和一些特殊字符(句号、问号、逗号、冒号等)。

另一类应用,其图像可能来自工业界,分类的任务就是判断当前图像是否有缺陷。

1.3.2 语音识别

在语音识别中,我们对识别说话者的语义感兴趣。在这些应用中,测量可能是一组表示语音信号的数字。首先,将信号分割成独立的字或音素。在每段中,语音信号可使用各种方式来表示。例如,信号可以使用不同时间和频率的能量和强度来表示。虽然对信号描述细节的讨论不在本书的讨论范围,但是可以将信号最终表示为一组实际值。

最简单的情况,类别可以简单地表示为"yes"与"no",稍微复杂些的任务可能是判断发音是 10 个数字中的哪一个,或者是在一个可接受的较大范围内判断发音归属哪个单词。

1.3.3 医学诊断

在医疗诊断中,我们感兴趣的是疾病判别,对每种疾病都有一个单独的分类。

在这些应用中,测量通常是某些医疗检查的结果(例如,血压、体温和各种血液测试)或医疗诊断(如医学图像),各种症状的存在/不存在及强度、以及一些患者的基本信息(年龄、性别、体重等)。

在测量结果的基础上,我们要判断有哪些疾病(如果有的话)。

1.3.4 统计套利

金融学中,统计套利通常是指一些具有代表性的、涉及一系列证券的短期自动贸易策略。在该策略中,人们试图基于更多证券间的历史相关性、近期价格变化以及一些常用的经济/金融变量等为一套证券设计一种交易算法。这些可以被认为是"测量",预测可被投射为一个分类或估计问题。在分类中,类别可以是"买入""卖出"或"什么都不做"。在估计问题中,人们可能会预测未来的某个时间范围内每种证券的预期回报是多少。之后,根据对预期收益的估计,做出交易决策(买入、卖出等)。

1.4 测量、特征和特征向量

正如在 1.1 节和 1.3 节对目标分类的讨论，为了进行判定我们使用了目标的观测值。例如，当人们要对目标进行分类时，可能会采用观察、挑选、感知、倾听等方法，或者会使用一些仪器测量目标的其他属性，如尺寸、重量、温度等。

类似地，当设计一种机器对目标进行自动分类（或学习分类）时，我们假设机器可以对访问对象的各种属性进行测量。这些测量值是传感器从对象目标获取的一些感兴趣的物理变量或特性。

考虑描述的简单性，本书中我们将每个测量（或特征）建模为一个实数。虽然在一些应用中，某些特征可能不能用数表示，但是这个假设在绝大多数常见的应用中是可行的。

我们假设对象的所有相关的，以及可获取的特性可以用有限的测量/特征值表示。则这些特征值可以放在一起，形成一个特征向量。假设有 d 个特征，特征值分别为 $x_1, x_2, \cdots, x_d$，则特征向量可以表示为 $\boldsymbol{x} = (x_1, x_2, \cdots, x_d)$。这个特征向量可以被看作是 d 维空间 $\mathbf{R}^d$ 中的一个点或一个向量，我们将 $\mathbf{R}^d$ 称为特征空间。特征向量的各个分量表示相应特征的特征值，即特征空间中某一维的一个值。

在一个 $N \times N$ 维图像的目标识别中，对黑白图像，其特征数为 N^2 个，对于彩色图像，特征值有 $3N^2$ 个。

在语音识别中，特征数等于用于表示分类的语音分段实际值的数量。

1.5 概率的需要

在大多数应用中，通过特征向量的值，并不能唯一或明确地知道对象的类别。对于这种情况，有几个基本原因。首先，如果能捕捉用于目标分类的所有重要特征固然很好，但是这在通常的情况下并不可能。通常无法捕捉到测量特征的一些重要细节。这点在前面例子中很明显。

第二，根据应用和具体的测量值，特征值可能是噪声。也就是说，特征的观察值可能存在一些内在的不确定性和随机性，因此即使是相同的对象在不同的场合也可能出现不同的值。

基于这些原因，使用工具从概率的角度对问题进行精确建模，是一个不错的解决方案。在第 2 章和第 3 章中我们将回顾本书其余部分中会涉及的概率相关知识及工具。

1.6 监督学习

有了必备的概率知识,我们将在第 4 章对模式识别问题建模。理想(即非正常)情况下,基本概率分布是已知的,因此,由统计的结果可得到分类问题的正常结果,这部分将在第 5 章中讨论。

然而,实际应用中更典型的情况是底层的概率分布未知。关于这种情况,我们将诉诸于第 6 章讨论的借助样本标签来克服概率未知的知识不足问题。第 6 章中讨论的学习问题,与众多机器学习问题中涉及的如从例子学习、监督学习、统计模式分类、统计模式识别和统计学习类似。

术语"监督学习"来源于那些带有正确标签,即有"监督者"或"老师"的例子,这是与"非监督学习"相区别的。在"非监督学习"中,只有目标的例子,其所属的分类是未知的。同时还有很多其他的机器学习架构,如半监督学习、强化学习以及在统计、计算机科学和其他领域中的相关问题。本书重点关注监督学习。

1.7 小结

本章,我们描述了分类和估计中涉及的一些通用问题,讨论了一些具体和重要的应用实例。然后介绍了术语特征、特征向量和特征空间,并引入了概率和学习的相关概念。

这里我们同时提到了分类和估计。但是本书主要关注分类,一些讨论会扩展到估计。

在接下来的两章中,我们将回顾本书后面会用到的概率的重要公式。之后对分类(或模式识别)问题进行公式化描述,在讨论具体的学习方法和结果之前,先讨论从数据中学习的基本问题。

1.8 附录:归纳法

在每一章结尾的附录部分,主要讨论其他方面的问题,如可能是一个哲学本原问题。

本书我们主要关注归纳学习而不是演绎学习。演绎学习是由一般性原理、原则推演出有关个别性的知识,其思维过程是由前提推导结论,通过前提的正确性确保结论的正确。例如,通过矩形面积的计算方法以平行四边形面积与矩形面积之间的关系,你会发现平行四边形的面积等于底乘以高。同时你还可以通过三角形是矩阵的一半,推导出三角形的面积是底乘以高的一半。

归纳学习是由个别或特殊的知识概括出一般性的结论，其思维过程是由个别到一般，由证据来推导结论，它并不能保证结论的正确性。例如，你从邮件总是在星期六中午前交付的事实，可能会推断出邮件将会在下星期六中午前交付。这是一种归纳推理，因为数据不能保证结论的正确性。有时，即使推理的"前提"都是正确的，但是归纳推理的结论是错误的。

"归纳问题"的哲学本原是问一个人如何能由真实的前提完全相信归纳的结论。如果它的前提正确，也不可能由此证明归纳结论是真实的，因为典型的归纳推理不提供这样的保证。即使你由归纳得知你的邮件将会在下星期六中午之前交付，这与你的邮件没有在下星期六中午之前交付是兼容的。归纳推理不是演绎推理的特例。

在过去，通常认为对过去的归纳总能推导出正确的结论，因此有理由肯定，对未来的归纳也将能推导出正确的结论。而循环推理对此假设不予认同，即我们假设要以正确的归纳性来证明归纳的正确性。

另一个方面，可以提供一个演绎的非循环论证吗？没有任何理由来采取演绎论证的形式更何况是循环推理呢？

本书将要阐明的是，在给定某些假设的情况下，统计学习理论为某些归纳方法提供了部分演绎的数学证明。

1.9 问题

1. 什么是特征空间？空间的维数代表什么？什么是向量？什么是特征向量？
2. 为了对对象进行分类，如果我们使用 F 个不同的特征值，其中每个特征可以取 G 个不同值，那么什么是特征空间的维数呢？
3. 对一个 12×12 的灰度图像（256 个灰度级），特征向量有多少维？存在多少个不同的特征向量？
4. 分类是估计的一个特例吗？典型的分类案例和典型估计案例的差别是什么？
5. 关于归纳的几个问题：
   (a) 归纳法的难点是什么？
   (b) 如何比较归纳与推导的可靠性？
   (c) 统计学习理论如何涉及归纳的可靠性？

1.10 参考文献

近半个世纪以来，统计模式识别作为一个独特的领域一直很活跃，虽然其基础知识是范围更为宽泛的概率和统计。统计模式识别（或统计学习）是广泛

第1章 引言：分类、学习、特征及应用

的机器学习领域的一部分，其跨越了许多学科，如数学、统计学、电气工程、计算机科学、认知科学、计量经济学和哲学。许多会议、期刊和书籍专题都在讨论机器学习，其中很多材料讨论统计学习。

Mitchell（1997）是第一个对机器学习一般问题进行讨论的学者。Vickers（2010）是最近深入讨论归纳问题的学者。下面的其他参考资料是讨论统计模式识别及相关领域的经典参考文献。

[1] Bishop C. Pattern recognition and machine learning. New York：Springer；2006.
[2] Bongard M. Pattern recognition. Washington (DC)：Spartan Books；1970.
[3] Devijver PR, Kittler J. Pattern recognition：a statistical approach. Englewood Cliffs (NJ)：Prentice-Hall；1982.
[4] Devroye L, Györfi L, Lugosi G. A probabilistic theory of pattern recognition. New York：Springer Verlag；1996.
[5] Duda RO, Hart PE. Pattern classification and scene analysis. New York：Wiley；1973.
[6] Duda RO, Hart PE, Stork DG. Pattern classification. 2nd ed. New York：Wiley；2001.
[7] Fukunaga K. Introduction to statistical pattern recognition. 2nd ed. San Diego (CA)：Academic Press；1990.
[8] Hastie T, Tibshirani R, Friedman J. The elements of statistical learning：data mining, inference, and prediction. 2nd ed. New York：Springer；2009.
[9] Ho YC, Agrawala A. On pattern classification algorithms：introduction and survey. Proc IEEE 1968；56：2101-2114.
[10] Kulkarni SR, Lugosi G, Venkatesh S. Learning pattern classification-A survey. IEEE Trans Inf Theory 1998；44 (6)：2178-2206.
[11] Mitchell T. Machine learning. Boston (MA)：McGraw-Hill；1997.
[12] Nilsson NJ. Learning machines. New York：McGraw-Hill；1965.
[13] Schalkoff RJ. Pattern recognition：statistical, structural, and neural approaches. New York：Wiley；1992.
[14] Theodoridis S, Koutroumbas K. Pattern recognition. 4th ed. Amsterdam：Academic Press；2008.
[15] Theodoridis S, Pikrakis A, Koutroumbas K, Cavouras D. Introduction to pattern recognition：a matlab approach. Amsterdam：Academic Press；2010.
[16] Vapnik VN. The nature of statistical learning theory. New York：Springer；1999.
[17] Vickers J. The Problem of Induction, in The Stanford Encylopedia of Philosophy；2010, http：//plato.stanford.edu/entries/induction-problem/.
[18] Watanabe MS. Knowing and guessing. New York：Wiley；1969.

第 2 章 概　　率

在本章和第 3 章，我们将介绍概率相关的数学理论基础。这部分为处理不确定性提供了数学基础，并形成了统计学习理论的基础。特别地，当底层对象（特征向量）、标签（目标所属类别）以及目标类别与特征向量间的关系存在不确定性时，可以采用概率对这种不确定性进行建模。

本章我们介绍离散概率的一些基础知识。也就是说，我们只关注感兴趣的有限的结果。下一章我们将简要讨论连续概率问题，其中概率密度是一个非常重要的概念。附录中，我们将讨论一些可能的概率解释。

2.1　一些基本事件的概率

假设我们有一个装有彩球的不透明碗。从碗里随机取出一个小球，记住它的颜色，之后再把它放回到碗中。取得某个特定颜色的球的概率是具有该颜色的球在碗中的比例。

假定小球是随机抽取的，也就是说取到某个球的概率与取到其他任何球的概率都是相等的。这是一种假设的情况。我们不采用无差别原则，即如果我们都知道 N 种不同的可能性，那么任何一种可能性的概率等于其他情况的概率。这个假设存在的问题是可能有多种不同的计数方法。例如，如果我们抛掷了两个硬币，则会有三种可能性：两个正面，两个反面，或者一正一反。或者说有两种可能性，相同与不同。或者说有四种可能性：正/正，正/反，反/正，反/反。

假设碗里有 N 个小球，黑色球有 B 个，白色球有 W 个，不存在既是黑色又是白色的球（即没有球是黑白条纹的）。这时，得到一个黑球的概率是 $\frac{B}{N}$，得到一个白球的概率是 $\frac{W}{N}$。

表示法：设 x_n 表示第 n 个球的颜色。假如 "x_1 为黑色" 表示第一个球为黑色，"x_2 为白色" 表示第二个球为白色。对于事件 S，$P(S)$ 表示 S 的概率。因此，$P(x_n$ 为白色$)$ 表示第 n 个球为白色的概率。

因此，$P(x_n$ 为黑色$) = \frac{B}{N}$ 和 $P(x_n$ 为白色$) = \frac{W}{N}$。

由于之前已经假定没有既是黑色又是白色的球，所以我们认为，抽出的第 n

个球的颜色不可能既是黑色又是白色的。因此，在我们的符号中，假设以下表示是不可能的：(x_n为黑色) & (x_n为白色)。

考虑第 n 个球的颜色既是黑色又是白色的概率，P（(x_n为黑色) & (x_n为白色)）。由于没有既是黑色又是白色的球，因此既是黑色又是白色的球的分数为 0，P（(x_n为黑色) & (x_n为白色)）= 0。

通常：一个不可能事件的概率为 0。

由于没有球既是黑色又是白色，那么取得黑色球或者白色球的概率是多少呢？这个概率就是黑色球或白色球所占的比例。该分数是黑色球的比例加上白色球的比例之和，$\frac{B}{N} + \frac{W}{N} = \frac{B+W}{N}$。用"∨"表示"或"，则

$$P((x_n 为黑色) \vee (x_n 为白色)) = P(x_n 为黑色) + P(x_n 为白色)$$

通常：几个不兼容事件同时发生的概率是其概率的总和。

假设所有球不是黑色就是白色。这时球是黑色或白色的概率为 $\frac{N}{N} = 1$。

$$P((x_n 为黑色) \vee (x_n 为白色)) = 1$$

通常：一个确定事件发生的概率为 1。

因此，抽到的第 n 个球是黑色的或非黑色的，这是一个确定事件。让我们用"¬(x_n为黑色)"表示抽出的第 n 个球不是黑色的情况。则有

$$P((x_n 为黑色) \vee \neg(x_n 为黑色)) = 1$$

由于一个球只可能是黑色或者非黑色，因此：

$$P(x_n 为黑色) + P(\neg(x_n 为黑色)) = 1$$

上式两边减去第一项，变为如下式子：

$$P(\neg(x_n 为黑色)) = 1 - P(x_n 为黑色)$$

通常：发生某一事件的概率等于 1 减去该事件不会发生的概率。

$$P(S) = 1 - P(\neg S)$$

2.2 复合事件的概率

假设我们抽取两个球，取一个后再取另一个，将第一个球放回后并充分混合后再取第二个球（这就是所谓的"有放回的取"）。这种情况下，得到第一个是黑球和第二个是白球的概率是多少？

这里必须先计算一共有多少种可能性，其中第一个球是黑色的，第二个球是白色的可能性是多少。既然我们第一次从碗里的 N 个球中得到任意一个的概率都相等，同时第二次从碗里得到任意球的概率也相同，因此一共有 $N \times N$ 种可能的组合。取到第一个球是黑色，第二个球是白色的情况有多少种呢？我们知

道共有 B 个黑色球，第一次取到每个球的概率均相同，同时对于 W 个白色球，第二次取到每个球的概率也相同，因此，取到第一个球是黑色，第二个球是白色的情况有 $B \times W$ 种

$$P((x_1 \text{ 为黑色}) \& (x_2 \text{ 为白色})) = \frac{BW}{NN}$$

请注意

$$\frac{BW}{NN} = \left(\frac{B}{N}\right)\left(\frac{W}{N}\right) = P(x_1 \text{ 为黑色}) \times P(x_2 \text{ 为白色})$$

通常，几个独立事件的概率是它们各自概率的乘积（事件的"独立性"指其中一个事件的发生不影响其他事件的发生，这种情况下，在第二轮抽取中得到一个白球的概率不会受到我们在第一次抽取中是否得到黑球的影响，因为我们是有放回的抽取）。

考虑前五次抽取中（有放回的）正好得到两个黑色球的概率是多少呢？这里共有 $N \times N \times N \times N \times N = N^5$ 种可能性。先取到两个黑色球，随后取到三个白色球，共有 $B \times B \times W \times W \times W = B^2 W^3$ 种方式。任意顺序取到的正好为两个黑球和三个白球（例如，白–黑–白–白–黑）的情况数目同上。这样的序列模式共有 $\frac{5 \times 4}{2 \times 1} = 10$ 种。所以，前五次有放回抽取正好有两个黑球的概率是 $\frac{10 B^2 W^3}{N^5}$。

考虑如下情况。假设两个黑球在球队列中共有五种可能的位置，则第一次选到黑球有五种选择，一旦我们确定了第一个黑球，则第二个黑球还有四种选择，因此，第一个球和第二个球均为黑色的选择共有 $5 \times 4 = 20$ 种。但是，这是对黑球的位置计数了两次。也就是说，对于模式为"白-黑-白-白-黑"，可以说黑球1在位置2，黑球2在位置5，也可以说黑球1在位置5，黑球2在位置2。无论哪种说法对应的都是"白-黑-白-白-黑"的顺序。因此，考虑到重复，我们将计数数目除以2。

一般情况下，从有 n 个物体中选择 r 个物体的方式共有

$$C_n^r = \frac{n!}{r!\,(n-r)!} \tag{2-1}$$

式（2-1）中，$n! = n(n-1)(n-2)\cdots 2 \cdot 1$，读作"$n$ 的阶乘"。这是上面所讨论问题的特例。特别是，如果我们从一组 n 项中选择 r 项，那么第一次有 n 种选择，第二次有 $n-1$ 种选择，依此类推，第 r 次有 $n-r+1$ 种选择。即

$$n(n-1)\cdots(n-r+2)(n-r+1) = \frac{n!}{(n-r)!}$$

但是如前所述，我们需要考虑多重计数。不是重复计算，现在考虑 r 项共有 $r!$ 种排列，所以需要将计数除以 $r!$，得到式（2-1）。

2.3 条件概率

考虑有放回地从五个球中抽取。假设至少已抽到一个黑色球,那么正好抽到两个黑色球的概率是多少呢?我们把这个条件概率记为 $P(A|B)$,其中 A 是正好抽到两个黑色球的事件,B 是至少抽到一个黑色球的事件。

计算该条件概率,我们将其中正好有两个黑色球的可能性和其中至少有一个黑色球的可能性数量进行比较。

其中至少有一个黑色球的可能性必须等于所有可能性的总数减去其中只有白色球的可能性。由于只有白球的情况共有 W^5 种,有 $N^5 - W^5$ 种方法可以获得至少一个黑色球。

我们已经计算了,在有放回的抽取中,共有 $10B^2W^3$ 种方法可以从五个球中得到两个黑色球。因此在至少抽到一个黑色球的条件下,正好抽到两个黑色球的条件概率是

$$\frac{10B^2W^3}{N^5 - W^5}$$

假设球分黑色和白色、塑料和玻璃。因此,球有四类:黑色塑料、黑色玻璃、白色塑料、白色玻璃。假设我们知道各类球的数量,$NUM(BP)$、$NUM(BG)$、$NUM(WP)$ 和 $NUM(WG)$。从这些信息中,我们可以得出球的总数、黑色球的数目、白色球的数目、玻璃球的数目和塑料球的数目。给定这些信息后,随机选择一个球,在已知这个球是玻璃球的前提下,计算该球同时为黑色的条件概率为 $P(B|G)$,这将是黑色球中玻璃球数目的比例,即

$$P(B|G) = \frac{NUM(BG)}{NUM(G)}$$

如果将上式的分子和分母除以球的总数,我们得到

$$\frac{\frac{NUM(BG)}{N}}{\frac{NUM(G)}{N}}$$

该式又等同于

$$\frac{P(B\&G)}{P(G)}$$

一般地,只要 $P(B) > 0$,则

$$P(A|B) = \frac{P(A\&B)}{P(B)}$$

最后一个公式通常被称为条件概率的定义式,至少当 $P(B) > 0$ 时,情况

成立。

2.4 不放回抽取

假设球抽取后并不放回，而是随机选择碗里的其余球。这时，每次抽取后概率会发生变化。

$$P(x_2 \text{为白色} | x_1 \text{为白色}) = \frac{W-1}{N-1}$$

和

$$P(x_2 \text{为白色} | x_1 \text{为黑色}) = \frac{W}{N-1}$$

在非放回抽取中，连续抽到 4 个白球的概率是多少？假设至少有 4 个白球（如 $W \geq 4$），则有

$$P((x_1 \text{为白色}) \& (x_2 \text{为白色}) \& (x_3 \text{为白色}) \& (x_4 \text{为白色}))$$
$$= \left(\frac{W}{N}\right)\left(\frac{W-1}{N-1}\right)\left(\frac{W-2}{N-2}\right)\left(\frac{W-3}{N-3}\right)$$

2.5 一个经典的生日问题

在一个房间里随机选择 23 人，至少有两个人的生日是同一天的概率是多少？假设房间里所有人都不是 2 月 29 日出生的，而且一个人在所有其他日期出生的可能性相同。

答案是 1 减去任两个人生日都不相同的概率。

假设房间里的人是按某一顺序排列的，并且考虑队列中每一个人的生日均与该队列中前面的人不同。

如果第二个人与第一个人的生日不同，则第二个人的生日将是剩下的 364 天中的一天。所以，第二个人与第一个人的生日不是同一天的概率是 $\frac{364}{365}$。由此递推，假设前两人有不相同的生日，则第三个人具有不同于以上两人生日的概率是 $\frac{363}{365}$。如果有 $N-1$ 个人生日都不同，那么第 N 个人与之前的所有人都不是同天生日的概率为 $\frac{366-N}{365}$。

所以，在 23 个人当中没有两个人的生日相同的概率是

$$\frac{364 \times 363 \times \cdots \times 343}{365^{22}} \approx 0.49$$

(符号≈意思是"近似等于")。那么,至少有两个人的生日相同的概率≈0.51。

2.6 随机变量

在前面所有例子中(本章重点),随机实验均可获得有限个结果。随机实验的结果被称为随机变量。通常随机变量表示为 X,随机变量是区分大小写的,X 与随机变量 x 是不同的,x 通常用来表示随机变量 X 的一个特定实现。

设随机变量 X 有 k 种可能取值,表示为 $a_1, a_2, \cdots, a_k$。假设这些结果是相互排斥且完备的,即在任何一次实验中,有且只有一个 a_i 发生。

假设 $a_1, a_2, \cdots, a_k$ 发生的概率分别是 $p_1, p_2, \cdots, p_k$,即 a_i 发生的概率为 p_i,则概率 p_i 满足

$$0 \leq p_i \leq 1$$

因为结果是相互排斥和完备的,有

$$\sum_{i=1}^{k} p_i = 1$$

随机变量 $X = a_i$ 的概率为 p_i。可记作 $P(X = a_i) = p_i$ 或 $P_X(a_i) = p_i$。P_X 称为随机变量 X 的分布。如果已知随机变量 X,且对分布与随机变量之间也没有混淆,那么可以将分布简单地用 P 表示,同时,a_i 的概率可表示为 $P(a_i)$。

例如,考虑碗里有 B 个黑色球和 W 个白色球,球总数为 $N = B + W$,存在两种结果。a_1 表示取到一个黑色球的情况,a_2 表示取到一个白色球的情况。其概率分别为 $p_1 = \dfrac{B}{N}$ 和 $p_2 = \dfrac{W}{N}$。如果公平地投掷一枚硬币,其两个结果 $a_1 = $ 正面和 $a_2 = $ 反面的概率为 $p_1 = p_2 = \dfrac{1}{2}$。

抛掷一枚骰子时会有六种结果 $a_1, a_2, \cdots, a_6$,其中 a_i 表示投掷的结果是 i,每个结果的概率 $p_i = \dfrac{1}{6}$。类似地,我们可记为 $P(1) = \dfrac{1}{6}$,$P(2) = \dfrac{1}{6}$,以此类推。采用这种思维方式,如果考虑不出现偶数数字,只以相等概率出现奇数数字,那么,$p_1 = p_3 = p_5 = \dfrac{1}{3}$ 和 $p_2 = p_4 = p_6 = 0$。即 $P(1) = \dfrac{1}{3}$,$P(2) = 0$,以此类推。

在掷骰子的例子中,实验结果与实数非常相关,是一个很常见的例子,另一种常见情况是考虑结果是实数向量。这两种情况都将在整本书中用到。

2.7 期望值

考虑随机变量 X 取为实值的情况。我们定义 X 的平均值、均值或期望值,

记为 $E[X]$，表示 X 的可能结果的加权平均，其中权重为对应结果的概率。特别是，如果取值为 $a_1, \cdots, a_k$ 的概率为 $p_1, \cdots, p_k$，那么

$$E[X] = \sum_{i=1}^{k} p_i a_i \tag{2-2}$$

例如，设 X 表示投掷骰子的结果，其可能为：1，2，3，4，5，6，而且每个结果的概率都是 $\frac{1}{6}$。因此，有

$$\begin{aligned} E[X] &= \sum_{i=1}^{k} p_i a_i \\ &= \sum_{i=1}^{6} \frac{1}{6} i \\ &= \frac{1}{6} + \frac{2}{6} + \frac{3}{6} + \frac{4}{6} + \frac{5}{6} + \frac{6}{6} \\ &= 3.5 \end{aligned}$$

另一方面，假设骰子是加权的，正如我们前面所讨论的，在这种方式下，结果是奇数的概率相等，而偶数的概率为 0。设 X 表示投掷骰子的结果，那么

$$\begin{aligned} E[X] &= \frac{1}{3} + 0 + \frac{3}{3} + 0 + \frac{5}{3} + 0 \\ &= 3 \end{aligned}$$

请注意，X 的期望值不一定是 X 最有可能的值。如在等概率随机掷一枚骰子的情况下，期望值是 3.5，但 3.5 是从来都不会出现的。直观地看，X 的期望值就是多次随机掷一枚骰子时期望得到的结果，是通过取多次观察值的平均来得到的。这可以通过大数定理结果的各种方式进行量化，这个问题将在 3.7 节简要描述。

2.8 方差

考虑下面两个随机变量：

$$X_1 = \begin{cases} 1 & \text{概率是 } \frac{1}{3} \\ 3 & \text{概率是 } \frac{1}{3} \\ 5 & \text{概率是 } \frac{1}{3} \end{cases}$$

$$X_2 = \begin{cases} 2 & \text{概率是 } \dfrac{1}{3} \\ 3 & \text{概率是 } \dfrac{1}{3} \\ 4 & \text{概率是 } \dfrac{1}{3} \end{cases}$$

X_1 与前一章讨论的随机变量相同,均值为 3。我们可以很容易地看到 X_2 均值也为 3。但是,在某种程度上,X_2 紧凑地或者不分散地分布在平均值附近。方差是随机变量的一个重要属性,用于量化其相对于均值的偏移化程度。

如前所示,假设 X 是一个随机变量,取值 a_i 发生的概率为 p_i, $i = 1, \cdots, k$。设 $\mu = E[X]$,表示 X 的均值。

对观察值 a_i,其相对均值的偏移是 $a_i - \mu$,我们观察到这种偏差的概率为 p_i。则 $X - \mu$ 为随机变量。取这些偏差的平均值(即 X 的均值 $-\mu$),那么由于正值(当 $X > \mu$)和负值(当 $X < \mu$)相互抵消将得到 0。

为了避免这种抵消,可以考虑偏差的绝对值,即 $|X - \mu|$,但另一个更常见且对分析更有用的考虑是取方差的二次方,它也是一个随机变量,其值为 $(a_i - \mu)^2$,概率为 p_i。这个随机变量的期望值称为 X 的方差,表示为 σ^2(σ_X^2 或 $\sigma^2(X)$)。方差 σ^2 定义如下:

$$\sigma^2 = E[(X - \mu)^2] \tag{2-3}$$

其中,$\mu = E[X]$ 是 X 的均值。通过简单的公式推导可以证明,方差也可以记为

$$\sigma^2 = E[(X - \mu)^2] = E[X^2] - \mu^2 \tag{2-4}$$

所以,当 $X = a_i$ 的概率为 p_i 时, $i = 1, \cdots, k$, X 的方差表达式可以写为如下的任何一种方式

$$\begin{aligned} \sigma^2 &= \sum_{i=1}^{k} p_i (a_i - \mu)^2 \\ &= \sum_{i=1}^{k} p_i a_i^2 - \mu^2 \\ &= \sum_{i=1}^{k} p_i a_i^2 - \left(\sum_{i=1}^{k} p_i a_i \right)^2 \end{aligned}$$

回到本节开始,我们定义的随机变量 X_1 和 X_2,其均值都为 3,X_1 和 X_2 的方差分别表示为 σ_1^2 和 σ_2^2,其公式如下

$$\sigma_1^2 = \frac{1}{3}(1-3)^2 + \frac{1}{3}(3-3)^2 + \frac{1}{3}(5-3)^2 = \frac{8}{3}$$

和

$$\sigma_2^2 = \frac{1}{3}(2-3)^2 + \frac{1}{3}(3-3)^2 + \frac{1}{3}(4-3)^2 = \frac{2}{3}$$

由此可见，X_2 的方差小于 X_1 的方差。

最后，一个随机变量的标准差就是方差的二次方根。因此，如果 σ^2 是随机变量的方差，则 σ 是标准差。

2.9 小结

本章，我们回顾了概率论的基本原理。一个事件的概率在 0 和 1 之间。一个必然事件的概率为 1，不可能事件的概率为 0。两个互斥事件的概率是它们的概率之和。一个事件不发生的概率是 1 减去该事件发生的概率。两个相互独立事件发生的概率为两个事件分别发生的概率之积。

讨论了条件概率的概念并分析了一些例子，包括经典的生日问题。随后给出了一个随机变量的定义，也讨论了随机变量的期望值和方差。

2.10 附录：概率诠释

艾伯特给出了投掷硬币可能出现的结果，它可能是正面也可能是反面。但在下一次投掷硬币中正面朝上的概率是多少呢？

针对这个问题的思考，我们至少可以分两种、三种（或更多种）情况进行分析，这主要取决于是否考虑主观性、客观性和认知上的可能性。

主观概率取决于你对硬币将要朝上这一命题的信任程度，可以根据你接受或拒绝什么样的赌注来计算。如果你认为硬币将要朝上和朝下的概率相同，那么你对硬币将要朝上的信任度将会是 0.5，这便是你对硬币朝上的主观概率。

另一方面，可能你并不知情，由于加权使得硬币正面朝上的概率变为 60%。这时硬币朝上的客观概率是 60%。一个硬币正面朝上的客观概率大致上是该事件可能发生的频率极限。

认知概率指一个事件与理性的信任程度有关，如果你完全领会你的证据并且理由完全正确，则可通过理性判断决定事件的概率。

本书中，我们只关注客观概率，又称为客观事件。

客观概率既不同于主观概率也不同于认知概率，你可能并不知道一个事件的实际客观概率，也没有足够的证据去弄明白。

客观概率是对长期出现频率的极限估计。但事实是，客观概率是一个原始的概念。考虑一个公平的硬币投掷事件，重复投掷无数次。在无数次的投掷中，可能出现无数次的正面和反面。但是，它们其中任何一个的客观概率都是 0。对于一个硬币，投掷中一直是正面朝上是有可能的，但是概率为 0。

严格地说，根据投掷为正面的长期频率，无法断定硬币投掷为正面的客观概率。但是可以说，客观概率接近 1，那么硬币投掷为正面的长期频率将接近硬币投掷为正面的客观概率。

一个事件的客观概率始终是一个相对的事情。它是事件发生在一个特定的理想化情况下的概率。比如，一个特定的人在一个特殊的场合投掷了一枚硬币，并且它着地后或正面朝上或反面朝上。在抽象层面上，硬币为正面的概率可能是 $\frac{1}{2}$。另一方面，以特殊的方式进行投币，存在的气流和可能的着落面，可能会决定硬币如何着落，所以正面朝上的概率可能是 1 或者 0。在量子层面上，即使考虑这些细节，它也可能会概率性地重现。

如果由技术娴熟的想让硬币正面朝上的魔术师投掷，硬币正面朝上的概率可能相当高。如果由普通人来投硬币，概率可能是 $\frac{1}{2}$。

再次重申，本书只研究客观概率。

2.11 问题

1. 给定一个不透明的碗，包含 6 个蓝色球，7 个红色球。如果随机取一个球，那么球为蓝色的概率是多少？
2. 判断正误：对于任意事件 A，$P(\text{非}A) = 1 - P(A)$。
3. 如果事件 A 和 B 独立，$P(A\&B)$ 为多少？
4. 判断正误：对于任意事件 A 和 B，有 $P(A\text{ 或 }B) = P(A) + P(B)$。
5. 判断正误：对于任意事件 A 和 B，$P(A\text{ 和 }B) < P(A)$。
6. 从 N 项中选出 r 项的方法的数目是 $C_n^r = \dfrac{n!}{r!(n-r)!}$，为什么它是正确的？
7. 假设从一个只含有黑色球和白色球的碗中取出一个白色球的概率是 $\dfrac{W}{(W+B)}$，这里 W 是白色球的个数，B 是黑色球的个数。取出一个黑色球的概率是多少？取出一个黑色球或者一个白色球的概率是多少？取出一个既不是黑色球也不是白色球的概率是多少？证明取出一个白色球的概率大于或等于 0 并且小于或等于 1。
8. 给出与前面问题相同的假设，同时设球有两种形状，圆形和椭圆形，圆形球的个数为 r，椭圆形球的个数为 e（这里 $w+b=r+e$）。随机抽取一个，得到圆形球或者椭圆形球的概率是多少？并解释。

9. 有放回抽取与无放回抽取的区别是什么？这是否在某个方面上影响概率？并解释。

10. 使用问题 8 中的假设，假设随机抽取一球，然后放回，然后又随机抽取一球并放回。两次抽取同一球的概率是多少？这两球有相同的特征（颜色和形状）的概率是多少？两球共有且只有一个特征相同的概率呢？

11. 判断正误：如果投掷一个理想硬币（50% 概率正面朝上，50% 概率反面朝上）100 次，然后由大数定律可知正好有 50 次正面朝上，50 次反面朝上。

12. 判断正误：如果一个理想硬币被投掷无限次，每一次有 0.5 的概率朝上，0.5 的概率朝下，每次都正面朝上的概率 HHHH…比正面和反面交替出现的概率 HTHTHT…要小。

13. 判断正误：不同情况下，一个事件的主观概率可能小于、等于或大于其统计概率。

2.12 参考文献

"概率"这个词通常用来描述一些有区别的观点，例如可信度和可能性，尽管它们具有相关性。许多早期对概率进行形式化的兴趣很大程度上来自于渴望了解所谓的"机遇游戏"，在游戏中，结局某种程度上可以视为由随机事件来确定，例如，掷骰子或者抛硬币。就这一点而言，最早的研究始于 16 世纪初期。17 世纪初期，产生了一种更加严谨并且形式化的定义，这个定义最初来自于法国数学家 Pascal 和 Fermat 之间的来往函件。人们普遍认为，概率的数学理论起源于他们的研究工作，由于诸如 Huygens、Bernoulli、de Moivre、Laplace、Gauss 等杰出人物的贡献，直到 20 世纪，概率的观点在数学家之中依然十分流行。

在 20 世纪 30 年代，概率相对频率的观点出现了，这主要来自于 Von Mises 和 Fisher 的研究。几乎在同一时间，出现了一种公理化方法形成了当前概率论的雏形。这种公理化方法在很大程度上归功于 Kolmogorov 的努力。传统概率观点被归为一种十分特殊的案例，而相对频率方法则是由我们简单提及的"大数定律"计算出的。

关于概率论有许多非常不错的书。Everitt（1999）是一本非常好的"指南"，Feller（1968）则是经典著作，Hacking（1965）是一本有用的哲学指南，Hacking（1984）是一本历史纪要。而 Rabinowitz（2004）、Bertsekas 与 Tsitsiklis（2008）、Tijms（2007）以及 Ross（2009）是一些近期出版的不同层面的书。

[1] Bertsekas D, Tsitsiklis J. Introduction to probability. 2nd ed. Belmont, MA: Athena Scientific; 2008.
[2] Everitt BS. Chance rules: an informal guide to probability, risk, and statistics. New York: Copernicus, Springer-Verlag; 1999.
[3] Feller W. Volume 1, An introduction to probability theory and its applications. 3rd ed. New York: Wiley; 1968.
[4] Hacking I. The logic of statistical inference. Cambridge: Cambridge University Press; 1965.
[5] Hacking I. The emergence of probability. Cambridge: Cambridge University Press; 1984.
[6] Rabinowitz L. Elementary probability with applications. Wellesley, MA: AK Peters; 2004.
[7] Ross SM. A first course in probability. 8th ed. Upper Saddle River, NJ: Prentice-Hall; 2009.
[8] Tijms H. Understanding probability: chance rules in everyday life. Cambridge: Cambridge University Press; 2007.

第3章 概率密度

在第 2 章中，我们解释了在离散集中涉及的初等数学中的概率知识，其中实验结果的数目是有限的。这一章，我们将讨论一些连续随机变量情况下的概率基础知识。

3.1 一个二维实例

Alice 射击靶子。假设她的子弹可以击中靶子上的任意点（想象她的子弹无穷小）。她可能会击中直径为 1in 区域内的某一点的概率是 0.5，击中直径为 2in 区域内点的概率是 0.9。

Alice 正好能命中靶心的概率是 0，对靶子上其他点也是如此。但感觉相比一些更远的特定点来说，她更有可能触及中心点。我们可以捕获平面 R^2 上的概率密度（见图 3-1）。

为了更精确地解释概率密度，我们从一维情况开始分析，然后再转到第 3.4 节中更高的维度。

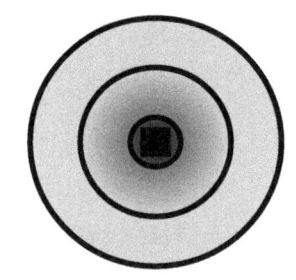

图 3-1 击中靶标的概率密度

3.2 在 [0,1] 区间的随机数

从区间 [0,1] 的所有数字中等概率地选择一个随机数意味着什么呢？选择一个特定数，就拿 0.5 来说，概率是多少呢？

如果所有数字都是等概率的，则选择 0.5 的概率和选择 0.75 或 π−3 的概率是相同的。但是，由于结果是互斥的，因此出现任何数字的概率都为 0。否则，由于在区间 [0,1] 中有无穷多个点，我们会得到一个矛盾的结果。也就是说，假设选择的每个点的概率是某值 $p > 0$。那么，如果 a_1 和 a_2 是 [0,1] 中两个不同的点，则 $P(a_1 \text{ 或 } a_2) = 2p$。同样，如果 $a_1, \cdots, a_N$ 是 [0,1] 中的 N 个不同点，则 $P(\cup_{i=1}^{N} a_i) = Np$。但对于一个足够大的 N，会出现 $N_p > 1$，而概率必须介于 0 和 1 之间。

所以，在 [0,1] 之间选择任何特定数字的概率是 0，选择某些数字的概率是 1。

现在考虑概率是 $\frac{1}{3}$ 的情况，我们在区间 $[0, \frac{1}{2}]$ 内得到在 0 和 $\frac{1}{2}$ 之间的所有

随机数是等可能的。概率是 $\frac{2}{3}$ 的情况下，我们在区间 $\left[\frac{1}{2}, 1\right]$ 中得到在 $\frac{1}{2}$ 到 1 之间的所有随机数也是等可能的。

基于上述讨论，即观察到任何特定数字的概率是 0。那么在何种意义上，在区间 $\left(\frac{1}{2}, 1\right]$ 内的概率是在区间 $\left[0, \frac{1}{2}\right]$ 内概率的两倍呢？为了回答这个问题，可能考虑点集的概率比考虑单个点的概率更有意义。可选方法之一是使用我们将要在下一节描述的密度函数。

3.3 密度函数

处理连续情况下的概率问题，一个非常有用的方法是使用密度函数。有效的密度函数 $p(x)$ 需要满足以下条件：$p(x)$ 是非负的，$p(x)$ 的区域面积等于 1。严格来说，我们需要 $p(x)$ 满足另一个称为可测量性的技术条件。附录中简要讨论了可测集和可测函数的概念，但本书对可测集并不做详细讨论。本书假设我们所处理的所有函数和集合都是可测量的。

对于给定的密度函数 $p(x)$，区间 A 的概率就是函数 $p(x)$ 在区间 A 范围内的面积，这也适用于更一般的集合。也就是说，对于一般的（可测量的）集合 A，其概率记为 $P(A)$，它是 A 上 $p(x)$ 包含的区域。在数学运算中，这被称为 $p(x)$ 在 A 上的积分

$$P(A) = \int_A p(x) \, dx \tag{3-1}$$

如图 3-2 所示。

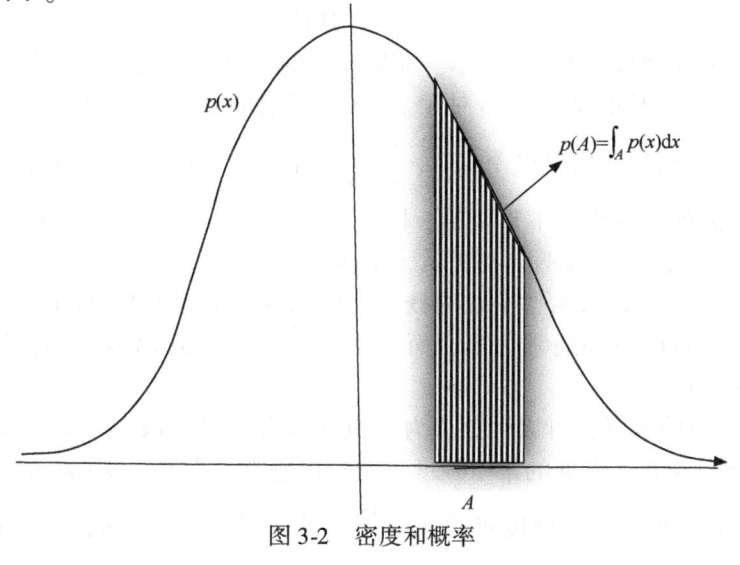

图 3-2 密度和概率

基于此，一个（可测量的）函数 $p(x)$ 成为一个有效的密度函数所需满足的两个条件是

$$p(x) \geqslant 0, 对于 \forall x \tag{3-2}$$

以及

$$\int_R p(x) \mathrm{d}x = 1 \tag{3-3}$$

第一个条件保证了对任何集合 A，$P(A) \geqslant 0$ 都成立；第二个条件保证了整个实线的概率（即选择一些实数的概率）为 1。当这两个条件同时满足时，对任何集合 A，都有 $0 \leqslant P(A) \leqslant 1$。

回顾 3.2 节中讨论的例子，考虑以下情况：所选的数是从区间 $[0,1]$ 的所有数中等可能选择的。这意味着在 $[0,1]$ 中，任意给定的小间隔，不管其确切位置如何，该间隔的概率都是一样的。这可以用密度函数表示

$$p_1(x) = \begin{cases} 1 & 0 \leqslant x \leqslant 1 \\ 0 & 其他 \end{cases}$$

在第二个例子中，我们在 0 到 $\frac{1}{2}$ 区间取数的概率是 $\frac{1}{3}$，在 $\frac{1}{2}$ 到 1 区间内取数的概率是 $\frac{2}{3}$。在上述的两个半区间中，取得所有数字的可能性都是相等的。这可以通过密度函数表示

$$p_2(x) = \begin{cases} \frac{2}{3} & 0 \leqslant x \leqslant \frac{1}{2} \\ \frac{4}{3} & \frac{1}{2} \leqslant x \leqslant 1 \\ 0 & 其他 \end{cases}$$

这两个密度函数如图 3-3 所示。需要注意的是对于密度函数而言，在不连续点处的函数值是不重要的。即对于 $p_1(x)$，我们可以让 $p_1(0) = p_1(1) = 0$，$p_2(x)$ 也一样。而且我们可以令 $p_2\left(\frac{1}{2}\right) = \frac{4}{3}$。事实上，取其他的值也一样。其他任何有限点处的密度值是不重要的，因为这并没有改变在集合 A 上的积分（即 $p(x)$ 以下的区域），所以不会改变 $p(A)$ 的概率。

$p(x)$ 的值并不表示在点 x 处的概率。正如我们前面所提到的，在连续情况下，任何单个点的概率通常为零，而对于多点，则有 $p(x) > 0$。同样，$p(x)$ 可以取大于 1 的值。

对于 $p(x)$ 的解释，可以大致认为"概率分布"是分散在一条实线上的，且 $p(x)$ 代表该分布在 x 点处的集中程度。更确切地说，令 $B(x, \varepsilon)$ 表示区间 $(x - \varepsilon, x + \varepsilon)$，则 x 点处的近似密度可表示为 $\frac{P(B(x, \varepsilon))}{(2\varepsilon)}$。当 ε 变的无限小时，得到

$p(x)$ 的极限近似值。由此得到

$$p(x) = \lim_{\varepsilon \to 0} \frac{P(B(x,\varepsilon))}{2\varepsilon} \tag{3-4}$$

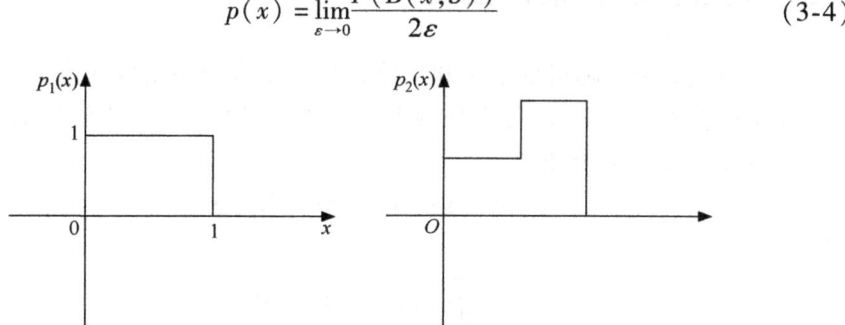

图 3-3 多密度概率

3.4 高维空间中的概率密度

回到 Alice 射击靶子的二维情况,设 $p(\bar{x})$ 表示一个概率密度函数,其代表了 Alice 的击中点可能会落在靶子的哪个位置。在一维情况下,$p(\bar{x})$ 需要满足如下条件:

$$p(\bar{x}) \geqslant 0, \text{对所有的} \bar{x} \tag{3-5}$$

和

$$\int_{\mathbf{R}^2} p(\bar{x}) \, d\bar{x} = 1 \tag{3-6}$$

给定密度函数 $p(x)$,则 Alice 的击中点落在靶子某个区域 S 内的概率 $P(S)$ 定义为

$$P(S) = \int_S p(\bar{x}) \, d\bar{x} \tag{3-7}$$

这里,作为密度,$p(\bar{x})$ 的解释类似于一维情况。也就是说,对于靶子上的一个固定点 $\bar{x}$,设 $B(\bar{x},\varepsilon)$ 表示以 $\bar{x}$ 为中心,ε 为半径的一个区域。则 Alice 击中球内某点的概率采用如下公式计算:$P(B(\bar{x},\varepsilon))$,之后除以球的表面积($B(\bar{x},\varepsilon)$) $=\pi\varepsilon^2$。类似于一维情况,该点 $\bar{x}$ 处的概率密度 $p(\bar{x})$ 等于

$$\lim_{\varepsilon \to 0} \frac{P(B(\bar{x},\varepsilon))}{\text{area}(B(\bar{x},\varepsilon))} \tag{3-8}$$

同样,我们也可以考虑在 $\mathbf{R}^d$ 空间中的概率密度函数。与二维情况完全类似。式(3-5)~式(3-8)均成立,唯一的变化是 $\mathbf{R}^2$ 被替换成 $\mathbf{R}^d$,而球 $B(\bar{x},\varepsilon)$ 的面积被替换为球的体积。

3.5 联合密度和条件密度

如果我们对两个随机变量 x 和 y 感兴趣，联合概率密度函数 $p(x,y)$ 描述两个变量的联合行为。正如我们所预期的，要成为一个有效的联合密度函数，$p(x,y)$ 需要满足以下条件：

$$p(x,y) \geqslant 0, \text{对所有的 } x,y \quad (3\text{-}9)$$

和

$$\iint p(x,y)\,\mathrm{d}x\mathrm{d}y \geqslant 0 \quad (3\text{-}10)$$

有了概率，下面考虑条件密度。给定 y，则 x 的条件密度，记为 $p(x|y)$，由下式给出

$$p(x|y) = \frac{p(x,y)}{p(y)} \quad (3\text{-}11)$$

式中，$p(y) > 0$。

3.6 期望和方差

如同离散情况一样，连续变量中随机变量的平均值（或平均）也是一个重要的量。期望可用于描述一个更高维空间中随机变量的取值。

设定义在区域 $\mathbf{R}^d$ 中的随机变量 $\overline{X}$ 的概率密度函数是 $p(\overline{x})$，则 $\overline{X}$ 的期望定义如下：

$$E[\overline{X}] = \int_{\mathbf{R}^d} \overline{x} p(\overline{x})\,\mathrm{d}\overline{x} \quad (3\text{-}12)$$

式（3-12）类似于离散情况下的计算。在离散的情况下，如式（2-2），期望值是通过乘以相应的概率值，再累加起来得到的。式（3-12）反映了由离散情况向连续情况的自然扩展，其中的概率被概率密度函数替换，求和被积分替换。当然，如果 $\overline{X}$ 取自于 $\mathbf{R}^d$，则 $E[\overline{X}]$ 也是 $\mathbf{R}^d$ 维的。

同样地，$\overline{X}$ 的方差概念也可以自然地由离散扩展到连续情况。但扩展到更高的维度（适用于离散和连续的情况下）则涉及更多内容。在一个标量例子中，$d=1$，则 X 在 $\mathbf{R}$ 中取值，σ^2 表示方差，再次被定义为

$$\sigma^2 = E[(X-\mu)^2] = E[X^2] - \mu^2$$

但现在，它们的期望都由对 $p(x)$ 积分得到，即

$$\sigma^2 = \int_{\mathbf{R}} (x-\mu)^2 p(x)\,\mathrm{d}x = \int_{\mathbf{R}} x^2 p(x)\,\mathrm{d}x - \mu^2$$

在更高维中，方差的扩展实际上是一个 $d \times d$ 的二维矩阵，叫作协方差矩

阵。我们需要它的原因是，对 $\bar{x} \in \mathbf{R}^d$，目前尚不清楚如何求 $\bar{x}$ 的二次方。如果矢量 $\bar{x}$ 记为 $\bar{x} = (x_1, \cdots, x_d)$，则密度 $p(\bar{x})$ 可以看作是对于标量 $x_1, \cdots, x_d$ 的一种联合密度。假设 $\bar{x}$ 是列向量，并且 $\bar{x}^T$ 表示 $\bar{x}$ 的转置，那么 $\bar{x}^T$ 是一个行向量，则 $\bar{x}\,\bar{x}^T$ 是一个 $d \times d$ 矩阵，其 (i,j) 元素项是 $x_i x_j$。同样，如果 $\bar{\mu} = E[\bar{X}]$ 表示 $\bar{X}$ 的期望值，则 $\bar{\mu} \in \mathbf{R}^d$ 和 $\bar{\mu}\bar{\mu}^T$ 是一个 $d \times d$ 矩阵。$\bar{X}$ 的协方差矩阵记为 $\sum$，定义为

$$\sum = E[(\bar{X} - \bar{\mu})(\bar{X} - \bar{\mu}^T)] = E[\bar{X}\bar{X}^T] - \bar{\mu}\bar{\mu}^T$$

$\sum$ 的对角元素对应着 $\bar{X}$ 中各元素的方差，即 $\sum$ 的第 (i,j) 项等于 $\bar{X}$ 的第 i 个分量的方差。

3.7 大数定律

考虑我们在第 2 章中讨论的从一个碗中取出黑球和白球的实验。假设我们不知道选择一个黑球的概率（即黑球的比例），但是想要使用数据来估计这种概率。

我们可能会尝试取许多球，并通过观察我们取的所有球中黑球的比例来估计未知的概率。我们取的球越多，则观察到的黑球的比例与黑球在碗里的实际比例相符的概率就会越大。

考虑一种假设 H，所观察到的从碗里取出黑球的频率与碗里实际的黑球比例不同，两者相差的数目为 ε。随着我们这种有放回的取球次数的增多，这种假设 H 的概率会增加并接近于 1。

更确切地说，我们可以这样定义一个随机变量 X，感兴趣的事件发生，则 $X = 1$；反之，则 $X = 0$。假设 p 是感兴趣事件发生的概率。例如，该事件可能是"我们观察到一个黑球"，在这种情况下 p 表示观察到一个黑球的概率。假设我们做了很多次实验，并用 X_1 表示第一次实验的随机变量，用 X_2 表示第二次实验的随机变量，以此类推。我们假设随机变量 $X_1, X_2, \cdots$ 是独立的。

如果我们进行 n 次实验，事件发生的次数是 $X_1 + X_2 + \cdots + X_n$。令 $\hat{p}_n$ 表示事件发生概率为 p 的 n 次观测的估计。即

$$\hat{p}_n = \frac{X_1 + X_2 + \cdots + X_n}{n}$$

可以证明，随着观察实验的增加，估计 $\hat{p}_n$ 将会以无限方式收敛于 p。设任意给定的 $\varepsilon > 0$，可以表示为

$$\text{Prob}\{|\hat{p}_n - p| > \varepsilon\} \to 0 \quad \text{随着 } n \to \infty$$

这是一个通过大量独立观察，取平均值方法来估计随机变量期望值的特殊

案例，特别地，假设 X 是一个实随机变量，$\mu = E[X]$ 表示 X 的期望。例如，X 是滚动加权骰子的结果，则可以通过对大量独立观察取平均值来估计 μ。即滚动骰子多次，取其结果的平均值评估 μ。也就是说，进行 n 次观测后 $\hat{\mu}_n$ 表示为

$$\hat{\mu}_n = \frac{X_1 + X_2 + \cdots + X_n}{n}$$

对任意 $\varepsilon > 0$，有

$$\text{Prob}\{|\hat{\mu}_n - \mu| > \varepsilon\} \to 0 \quad \text{随着} \; n \to \infty$$

这些结果被称为弱大数定律，一个强声明可被称为强大数定律。此外，还可能得到边界的各种概率结果或收敛速度。详情请参考概率统计教材。

3.8 小结

本章，我们回顾了在连续情况下概率的一些基本工具。概率密度函数表示随机变量取不同值的可能性。密度函数 $p(\bar{x})$ 应该满足的要求是：必须为非负数，函数总面积等于1。结果为集合 A 中某一个数的概率计算由集合 A 区域内 $p(\bar{x})$ 的面积给出。$p(\bar{x})$ 的值可以通过计算以 $\bar{x}$ 为球心的球的体积的概率来获得，当球的半径趋于零时，得到准确值。我们讨论了联合密度和当涉及两个或两个以上随机变量时条件密度的概念。期望的概念由离散随机变量自然延伸到连续的情况，其中求和被替换为求概率密度积分。方差的概念在一维情况下（即一个标量随机变量）进行自然延伸，但在更高维的情况下，方差的延伸则引出了协方差矩阵。最后，我们简要讨论了连续型和离散型随机变量的大数定律。

3.9 附录：可测性

我们提到过但并没有深入讨论的一个重要的基础概念是可测性。本书不进行详细论述，但在附录中，我们进行简要介绍。

考虑实线的子集，给定一个特定子集 A，一个基本的问题是 A 有多大呢？如果 A 是一个区间，对 A 的大小的自然测量是其长度。因此，如果 A 是区间 [0,1]，则其长度为1，而如果 A 是区间 [−1,2.5]，那么 A 的长度为3.5。需要注意的是单点的长度是0，无需考虑区间的开与闭。因此，区间（−1,2.5），(−1,2.5] 和 [−1,2.5) 的大小均为3.5。如果 A 是有限区间的并集，则 A 的长度是 A 中所有区间长度之和。

但对于更复杂的子集，例如，假设我们把自己限制在 [0,1] 子集中，有理数在 [0,1] 区间中的大小是多少？无理数呢？精确定义一般子集的长度概念比看起来要更困难、更微妙，而测量理论提供了一种方法。

事实证明，如果我们坚持认为尺寸的概念应该满足一些自然属性，那么就不存在统一的方法为每个子集分配大小。但是，如果我们只关注子集的一部分，那么我们就可以在满足自然属性一致的方式下为每个子集指定一个大小（或测量），可以被指定大小的子集的集合称为可测集。

在数学中，如果某个集合 S 非空，且其子集满足对于可数个集合的并集运算和补集运算的封闭性，即 S 的子集集合被称为 σ 代数，则 S 是一个 σ 代数。这两个条件意味着如果 $A \in S$，那么 $A^c \in S$，并且如果对于 $i = 1, 2, \cdots, A_i \in S$，那么 $\cup_{i=1}^{\infty} A_i \in S$。（$A^c$ 是 A 的补集）。

对 σ 代数 S，测度 μ 是一个函数，它为 S 的每个元素分配一个实数或无穷大，且满足以下性质：非负，空集大小为零，可列可加性。在数学上这些条件可分别表示为：对任意 $A \in S, \mu(A) \geqslant 0$；$\mu(\in \varnothing) = 0$，其中 $\varnothing$ 是空集；对 $i = 1, 2, \cdots$，设 $A_i \in S$，则 $\mu(\cup_{i=1}^{\infty} A_i) = \sum_{i=1}^{\infty} \mu(A_i)$。

起初，我们并不清楚为什么不能为每个集合分配一个有意义的长度（测量）。如，考虑 Alice 向一个（无限小的）飞镖板投掷飞镖，飞镖落在每个点的可能性相同。给定单位正方形的任意子集 A，Alice 的飞镖可能会落入 A，也可能不会。对 A 的测量就是飞镖落入 A 的概率。

然而，1905 年 Vitali 创建了一个不可测集，给出了一个反证。也就是说，他构造了一个集合，该集合在集合长度测量的自然假设下与选择理论产生了矛盾。这表明，需要对测量做出限制以适用于集合子集（例如，一个 σ 代数 S）。另一个显著的发现是，Banach-Tarski 悖论阐述了测量的复杂性。1924 年，他们发现，在三维空间的球可以被分解成有限个碎片，碎片可移动、旋转，并可装配到一起产生两个与原先相同的球！该结论有时可描述为"豌豆可以切碎并重新组合成太阳"。

解决此类问题，需要我们放弃一些对测量性质的期待，修改 Zermelo-Fraenkel 集合论的原理，或接受有不可测集存在的概念。标准的做法是采取后者。

3.10 问题

1. 判断真假：概率密度可以取大于 1 的值。
2. 判断真假：概率密度可以取小于 0 的值。
3. 给定概率密度函数 $f(x)$，写出 $P(a \leqslant x \leqslant b)$ 的表达式（即 x 在 $[a,b]$ 内取值的概率）？
4. 如果 $p_1(x)$ 和 $p_2(x)$ 是两个概率密度函数，考虑函数 $p_\lambda(x) = \lambda p_1(x) + (1 - \lambda) p_2(x)$。

   (a) 对任意 $\lambda \in [0,1]$，$p_\lambda(x)$ 是有效的密度函数吗？为什么？

(b) 若 $\lambda \notin [0,1]$,$p_\lambda(x)$ 是一个有效的密度函数吗？为什么？

5. 考虑如下函数

$$p(x) = \begin{cases} 2 - 2x & 0 \leq x \leq 1 \\ 0 & \text{其他} \end{cases}$$

(a) 画出 $p(x)$ 的图。

(b) $p(x)$ 是一个有效的概率密度函数吗？为什么？

(c) $x \geq \dfrac{1}{2}$ 的概率是多少？

(d) $x = \dfrac{1}{2}$ 的概率是多少？

(e) 对于非常小的 ε,x 在 $\dfrac{\varepsilon}{2}$ 的内的概率是多少？

6. 如果 Alice 击中给定点和其他点的概率是一样的,这是否意味着她击中距中心 1in 内的一点,和她击中远离中心的一个 1in 圈内一点的概率相同？解释之。

3.11 参考文献

如第 2 章参考文献中所提到的,Kolmogorov 对概率的探索付出了大量的努力。这种方法基于由 Borel、Lebesgue、以及 19 世纪末 20 世纪初的其他数学家们共同提出的测量理论。概率测量是通用测量的一个特殊例子。

除本书第 2 章概率部分涉及的参考文献之外,其他一些高层次书籍都基于测量理论对概率论进行了严谨的讨论,如 Billingsly（1995）,Chung（2000）,Dudley（2002）。

[1] Billingsly P. Probability and measure. 3rd ed. New York：Wiley Interscience；1995.
[2] Chung KL. A course in probability theory. 2nd ed. Amsterdam：Academic Press；2000.
[3] Dudley RM. Real analysis and probability. 2nd ed. Cambridge：Cambridge University Press；2002.
[4] Feller W. An Introduction to probability theory and its applications. 3rd ed. New York；Wiley；1968.

第 4 章 模式识别问题

有了前面章节中讨论的概率知识作基础，我们现在可以开始讨论关于统计公式和模式识别及学习的相关成果，这些方法已被广泛应用于许多领域并取得了不错的成效。

本章讨论两种分类的模式识别问题。此类问题包含了许多应用领域及理论知识中的本质特征。除第 14 章及第 15 章讨论估计问题外，两分类的模式识别问题一直贯穿全书。

4.1 一个简单例子

考虑一个简单的模式识别问题。设有一个生产零件的流水线，部分零件可能存在缺陷，而其他部件均完好。我们希望设计一个自动检测系统，其功能是自动将零件进行分类（正确制造和有缺陷的），而不需要人工检查。使用标签"1"表示好的对象，"0"表示差的对象。

如果我们没有其他的信息和标准，则只能随机猜测。统计模式识别采取的方法是：首先观察待分类对象的一些特征，如颜色、长度、宽度和重量，然后使用特征的观测值对对象进行分类。此外，这里还假定对象以及测量特征和对象分类之间的概率模型为已知。

例如，对于检验问题，假设我们知道坏的零件/部件发生的概率为 $P(0)$，好的零件发生的概率为 $P(1) = 1 - P(0)$。此外，假设测量值为以下六个值之一，即 $v_1, \cdots, v_6$。该概率模型不仅告诉我们好的和坏的零件发生的概率，同时也提供了特征值在好的和坏的部件中的概率。这些概率是在已知对象分类情况下的特征值的条件分布，表示为 $P(v|0)$ 和 $P(v|1)$。

我们期望某些特征值在坏的零件中更易出现，而其他特征值在好的零件中更容易出现。同时，期待分布 $P(v|0)$ 和 $P(v|1)$ 是不一样的。否则，特征观测值对对象的好坏区分就不会有很大帮助。

现在的问题是"我们如何设计一个好的分类（或决策）规则？""我们应该如何衡量一个规则的性能"和"我们应该如何对一个'决策规则'进行公式化表示？"

4.2 决策规则

当我们观察到一个对象的特征值，我们将会对对象所属的类别做一个猜测。

例如，在检查问题中，如果我们观察到特征值为 v_1，我们可能会猜测，该对象是有缺陷的（属于类别0），如果我们观察到其他的任何值，那么我们可能会猜测该对象是完好的（属于类别1）。这是一个可能的决策规则（或分类规则，或分类）。

也有其他一些决策规则。如一个非常简单的规则是推测的对象总是属于类别1（即好的）。另一个规则可能是，当观察到的特征值大于某个固定值时，对象属于类别1，否则，它属于类别0。

通常，我们观察的目标有多个特征，设共有 d 个特征，特征观察值就可以用特征向量 $\bar{x} = (x_1, x_2, \cdots, x_d)$ 表示。在这里，x_1 表示第一特征的测量值，x_2 表示第二特征的测量值，依此类推直至 x_d。决策规则实际上只是将0或1分配到各个特征向量的一种映射。

如果 Ω 表示所有可能特征向量的集合，决策规则 c 将负责 Ω 到 $\{0,1\}$ 的映射，即 $c: \Omega \rightarrow \{0,1\}$。此外，任何这样的映射都对应一个决策规则，其中 $c(\bar{x})$ 代表当被观察对象的特征向量为 $\bar{x}$ 时的一种决策。

同时，我们可以将决策规则看作是将 Ω 分成两组 Ω_0 和 Ω_1 的一种划分。对 Ω 中的每个特征向量，我们必须决定是0或1。Ω_0 中包含所有我们分类为0的特征向量，Ω_1 中是分类为1的特征向量。也就是说，如果 $\bar{x} \in \Omega_0$，则分类为0，如果 $\bar{x} \in \Omega_1$，则分类为1。

本书中，一般考虑实数特征值，特征向量 $\bar{x} = (x_1, x_1, \cdots, x_d)$ 属于 $\mathbf{R}^d$ 空间，其中 d 为特征数量。许多情况下，只允许一些特定取值，因此对于特征向量 x，其取值是有限的。而在有些情况下，特征值 x_i 可以取任何实数。这种情况下，$\Omega = \mathbf{R}^d$，决策规则是对 d 维欧氏空间的一个划分。如图4-1所示，$\mathbf{R}^2$ 就是一种二维空间的决策划分。

但是，在其他情况下，我们可能只有有限多个可能的特征值。或者可能有一些特征值不是实数。在这种情况下，Ω 是 $\mathbf{R}^d$ 之外的其他特征值，甚至有可能是一个有限集。

另一种思路是将决策规则看作 Ω 的一个子集。如果我们知道所有分类为类别1的特征向量，那么剩下的一定属于类别0（由于只有两个类别）。这表明，将 Ω 的一部分映射到类别1，就定义了一个决策规则。因此，在两类问题中，所有决策规则的集合可看作是 Ω 的所有子集的集合。这就是所谓的 Ω 的"幂集"。

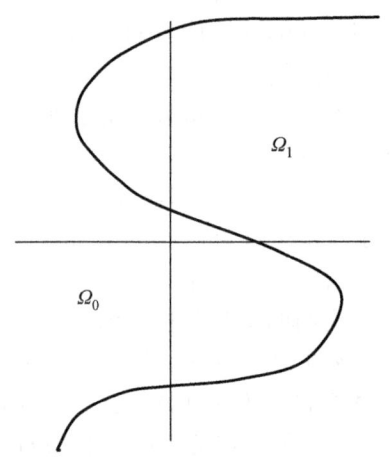

图4-1　$\mathbf{R}^2$ 空间中的一个决策域划分

Ω 的幂集（所有可能决策规则的集合）通常是很大的。即使 Ω 是具有一定基数的有限集，其幂集也是巨大的。例如，对于 100 种可能的特征向量，则可能的决策规则就会有 2^{100}（超过 10^{30}）种！在某些应用中，可能会有成千上万种可能的特征向量，如前所述，在很多情况下，我们认为特征值取的是连续值，因此特征空间是非常大的（本章附录解释无穷不可数概念）。

对于特征值取连续值的情形，我们通常取 $\Omega = \mathbf{R}^d$ 或 $\mathbf{R}^d$ 的一个恰当子集。这时，考虑各种技术/数学上的原因，我们不会考虑把 $\mathbf{R}^d$ 的所有可能子集的集合作为潜在的决策规则。相反，我们将决策规则限定为一个称为可测集子集的特殊类型。该集合极其丰富，包括了在实践中可见的所有子集，但可测集的集合不是 $\mathbf{R}^d$ 的幂集。在 3.9 节中，我们简要地讨论了可测性的概念。然而，这些问题不在本书的讨论范围之内，我们假设所有的集合和函数都是可测量的。

4.3 成功基准

我们想从所有可能的决策规则集合中，选择一个执行效果好的规则。这里，首先需要说明什么是"执行效果好"。需要明确指出如何衡量决策规则 c 的好坏。

首先，请注意我们已经为对象以及特征观察值和对象分类之间的关系假设了一个概率模型，通常，任何决策规则都不会永远正确。

根据概率模型，一个自然的成功标准是我们能做出正确决定的概率。我们希望这种可能性要尽可能大。也就是说我们希望不正确分类的概率（即出错率）要尽可能的小。

此外，我们希望对决策规则 c 的错误可能性进行描述。决策规则 c 出错的方式有两种：(i) 对象的分类应该是类 0，但 c 却将其分类为类 1；(ii) 对象的分类应该是类 1，但 c 却将其分类为类 0。

考虑情况 (i)。该对象属于类别 0 的概率正是先验概率 $P(0)$。给定对象于类别 0，则当且仅当观察到的特征向量属于 Ω_1 时，我们做的决定是错误的，因为我们的决定是属于类别 1。此条件概率可以写成 $P(\Omega_1|0)$。事件 (i) 发生的概率为 $P(0)P(\Omega_1|0)$。

类似地，对于情况 (ii)，该对象属于类别 1 的概率是 $P(1)$，给定对象属于类别 1，当且仅当所观察到的特征向量属于类 0 时，我们做出了错误判断。这时，事件 (ii) 发生的概率为 $P(1)P(\Omega_0|1)$。

由于事件 (i) 和 (ii) 是相互排斥的，故规则 c 出错的概率可表示为

$$\text{出错概率 } c = P(0)P(\Omega_1|0) + P(1)P(\Omega_0|1)$$

4.4 最佳分类器：贝叶斯决策规则

现在，我们讨论最佳的决策规则。回想迄今为止的所有模型。有两种类型 0 和 1，其先验概率为 $P(0)$ 和 $P(1)$。对象的特征观察值通过条件概率 $P(\bar{x}|0)$ 和 $P(\bar{x}|1)$ 来决定对象的分类。观察特征向量 $\bar{x}$，并决定其取值为 0 或 1。我们需要一个决策规则以最大限度地减少误差。

现在，假设 $P(0)$、$P(1)$、$P(\bar{x}|0)$ 和 $P(\bar{x}|1)$ 的准确值为已知。有了这些知识，就不存在学习的问题了，而是统计决策理论的问题。也就是说，假设与环境相关的模型已知，我们只是想了解如何使用这些知识。如果分布是未知的，且必须从数据中学习，这将为我们的尝试提供一个基准或目标。

首先，考虑一个很简单的例子，假设对象的任何特征均未知。我们只是基于先验概率 $P(0)$ 和 $P(1)$ 决定将其分到哪个类，如果希望尽量减少出错概率，那么最好的猜测就是将其简单地判断为具有较高先验概率的分类。若 $P(0) > P(1)$，我们就应该猜测对象来自类别 0，而如果 $P(1) > P(0)$，那么我们就应该猜测对象来自类别 1。按此决策规则，我们做出正确决定的概率为 $\max(P(0), P(1))$，错误的概率为 $\min(P(0), P(1))$。请注意，如果 $P(0) = P(1) = \frac{1}{2}$，错误的概率是 $\frac{1}{2}$，决策正确的概率也一样。这是可以预料的，因为在这种情况下，没有比随机猜测更大的优势，所以不管我们做什么决定都是无所谓的。

现在考虑特征向量观察值已知时的情况，如果给定某一特征向量观察值时对两个分类的条件概率均已知，则我们很容易就可对所属类别做出决定。也就是说，如果 $P(0|\bar{x})$ 和 $P(1|\bar{x})$ 已知，这就相当于无特征的情况，最好的决定是选择具有较大条件概率的分类，也就是说，如果 $P(0|\bar{x}) > P(1|\bar{x})$，则对象被判断为类别 0，如果 $P(1|\bar{x}) > P(0|\bar{x})$，则对象被判断为类别 1。如果 $P(0|\bar{x}) = P(1|\bar{x})$，则值均为 $\frac{1}{2}$，两个分类均可。

现在的问题是如何获取 $P(0|\bar{x})$ 和 $P(1|\bar{x})$ 呢。假定已知先验概率 $P(0)$、$P(1)$，以及条件概率 $P(\bar{x}|1)$ 和 $P(\bar{x}|0)$。利用这些式子，我们需要求得反向条件概率。从贝叶斯定理得到的概率正是我们所需要的结果。第 5 章将会讨论这个问题。

4.5 连续特征和密度

正如前面所提到的，在许多情况下向量 $\bar{x}$ 中包含的特征值取的是连续值。通常情况下，每个特征（$\bar{x}$的每个分量）被假定为一个实数。因此特征向量就是一个实数连续向量。

在这种情况下，我们讨论的不是条件概率 $P(\bar{x}|0)$ 和 $P(\bar{x}|1)$，而是条件密度 $P(\bar{x}|0)$ 和 $P(\bar{x}|1)$。如同在第3章中讨论的密度，但这里每个类都应该有一个概率密度。根据真实对象是否来自类别0或类别1，分别根据密度 $P(\bar{x}|0)$ 或 $P(\bar{x}|1)$，可绘制特征向量$\bar{x}$。如果该对象属于类别0，那么该特征向量x落入体积 V 的概率由下式给出

$$P(\bar{x} \in V | 0) = \int_V p(\bar{z}|0) d\bar{z}$$

正如之前讨论的概率密度。变量z只是一个积分变量。

虽然特征向量是连续值（必须用密度而不是概率），我们仍然只有0和1两类来表示。因此，我们仍然使用两个类的先验概率 $P(0)$ 和 $P(1)$。此外，在观察特征向量 x 后，针对两分类问题，我们仍然讨论条件概率 $P(0|x)$ 和 $P(1|x)$。如同我们在第5章的讨论，如何计算这些条件概率只有一些细微的差别。

4.6 小结

在本章中，我们讨论了模式识别问题的概率公式。假定对于给定的两个分类，都有先验概率，每个特征向量都有条件概率。在这种分布下，我们可以计算任何决策规则的错误概率。寻求最大限度地减少出错概率的决策规则。我们的建议是：最好的决策规则是针对观察到的特征向量，选择具有较大后验概率的分类。然而，我们并没有讨论如何计算这些后验概率。这将在第5章贝叶斯定理部分讨论。最后，我们讨论了特征向量取值为连续值（并非离散值）的情况。在这种情况下，公式的差别主要是使用条件密度代替条件概率。

4.7 附录：不可数概念

自然数可以用来计数：1，2，3，…，n，…。这些自然数有无数多个，对任何有限的自然数n，总有一个更大的数 $n+1$。

如果集合 F 的每个元素都可以被指派一个从 1 开始的唯一的自然数，我们说集合 F 是可数的，称 F 的值是可枚举的。如果能为 F 中的元素指派的最大自然数是n，则称 Fs 为有限多个元素，Fs 的元素数是n。如果不存在最大数n，则称 Fs 为无穷多个，同时如果能为 F 中的每个元素分配一个唯一的自然数，那么我们说 F 是可数无穷的，或简称为可数的。

将 F 中的元素映射到自然数，相当于对其成员进行了一次排序，因为可通过

映射到1，2，3等给出"序号"。显然，在这种定义下，自然数本身是可数的。偶数可排序，其序列为2，4，6，…也是可数的，可映射到自然数1，2，3，…。

整数集合…，-3，-2，-1，0，+1，+2，+3，…也是可数的，因为它可按如下方式进行排序：0，+1，-1，+2，-2，+3，-3，…，然后按如下方式进行映射，0映射到1，+1映射到2，-1映射到3，以此类推。

另一个例子是有理数集。有理数可表示为一个分子为整数，分母为正整数的分数：$\frac{m}{n}$。如$\frac{1}{3}$，$\frac{-9}{7}$，$\frac{2}{4}$。任何分数都可化简为一个最简分数形式，其分子和分母没有大于1的公因子。例如，$\frac{2}{4}$可简化为$\frac{1}{2}$。

任意两个不同的有理数总是可以判别其大小。因此，我们说0和1之间的有理数是可数的，因为我们可以将其一对一地映射到自然数：$\left(\frac{1}{2}, \frac{1}{3}, \frac{2}{3}, \frac{1}{4}, \frac{3}{4}, \frac{1}{5}, \cdots\right)$。

如果F中的各个元素彼此可以区分，且元素个数是不可数的，则称F为不可数多个，或称为不可数无穷大，简称为不可数的。如表4-1所示。

表4-1 对角线元素构造

String 1:	<u>0</u>	1	0	1	0	1	0	…
String 2:	1	<u>1</u>	0	1	1	0	1	…
String 3:	1	1	<u>1</u>	1	0	0	0	…
String 4:	0	0	1	<u>0</u>	0	0	0	…
String 5:	1	0	1	0	<u>1</u>	1	0	…
String 6:	1	1	1	1	1	<u>0</u>	1	…
String 7:	0	0	0	1	1	1	<u>1</u>	…
⋮	⋮	⋮	⋮	⋮	⋮	⋮	⋮	⋱
New string:	1	0	0	1	0	1	0	…

例如，有许多不可数的无穷多个0和1的序列。这一点可以通过对角线法则展现出来。给出任意一个0和1序列的详表，便可以建立一个不包含详表的新序列。如果详表的第一个序列以1开头，那么新序列以0开头，如果详表的第一个序列以0开头，那么新序列以1开头。如果详表的第二项是1，那么新序列的第二项是0，以此类推。通常如果详表的第n项是1，那么新序列的第n项是0，否则是1。对于任何n，这个新序列与第n处的第n个序列不同。所以这个详表不包含新序列。

可以使用一个类似的对角线法则来展示不可数的实数集，因为任何实数都可以由无穷的十进制数扩展来表示。

4.8 问题

1. 什么是决策规则？如果有 10 个可能的特征向量，有多少可能的决策规则？

2. 选择/使用更多特征的优缺点是什么？

3. 将电子邮件分类为垃圾邮件和非垃圾邮件，你可能会考虑哪些分类特征？

4. （a）正如第 1 章所讨论的，通常选择实数向量表示对象。在某些情况下，该向量可表示为一组离散值（即有限数目）。描述有一组离散值的情况是很正常的。

（b）在计算机上实现算法，只能使用离散值。既然这样，为什么要选择实数值呢？

5. 定义决策规则的错误概率的含义。对于一个给定的学习问题，决策规则的最小错误概率是多少？最好的决策规则是拥有最小错误概率的决策规则吗？

6. 如果 Ω_0 和 Ω_1 是决策规则 c 的决策结果为 0 和 1 分别对应的子集，写出 c 的平均错误率表达式。

7. 在模式识别问题的公式化表示中，我们认为错误率是正确选择的唯一准则。但有些情况下，它不是一个合适的准则，因为确定误差可能比其他的代价更高。描述这样一种情况，对如何修改这个准则来解决这种问题给出建议。

8. 设一个模式识别问题的决策规则如下：当 $0 \leqslant x \leqslant 1$ 时，决策为 1（错误代价是 10 美元），当 $1 < x \leqslant 2$ 时，决策为 0（错误代价是 5 美元），特征空间是 $[0, 2]$，判断正确则代价为零。该规则的平均代价表达式是什么？（依据 $P(0)$，$P(1)$，$P(x|0)$ 和 $P(x|1)$）。

9. 有理数是无穷多个吗？

4.9 参考文献

统计模式识别的发展作为一个独立的学科是从 20 世纪 60 年代开始的。一些早期的调查文献和教科书有 Nilsson（1965），Nagy（1968），Ho and Agrawala（1968），Watanabe（1969）以及 Bongard（1970）。该主题也有许多最新的书籍和文章。例如，Devijver 和 Kittler（1982），Fukunaga（1990）以及 Schalkoff（1992）。Duda 等人于 2001 提出一个更易懂的解决方法，在 Duda 和 Hart 1973 年编写的第一版的基础上，Devroye 等人于 1996 给出了一个极好的、全面的解决方法。Kulkarni 等人在 1998 给出了一个综述。

[1] Bongard M. Pattern recognition. Washington (DC): Spartan Books; 1970.

[2] Devijver PR, Kittler J. Pattern recognition: a statistical approach. Englewood Cliffs (NJ): Prentice-Hall; 1982.

[3] Devroye L, Györfi L, Lugosi G. A probabilistic theory of pattern recognition. New York: Springer Verlag; 1996.

[4] Duda RO, Hart PE, Stork DG. Pattern classification. 2nd ed. New York: Wiley; 2001.

[5] Fukunaga K. Introduction to statistical pattern recognition. 2nd ed. San Diego (CA): Academic Press; 1990.

[6] Ho YC, Agrawala A. On pattern classification algorithms: introduction and survey. Proc IEEE 1968; 56: 2101-2114.

[7] Kulkarni SR, Lugosi G, Venkatesh S. Learning pattern classification—A survey. IEEE Trans Inf Theory 1998; 44 (6): 2178-2206.

[8] Nagy G. State of the art in pattern recognition. Proc IEEE 1968; 56: 836-862.

[9] Nilsson NJ. Learning machines. New York: McGraw-Hill; 1965.

[10] Schalkoff RJ. Pattern recognition: statistical, structural, and neural approaches. New York: Wiley; 1992.

[11] Watanabe MS. Knowing and guessing. New York: Wiley; 1969.

第5章 最优贝叶斯决策规则

在前面的章节中,我们给出了如下模式识别问题的描述。对一个两分类问题,$P(0)$ 和 $P(1)$ 分别是类 0 和类 1 的先验概率。通过条件概率 $P(\bar{x}|0)$ 和 $P(\bar{x}|1)$(对应于离散特征值)或条件密度 $p(\bar{x}|0)$ 和 $p(\bar{x}|1)$(对应于连续特征值)我们知道了已知对象的特征向量观察值 $\bar{x}$ 与对象分类之间的关系。我们希望能判断出对象是属于 0 类还是 1 类,并且希望有一种决策规则能使错误率最小化。

在观察值未知的情况下,使错误率最小的有效方法是选择具有较大先验概率的分类。现在我们考虑当对象的特征向量观察值 $\bar{x}$ 已知时,对分类的影响。一个自然的想法是根据观察到的特征向量 $\bar{x}$,计算出两个类的条件概率,即 $P(\bar{x}|0)$ 和 $P(\bar{x}|1)$,这时,我们就有了关于对象应属于哪个类别的最新概率评估。有了这些概率后,使错误率最小的一个显而易见的方法是选择具有较大条件概率的类。但如何计算我们所需要的条件概率呢?

5.1 贝叶斯定理

回顾(第 2 章)事件条件概率的概念。如果 A 和 B 是两个事件,$P(A) > 0$,则给定 A 时,B 的条件概率可用 $P(B|A)$ 来表示,定义为

$$P(B|A) = \frac{P(B\&A)}{P(A)} \tag{5-1}$$

$P(B|A)$ 指在 A 发生的情况下,事件 B 也发生的可能性。该条件概率的概念与前面由对象特征得到分类的概念相同。即 $P(\bar{x}|0)$ 指:当对象属于 0 类时,观察到的特征向量取 x 值时的概率。

贝叶斯定理是一个基本理论,但功能很强大。它允许我们交换计算条件概率时所涉及的事件的顺序。即贝叶斯定理让我们可根据 $P(B|A)$ 和其他量来计算 $P(A|B)$。

贝叶斯定理的推导很简单。对式(5-1),两边乘以 $P(A)$ 得到

$$P(B\&A) = P(A)P(B|A) \tag{5-2}$$

回想 A 和 B 是独立事件的概念,即如果一个事件的发生不影响其他事件的概率,即 $P(B|A) = P(B)$。这时,可得到我们很熟悉的结论,$P(B\&A) = P(B)P(A)$。

现在,假设 $P(B) > 0$,我们也可以用条件概率的定义得到 $P(A|B)$ 的表达

式,(如同推导 $P(B|A)$ 时所用到的)。得到

$$P(A|B) = \frac{P(B\&A)}{P(B)} \tag{5-3}$$

使用最基本的公式 $P(A\&B) = P(B\&A)$。式(5-3)两边同时乘以 $P(B)$,得到

$$P(B\&A) = P(B)P(A|B) \tag{5-4}$$

由式(5-2)和式(5-4)可见,$P(B\&A)$ 的表达式现在有两个,其必然相等。即

$$P(B)P(A|B) = P(A)P(B|A)$$

两边同时除以 $P(B)$,我们得到贝叶斯定理。

贝叶斯定理 若 $P(A) > 0$ 且 $P(B) > 0$,则

$$P(A|B) = \frac{P(A)P(B|A)}{P(B)}$$

5.2 贝叶斯决策规则

对于模式识别问题,贝叶斯理论的重大意义在于只要我们知道假设和事件的先验概率,就可以使用给定假设事件的条件概率来计算基于已知事件假设的条件概率。

假定先验概率 $P(0)$、$P(1)$ 和条件概率 $P(\bar{x}|0)$、$P(\bar{x}|1)$ 都已知。如果能计算出 $P(\bar{x})$,则我们可以用贝叶斯定理得到 $P(0|\bar{x})$ 和 $P(1|\bar{x})$,这是已知观察值时,其属于两个分类的概率。

无条件概率 $P(\bar{x})$ 表达式如下:

$$P(\bar{x}) = P(0)P(\bar{x}|0) + P(1)P(\bar{x}|1) \tag{5-5}$$

假定等式右边的所有量已知。则 $P(0|\bar{x})$ 和 $P(1|\bar{x})$ 的概率表达式是

$$P(0|\bar{x}) = \frac{P(0)P(\bar{x}|0)}{P(\bar{x})} \tag{5-6}$$

和

$$P(1|\bar{x}) = \frac{P(1)P(\bar{x}|1)}{P(\bar{x})} \tag{5-7}$$

与那些没有特征的案例类似,我们期望最好的决定就是选择条件概率较大的类,也就是说,如果 $P(0|\bar{x}) > P(1|\bar{x})$,它就是 0 类,如果 $P(1|\bar{x}) > P(0|\bar{x})$,它就是 1 类。如果 $P(0|\bar{x}) = P(1|\bar{x})$,那么概率都等于 $\frac{1}{2}$,选择哪类都一样。

这就是所谓的贝叶斯决策规则,它实际上就是最优决策规则,在某种意义上说,最优决策规则的出错率比其他决策规则更小。

5.3 最优及其评论

概率 $P(0|\bar{x})$ 和 $P(1|\bar{x})$ 通常被称为是两个类的后验概率。术语"后验"指的是考虑观察数据后才得到的概率。相比之下，先验概率是在没有考虑任何观察数据时得到的概率值。后验概率可看作是先验概率的升级，因为其考虑了观察数据。

注意，若待观察的特征向量 $\bar{x}$ 已知，则贝叶斯决策规则是最优的。对于给定的观察向量 $\bar{x}$，决策规则 c 必须决定其属于 0 类还是 1 类。对于 $\bar{x}$，如果 c 决定其是 0 类，那么其错误概率是 $P(1|\bar{x})$，即对象属于 1 类的概率。也就是说，1 类的后验概率。同样地，如果 c 决定该对象属于 1 类，则错误概率是 $P(0|\bar{x})$。一旦观察到 $\bar{x}$ 的值，通过将对象分到具有较大后验概率的类可以使错误最小化。

以上所述，无论观察到的特征向量是什么，最好的决策（基于观察到的特征值）是将其分配到具有较大的后验概率的类。这就是贝叶斯决策规则。

当然，如果这两个后验概率相同（即都等于 $\frac{1}{2}$），则选择哪类都可以。因为对于观测到的两个类的数据都一样，错误概率都是 $\frac{1}{2}$。因此，并不一定存在最好的唯一的规则，因为很多规则都可能有相同的错误概率。然而，没有哪个规则能比贝叶斯决策规则更严格执行。

在贝叶斯决策规则中，表达式 $P(0|\bar{x})$ 和 $P(1|\bar{x})$ 的分母是相同的，即 $P(\bar{x})$。因此，实际上我们不需要通过计算 $P(\bar{x})$ 来决定哪个更大。相反，我们可以简单地比较 $P(0)P(\bar{x}|0)$ 和 $P(1)P(\bar{x}|1)$ 来决定哪个更大。

然而，为了计算贝叶斯法则的错误率，我们通常需要 $P(\bar{x})$。贝叶斯法则选择 $P(0|\bar{x})$ 和 $P(1|\bar{x})$ 中较大者为其对应的类。因此，较大者正是我们正确决策的概率。也就是说，已知观察值 $\bar{x}$，则错误概率是 $P(0|\bar{x})$ 和 $P(1|\bar{x})$ 中较小的，即 $\min\{P(0|\bar{x}), P(1|\bar{x})\}$。因此，贝叶斯决策法则的错误概率（非条件）可以表示为

$$\text{贝叶斯误差率} = \sum_{\bar{x}} P(\bar{x}) \min\{P(0|\bar{x}), P(1|\bar{x})\} \tag{5-8}$$

这是我们能获取的最小错误率。由 R^* 表示最优的错误率，则

$$R^* = \text{贝叶斯误差率} = \sum_{\bar{x}} P(\bar{x}) \min\{P(0|\bar{x}), P(1|\bar{x})\} \tag{5-9}$$

对 R^* 来说，显然，错误率必须满足 $R^* \geq 0$，因为错误概率必须为非负数。此外，我们总是忽略特征向量的值，或随机选择其为 0 或 1，其概率都是 $\frac{1}{2}$。不

管基础分布怎样，这个简单规则的错误率都为 $\frac{1}{2}$。因此，贝叶斯错误率必须满足条件 $R^* \leq \frac{1}{2}$。由式（5-8）可见，$P(0|\bar{x}) \leq \frac{1}{2}$ 或 $P(1|\bar{x}) \leq \frac{1}{2}$，它们加起来的和是 1。因此，$\min\{P(0|\bar{x}), P(1|\bar{x})\} \leq \frac{1}{2}$，由式（5-8），可得到

$$R^* = \sum_{\bar{x}} P(\bar{x}) \min\{P(0|\bar{x}), P(1|\bar{x})\}$$

$$\leq \left(\frac{1}{2}\right) \sum_{\bar{x}} P(\bar{x})$$

$$= \frac{1}{2}$$

结合上界和下界，则有

$$0 \leq R^* \leq \frac{1}{2} \tag{5-10}$$

若没有附加假设，我们不能再做其他的断言，因为存在满足式（5-10）下界的案例，也有存在满足其上界的其他案例。

5.4 一个例子

假设通过观测值，我们得到 1 类的无条件概率是 0.56，0 类的无条件概率为 0.44。这里，我们考虑每个特征都具有六种可能取值 $v_1, \cdots, v_6$ 时的例子。对于任意值 v_i，我们计算具有该特征的对象属于 0 类和属于 1 类的频率（见表5-1）。

我们首先计算每一个特征 i 对应的无条件概率 $P(v_i)$

$$P(v_i) = P(1)P(v_i|1) + P(0)P(v_i|0)$$

例如，

$$P(v_1) = 0.56 \times 0.14 + 0.44 \times 0.05 = 0.0784 + 0.022 = 0.1004$$

现在，假设观察值为 v_1。则可以用贝叶斯定理来计算后验概率 $P(1|v_1)$ 和 $P(0|v_1)$。

$$P(1|v_1) = \frac{P(v_1|1)P(1)}{P(v_1)} = \frac{0.14 \times 0.56}{0.1004} \approx 0.78$$

和

$$P(0|v_1) = \frac{P(v_1|0)P(0)}{P(v_1)} = \frac{0.05 \times 0.44}{0.1004} \approx 0.22$$

或者，一旦我们能计算出 $P(1|v_1)$，便可通过如下公式来得到 $P(0|v_1)$

$$P(0|v_1) = 1 - P(1|v_1) = 1 - 0.78 \approx 0.22$$

第 5 章 最优贝叶斯决策规则

在这种情况下，对于观察值 v_1，贝叶斯决策规则会判断该对象属于类 1（因为 $P(1|v_1) > P(0|v_1)$），因此对于观察值 v_1，其错误的条件概率为 $\min\{P(0|\bar{x}), P(1|\bar{x})\} \approx 0.22$。

表 5-1 观察到的特征频率

	v_1	v_2	v_3	v_4	v_5	v_6
$P(v_i|1)$	0.14	0.29	0.36	0.14	0.07	0.00
$P(v_i|0)$	0.05	0.09	0.23	0.27	0.25	0.11

类似的，我们可以得到对于所有 $i = 2, 3, 4, 5, 6$ 的概率 $P(0|v_i)$ 和 $P(1|v_i)$，见表 5-2。对于每一个 i，星号表示贝叶斯规则的决策结果。因此，如果观察值为 v_1，v_2，v_3，则最优决策是 1 类，如果观察值为 v_4，v_5，v_6，则最优决策是 0 类。

表 5-2 给定 v_i 时，类 1 和类 0 的条件概率

	v_1	v_2	v_3	v_4	v_5	v_6
$P(1|v_i)$	0.78*	0.8*	0.67*	0.4	0.27	0.00
$P(0|v_i)$	0.22	0.2	0.33	0.6*	0.73*	1.0*

可以用式（5-8）计算贝叶斯错误率，结果为 0.28。

假设有与上面表中相同的条件概率，但两个类的先验概率为 $P(0) = 0.1$，$P(1) = 0.9$。则对于 $i = 1, 2, 3, 4, 5$，对应的后验概率 $P(0|v_1)$ 和 $P(1|v_1)$ 见表 5-3，同样的，也使用星号表示贝叶斯决策规则。这时，我们可以看到除了观察特征值 v_6 之外的所有取值，其决策结果都是 1 类。观察特征值为 v_6 时，结果是 0 类。

表 5-3 使用不同的 $P(1)$ 和 $P(0)$

	v_1	v_2	v_3	v_4	v_5	v_6
$P(1|v_i)$	0.96*	0.97*	0.93*	0.82*	0.72*	0.00
$P(0|v_i)$	0.04	0.03	0.07	0.18	0.28	1.0*

如前所述，在贝叶斯决策规则中，对于一个给定的观察值，其属于某一类的先验概率和特征的条件概率对最优决策的决定都非常重要。在第一个例子中，先验概率大概相同，因此在很大程度上，该决策可由所看到的各个类的各种特征值的概率来控制。在第二个例子中，0 类的观察对象的概率很低，因此，正如所期望的那样，我们倾向判断其为类 1。然而，如果我们观察的特征值为 v_6，就不太可能是类 1（事实上，在这种情况的概率为 0），这克服了我们之前的偏见，并且最好的决策是 0 类。由此可见，贝叶斯决策规则为我们提供了如何精确平

衡已知类别先验知识和已知观察特征值概率的方法。

5.5 基于密度函数的贝叶斯定理及决策规则

事实证明，贝叶斯定理和贝叶斯决策规则也可以以完全类似的方式适用于概率密度。设特征向量$\bar{x}$是连续的，则可以计算关于每个类的特征向量分布的条件密度$P(\bar{x}|0)$和$P(\bar{x}|1)$。特征向量的无条件密度计算公式如下：

$$P(\bar{x}) = P(0)P(\bar{x}|0) + P(1)P(\bar{x}|1)$$

若已知密度$P(\bar{x}) > 0$，且$P(0) > 0, P(1) > 0$，由适用于概率密度的贝叶斯理论可知

$$P(0|\bar{x}) = \frac{P(0)P(\bar{x}|0)}{P(\bar{x})}$$

和

$$P(1|\bar{x}) = \frac{P(1)P(\bar{x}|1)}{P(\bar{x})}$$

该式子除了将表示$\bar{x}$概率的大写"P"替换为使用小写"p"表示$\bar{x}$的密度以外，与式（5-6）的含义完全相同。但是，由于对象的类仍是离散的（即只有两个类——0或1），我们仍然可计算出对象类的概率。

与纯离散的情况下贝叶斯决策规则完全一致。即，如果$P(0|\bar{x}) > P(1|\bar{x})$，则将对象判断为0类，如果$P(1|\bar{x}) > P(0|\bar{x})$，则将对象判断为1类。如果$P(0|\bar{x}) = P(1|\bar{x})$，则将对象判断为两个分类的概率都等于$\frac{1}{2}$，无论我们的决定是什么，均不会影响错误概率。

对于一个给定的特征向量$\bar{x}$，错误条件概率仍是$\min\{P(0|\bar{x}), P(1|\bar{x})\}$。因此，所有（无条件）错误概率的表达式为

$$R^* = 贝叶斯误差率 = \int \min\{P(0|\bar{x}), P(1|\bar{x})\}P(\bar{x})d\bar{x} \quad (5-11)$$

式（5-11）与式（5-8）非常相似，只是用密度概率$p(\bar{x})$取代了概率$P(\bar{x})$，因此离散特征向量之和被积分替换了。同样，这是所有可能的决策规则中可以实现最优错误率的决策。

5.6 小结

在第4章，我们注意到若特征向量已知，则为了最小化错误率，我们将样本分到具有较大后验概率的类。然而，第4章并没有给出如何计算后验概率的方法。这一章，我们由著名的贝叶斯定理出发介绍概率。结果表明切换条件概

率中事件的顺序是计算后验概率的关键。这就是贝叶斯决策规则。我们认为这是最优的决策规则，因为没有任何规则会比它具有更小的错误率。我们还详细讨论了一个简单的例子。最后讨论了带密度的贝叶斯定理和贝叶斯决策规则。

5.7 附录：条件概率的定义

从（非条件）概率的角度定义条件概率是相对标准的做法。这实际上是有争议的，一些理论家认为，它的逆过程才是对的；即从条件概率的角度定义非条件概率（HajeK，2003 年）。

正如柯尔莫哥洛夫（1933）所述，条件概率的标准解释是：在已知 A 的情况下出现 B 的概率是 $P(B|A)$，具体如下：

$$P(B|A) = \frac{P(B\&A)}{P(A)} \tag{5-12}$$

因为，除数为零是没有意义的，即当 $P(A)=0$ 时标准解释认为条件概率没有定义。

另一方面，我们也认为，$P(B|A)$ 表示的是当事件 A 发生的情况下，事件 B 也发生的频率。当然，如果概率为 0 则事件不会发生。

但是，当 $P(A)=0$ 时，A 可能仍会发生。概率密度恰好可以解释这种情况的出现。

假设 Alice 向直径 1ft 的圆形飞镖板投掷飞镖，并假设如果击中，则在她所击中的板子上会有一个点（我们关心的是前两次她在板上击中的点）。假设她击中板上任意一点的概率均相等，特别是她击中板上特定点的概率密度在整个板上是恒定的。设 A 是 Alice 第一镖击中的点，其与中心距离正好为 3in。B 是 Alice 第二镖击中的点，其比第一镖离中心更近。

即使 $P(A)=0$，$P(B|A)$ 仍然是有定义的（由于概率密度相同），它等于飞镖板面积的一部分，即飞镖板总面积除以 3in 半径内的区域面积，$P(B|A) = \frac{1}{4}$。

如此看来，即使 $P(A)$ 等于 0，$P(B|A)$ 仍然有一个确定值，即已知 A 发生条件下 B 发生的条件概率。这样，我们就不能使用 $P(B|A)$ 的标准定义。同时，也无法根据非条件概率来定义条件概率。

另一方面，依据 A 的条件概率，应该可以定义 A 的无条件概率 $P(A)$。但是，对于永真条件 T，即 $P(A)=P(A|T)$。这时的 T 应该如何选择呢？

5.8 问题

1. 贝叶斯定理是什么？为什么是正确的？贝叶斯定理在对一个假设值决定

统计学习理论基础

其概率时是如何发挥作用的，请给出一些证据？

2. 贝叶斯法则是什么？

3. 如果有固定的特性、分类和概率，那么贝叶斯规则不止一个，这个说法是对还是错？

4. 有 $P(0)=0.6$ 的 0 类和 1 类。假设特征量 x 的条件概率密度函数是：当 $0 \leq x \leq 1$，$P(x|0)=1$；当 $0 \leq x \leq 1$，$P(x|1)=2x$。

（a）特征空间是什么？

（b）什么是可能的决策规则？

（c）最优（贝叶斯）决策规则是什么？画图表示决定是 0 类还是 1 类的间隔。

（d）最小（贝叶斯）错误率是什么？

5. 对于问题 4 中的情况，考虑两个决策者，Ivan 和 Derek，谁做出决定完全基于先验概率（即没有观察到任何特征）。Ivan 认为，根据先验概率分布，决策应该是随机的。因此，在带有权重抛币结果的基础上，他决定"0"的次数是 60%，"1"的次数是 40%。另一方面 Derek 认为，总是应该选择两个概率中较大的，也就是说，总是选择"0"。你认为谁会表现得更好？他们的错误率是多少？

6. 在问题 4 中，考虑对于实际是 1 而你判定其为 0 时，付出的代价是 12＄，而实际是 0，你判定其是 1 时，代价为 10＄。

（a）如果您使用源于问题 4 的贝叶斯决策规则，做决定的平均代价是多少？

（b）试想一下，当观察到的特征量 $x=0.7$。如果你决定其类是 0，你的平均代价是多少？如果你决定其类为 1，你的平均代价又是多少？为了使成本最小化，你该如何决策？

7. 继续之前的成本假设问题。

（a）一般情况下，当观察一个特征值 x，你判定其为类 0 的平均代价是多少？判定其类为 1 的平均代价又是多少（这些应该依赖于 x）？

（b）基于这些平均花费，为减少平均成本，你应该什么时候决定其为 0 类？什么时候决定其为 1 类？

（c）如果使用这个决策规则，做决定的平均代价是多少？

8. 现有装黑色和白色球的两个容器。容器 1 中，$\frac{1}{3}$ 的球是黑色，$\frac{2}{3}$ 的球是白色。容器 2 中，$\frac{2}{3}$ 的球是黑色，$\frac{1}{3}$ 的球是白色。从容器 1 和容器 2 取是等概率的。则在有放回的取球实验中，取球，检查颜色，放回。假设球是白色的，则球是从容器 1 中取出的概率是多少？重复实验三次，抽到白色、黑色、白色的概率是多少？

9. 假设有两个窗帘，每个窗帘背后可能是金子或山羊。假设已知窗帘后面有金子的先验概率是 $\frac{1}{2}$，并且与另一个窗帘后面是什么无关。

（a）如果你被告知，窗帘 1 的背后是金子，那么两个窗帘后面都是金子的后验概率是多少？

（b）如果你被告知，至少有一个窗帘的后面是金子，那么两个窗帘后面都是金子的后验概率是多少？

10. 假设在任意一天下雨的概率均为 p，且与其他日子的天气无关。作为一个气象学家，为减小错误概率，你日复一日预测天气的模式是什么？由此产生的误差率是多少？假设你根据今天所观察到的天气来预测明天的天气。这一预测规则的错误率又是多少？

11. 现有一个加权重处理的骰子，抛掷此骰子，出现一个特定数字的概率为 $\frac{1}{2}$，而出现其他五个数的概率均为 $\frac{1}{10}$。假设出现六个面的机会均是相等的。我们感兴趣的是出现某个数字的概率是多少。

（a）在没有任何观察值时，最优决策规则是什么，错误率是多少？

（b）假设我们观察到在两次独立的掷骰子中得到 3 和 4。已知这个数据，最优决策规则是什么，错误率是多少？

12. 假设在给定人口中 5% 的女性和 0.25% 的男性是色盲。

（a）写出贝叶斯定理。

（b）在男性和女性比例相同的人群中，随机选取一个是色盲的人，则这个人是男性的概率是多少？用 c 表示所选的那个人是色盲，m 表示所选的是男性，f 表示所选的是女性。则随机选择的人是色盲的概率是 $P(c) = P(c|m)P(m) + P(c|f)P(f) = \frac{1}{20} \times \frac{1}{2} + \frac{1}{400} \times \frac{1}{2} = \frac{21}{800}$。

（c）若男性为女性的两倍多，随机选择一个色盲是男性的概率是多少？$P(m) = \frac{2}{3}$，$P(f) = \frac{1}{3}$，那么 $P(c) = P(c|m)P(m) + P(c|f)P(f) = \left(\frac{1}{400}\right) \times \left(\frac{2}{3}\right) + \left(\frac{1}{20}\right) \times \left(\frac{1}{3}\right) = \frac{11}{600}$。

因此 $P(m|c) = P(c|m)P(m)/P(c) = \left(\frac{1}{400}\right) \times \left(\frac{2}{3}\right) \times \left(\frac{11}{600}\right) = \frac{1}{11}$。

（d）如果男性和女性数量一样，所选择的人既是女性又是色盲的概率是多少？$P(c \wedge f) = P(c|f)P(f) = \left(\frac{1}{20}\right) \times \left(\frac{1}{2}\right) = \frac{1}{40}$。

（e）如果男性为女性的两倍，所选择的人是男性但不是色盲的概率是多少？

$$P(\neg(c \Lambda m)) = (1 - P(c|m))P(m) = \left(1 - \frac{1}{400}\right) \times \left(\frac{2}{3}\right) = \frac{133}{200}。$$

13. 假设特征向量 x 的值只能取 1 或 -1，贝叶斯规则如下：当 $x = -1$ 时判定为 0 类，当 $x = 1$ 时判定为 1 类。假设正确决定的成本是 0，不正确决定的成本如下：当实际是类 1 但判定为类 0 时的代价为 5 \$，实际是类 0 但判定为类 1 时的代价为 10 \$。决策规则的平均花费表达式是什么（根据 $P(x|0)$，$P(x|1)$，$P(0|x)$，$P(1|x)$，$P(0)$ 和 $P(1)$）？

14. 当 $P(B) = 0$ 时，$P(A|B)$ 也可能有一个确定的值。这个说法正确还是错误。

5.9 参考文献

最早在 18 世纪，贝叶斯定理（有时称为贝叶斯公式）由数学家 Rev 提出。后来 Thomas Bayes（1763 年）和 Laplace（1814 年）对其进行了扩展。这个定理在大多数有关概率的书籍（见第 2 章）中均有介绍。特别强调的是，Everitt（1999）以一种更容易理解的方式介绍了贝叶斯定理。

贝叶斯定理在统计学中的应用很普遍，历史悠久。人们很早就意识到统计模式识别的重要性。当所有相关的量已知时，与其他方法（如那些我们将在后面讨论）相比，贝叶斯决策规则提供了统计最优决策（基准）。几乎所有的书或统计模式识别表述的前几章节都会介绍贝叶斯决策规则。例如 Duda et al.（2001）第 2 章，Devroye et al.（1996）第 2 章，Kulkarni et al.（1998），本书第 4 章的参考文献介绍了其他的模式识别问题。

[1] Devroye L, Györfi L, Lugosi G. A probabilistic theory of pattern recognition. New York：Springer Verlag；1996.

[2] Duda RO, Hart PE, Stork DG. Pattern classification. 2nd ed. New York：Wiley；2001.

[3] Everitt BS. Chance rules：an informal guide to probability, risk, and statistics. New York：Copernicus, Springer-Verlag；1999, Chapter 7.

[4] Hájek A. What conditional probability could not be. Synthese 2003；137：273-323.

[5] Kolmogorov AN. Grundbegriffe der wahrscheinlichkeitrechnung, ergebnisse der mathematik；translated as foundations of probability. New York：Chelsea Publishing Company；1933.

[6] Kulkarni SR, Lugosi G, Venkatesh S. Learning pattern classification—A survey. IEEE Trans Inf Theory 1998；44（6）：2178-2206.

第 6 章　从实例中学习

在第 4 章和第 5 章中，我们讲述了模式分类问题，并讨论了最优决策规则，即贝叶斯决策规则。尽管贝叶斯决策规则的错误率通常大于零（由于固有的随机性），但是它仍然比其他规则好。如果我们可以找到一个贝叶斯决策规则，便能尽可能保证错误率达到很小。

然而，要找到决策规则，需要知道 $P(0)$、$P(1)$、$P(\bar{x}|0)$ 和 $P(\bar{x}|1)$ 的分布，但不幸的是这些条件通常很难满足，这就是为什么需要从数据中学习的原因。假设我们不清楚相关问题的概率分布，但是我们有机会获得一些先验例子或数据。这时，我们可以尝试利用这些数据来学习，以建立一个比较好的决策规则，最终做出正确的决策。

这是一个很好的思路，因为许多应用中我们对分布可能知之甚少，但是我们有能力获取观察数据，通过分析数据可设计出好的决策规则。这时，会同时产生了一些问题，如"如何找到好的分类规则？""我们期待的最好性能是什么？""我们找到的规则能实现这一性能吗？"本章就是研究如何对学习过程公式化。本书后面的章节将解决上面提出的问题，并讨论一些最著名、最成功的学习方法。

6.1　概率分布知识的欠缺

回顾我们之前讨论的模式识别问题，对象的分类有两种，类 0 或类 1。通过观察对象的特征向量 $\bar{x}$，我们可以将对象分为类 0 或类 1。实现这一目标，需要寻找一个使错误率最小化的决策规则。

讨论模式识别问题时，我们假定先验概率 $P(0)$ 和 $P(1)$，即对象属于类 0 和类 1 的概率，条件概率 $P(\bar{x}|0)$ 和 $P(\bar{x}|1)$（或条件密度 $p(\bar{x}|0)$ 和 $p(\bar{x}|1)$）与所观察到的对象的类的特征向量有关。有了这些知识之后，已知特征向量 $\bar{x}$，原则上我们可以实现贝叶斯决策规则。也就是说，我们可以计算后验概率 $P(\bar{x}|0)$ 和 $P(\bar{x}|1)$，然后判定对象属于有较大后验概率的那个类（如果这些后验概率是相同的，我们可以任意选择一类）。

就错误率最小化而言，贝叶斯规则是最好的决策规则。由于两个类的内在随机性，即对象归属和观察的特征值之间的关系以及对象的类，不可能存在完美的决策规则。即使是最优的贝叶斯规则也可能会出错，也就是说即使是最优规则也会有错误。然而，贝叶斯规则仍然是最优的规则。

不幸的是，在许多情况下，我们没有办法真正实现一个贝叶斯规则。因为贝叶斯规则需要知道$P(0)$、$P(1)$、$P(\bar{x}|0)$和$P(\bar{x}|1)$，而通常很难全部获取这些值。其中，与条件分布相比，$P(0)$、$P(1)$较容易确定。原因是$P(0)$只是一个单个值，即对象来自于类0的先验概率，而$P(1)$就是$1-P(0)$。即使我们不知道这些值，也能够比较容易地提出合理的估计。然而，条件分布是$\bar{x}$的函数，很难估计。

例如，考虑手写字符识别问题。假设机器通过扫描手写的信件可以产生包含字母的数字图像，我们希望认出信件中有哪些字母。在该应用中，只知道（或假设我们知道）每一个字母的先验概率，这与对于已知字母，确定特征向量的条件概率是完全不同的两回事。

事实上，每个字母的先验概率可以通过信中字母的出现频率计算出来，所以对此可以有一个比较好的估计。另一方面，已知字母，考虑特征向量的条件分布，即$P(\bar{x}|a),P(\bar{x}|b),\cdots,P(\bar{x}|z)$。共有26个这样的特征向量（忽略字母的大小写及标点符号等）。在这个例子中特征向量$\bar{x}$代表数字图像，$P(\bar{x}|a)$表示已知信件上写的是"a"时，看到特定图像$\bar{x}$的概率，对于每一个图像和字母，都有许多可能性，我们一般很难获取这些知识，因此试图提出好的模型或估计也是非常困难的。

6.2 训练数据

我们认为，先验概率和条件分布决定了事物的本质，但这些对于我们来说是未知的。在这种情况下，我们该如何设计一个好的决策规则呢？显然，除非有一些额外的信息，否则我们只能随机确定一个分类。

一个强大的方法——也就是这本书余下部分的主要内容——即假设有一组带标签的训练数据，$(\bar{x}_1,y_1),(\bar{x}_2,y_2),\cdots,(\bar{x}_n,y_n)$。$\bar{x}_i$是观察到的特定对象的特征向量，$y_i$是对象$i$所属的类（0或1）。

给定训练数据集，以及新对象的特征向量观察值$\bar{x}$，我们可判定这个新对象是属于类0还是类1。这就是从实例中学习的基本问题。通常称为"监督学习"，因为已经有了一些可用于"监督"的带标签样本。

对新对象进行分类时，需要的信息有：训练数据$(\bar{x}_1,y_1),(\bar{x}_2,y_2),\cdots,(\bar{x}_n,y_n)$以及新对象的特征向量$x$。基于这些信息，我们判定其是类0或类1。因此，提出的决策规则$c(\cdot)$一般取决于这些信息，这里$c(\bar{x};(\bar{x}_1,y_1),(\bar{x}_2,y_2),\cdots,(\bar{x}_n,y_n))$的结果是类0或类1。

通常决策规则对训练数据的依赖很大，即给定训练数据$(\bar{x}_1,y_1),(\bar{x}_2,y_2),\cdots,$

$(\bar{x}_n, y_n)$,新的特征向量$\bar{x}$,我们的目标是设计一个决策规则$c(\cdot)$来决定其属于类0或类1。这与4.2节讨论的决策规则非常相似。这就是说,决策规则$c(\bar{x})$可以被认为是一个函数$c: \mathbf{R}^d \to \{0,1\}$,表示输入$d$维特征向量$\bar{x}$,产生的决策$c(\bar{x})$是0或1。

当然,决策规则$c(\bar{x})$是通过在训练数据上进行学习得到的。因此,我们可以认为学习算法的输入是训练数据$(\bar{x}_1, y_1), (\bar{x}_2, y_2), \cdots, (\bar{x}_n, y_n)$,输出是决策$c(\bar{x})$。我们期望找到好的学习算法。也就是说,我们期望使用训练数据来提出(或"学习")好的决策规则。

把实例学习与模式识别问题相结合很有意义。如果能够提出好的分类规则,我们将会取得巨大的成功。因为我们可以用一组带标记的例子代替分布已知的数据。在许多应用中,获取分布的相关知识是很难的,但相比较而言,带标记的样本较容易获得。继续考虑上述提到的手写字符识别问题,前面已经描述了该问题的条件分布很难获取。然而,我们只需选择一组手写字符并找一个监督者来分类这些例子即可得到带标签的样本。

6.3 对训练数据的假设

我们希望能提出性能优良的决策规则,这是什么意思呢?可以使用之前提出的错误率作为标准,即假设该问题的先验概率和条件概率分布均已知,尽管我们不知道这些分布值,但是可根据这些未知分布来得到一个错误率较小的估计。

作为一个基准,我们希望比较我们得到的规则和贝叶斯错误率R^*的性能。由于不知道潜在的分布,所以不能计算我们得到的规则,这时,如何比较我们的规则与R^*的性能呢?事实证明不管错误率是多少,甚至是未知的,我们都可以知道我们的规则和贝叶斯错误率R^*的差距。

当然,如果我们希望在数据的基础上提出更好的决策规则,则需要有价值的数据。比如数据是待分类对象的典型代表。由于我们用错误率来测量性能,当给定先验分布时,已知的带标签的例子在某种程度上应该能反映这些分布。

假设带标签的例子$(\bar{x}_1, y_1), (\bar{x}_2, y_2), \cdots, (\bar{x}_n, y_n)$具有相同的分布。同时,假设这些分布是"i.i.d."——即独立且同分布的。这意味着,每个例子,包括带标签的训练用例以及测试用例,均具有相同的底层概率分布$P(0)$、$P(1)$、$P(\bar{x}|0)$和$P(\bar{x}|1)$(这就是同分布),同时特征向量和任何例子的标签均与其他实例的分布及标签的概率无关(这就是分布的独立性)。

要求"同分布"的原因很简单。继续考虑字符识别问题。假设训练数据包含的例子只有字母"A""B",而没有其他字母,尽管其他字母可能会出现在待

分类的对象中。我们如何提出能对其他字母正确分类的规则呢？或者，考虑一个极端情况，假设训练数据只包含书写整齐的字母，或是来自一个笔迹的字母，但是待分类的样品不仅仅包含整齐书写的字母。这时，如何能期望系统在乱糟糟的手写字符中表现出色，或针对不同笔迹分类时表现良好呢？根据分布$P(0)$、$P(1)$、$P(\bar{x}|0)$和$P(\bar{x}|1)$可提出一个性能良好的决策规则，这时的训练数据是来自相同的分布，接下来就是寻找一个最优规则对信封上的手写字符进行分类。因此训练数据应该从手写信封样本中随机提取。

某种程度上说，关于"独立性"的假设更难解释。考虑以下的极端情况。假设抽样程序是根据底层分布$P(0)$、$P(1)$、$P(\bar{x}|0)$和$P(\bar{x}|1)$随机选择第一个训练样本$(\bar{x}_1, y_1)$，之后按同样的方法选取其他样本。与随机选择新样本不同，我们只取$(\bar{x}_2, y_2) = (\bar{x}_1, y_1), (\bar{x}_3, y_3) = (\bar{x}_1, y_1)$，直到$(\bar{x}_n, y_n) = (\bar{x}_1, y_1)$。这时，每个例子都是根据分布$P(0)$、$P(1)$、$P(\bar{x}|0)$和$P(\bar{x}|1)$来选取的，所以训练样本是同分布的（事实上，它们是相同的！）。然而，问题是我们无法只根据多次重复样本$(\bar{x}_1, y_1)$提出好的决策规则。这里的问题是训练样本并不是独立的，或者说它们是完全相互依赖的。

有人可能会想，要求数据必须严格独立和完全同分布对学习可能并不是绝对必要的。而应该是希望数据足够丰富，且能充分代表对于所有$\bar{x}$的后验分布$P(\bar{x}|0)$和$P(\bar{x}|1)$，这便是贝叶斯决策规则分类$\bar{x}$的思想。事实上，对训练数据独立且同分布的假设可适当放宽，而且更重要的工作应该是寻找在一个更通用的条件下能够很好学习的方法。尤其是当训练集用例存在一定依赖关系时的分类（例如，Gyorfi et al.（1989）和参考文献中提到的估计问题）。然而，若能满足独立同分布，则可大大地简化问题。

6.4 蛮力学习方法

采用第4章和第5章介绍的工具研究学习问题，其主要思路是：使用数据$(\bar{x}_1, y_1), (\bar{x}_2, y_2), \cdots, (\bar{x}_n, y_n)$来估计未知分布$P(0)$、$P(1)$、$P(\bar{x}|0)$和$P(\bar{x}|1)$。然后使用这些估计分布来构建贝叶斯决策规则。如果这些估计与基本的真实分布很接近，则决策规则的结果与真正的贝叶斯决策规则结果（对应于基本的分布）会很接近。

正如我们前面所提到的，$P(0)$和$P(1)$并不难估计。由于$P(0)$是来自类0的对象的先验概率，故很自然的，$\hat{P}(0)$就是训练样本中类0的数目除以n。同样，$P(1)$的自然估计$\hat{P}(1)$即是训练例子中标记为1的样本总数除以n。当然，正如所期待的，$\hat{P}(1) = 1 - \hat{P}(0)$。

然而，条件分布是$\bar{x}$的函数，很难估计。如果特征向量的值是有限的，如$\bar{x} \in \{a_1, a_2, a_3, a_4, a_5\}$，那么条件分布$P(\bar{x}|0)$可由五个数字表示，即$P(a_1|0), \cdots, P(a_5|0)$。$P(a_1|0)$可以通过计算训练例子中对应的$y_i=0$和$\bar{x}_i=a_1$的样本数目并除以$y_i=0$对应的数目来估算。类似方法可估计出$P(a_1|0), \cdots, P(a_5|0)$的值。同样的，$P(\bar{x}|1)$也可以用类似方式计算出。

如果特征向量$\bar{x}$取连续值，条件分布就用密度$P(\bar{x}|0)$和$P(\bar{x}|1)$表示。对于密度估计，原则上可以用训练数据来估计$\hat{P}(\bar{x}|0)$和$\hat{P}(\bar{x}|1)$的密度。

一旦我们有了估计值$P(0)$、$P(1)$、$\hat{P}(0)$、$\hat{P}(1)$、$\hat{P}(\bar{x}|0)$和$\hat{P}(\bar{x}|1)$，就可将其替换到式（5-5）和式（5-6），形成贝叶斯决策估计。这种方法的问题是，在大多数应用中，条件分布很难估计。通常，可用的训练数据太少以至于无法做出合理的估计。同时关于在先验知识的基础上试着为条件分布提出较好的模型也非常困难。

因此，粗略近似方法通常是不切实际的。幸运的是，提出决策规则并不需要估计基本分布，因此这样做是不必要的。回想之前提到的内容，贝叶斯决策规则是基于后验概率$P(0|\bar{x})$和$P(1|\bar{x})$。此外，贝叶斯规则仅仅是依靠哪个后验概率较大来做决策的，所以我们并不需要知道其确切值。因此对已知的训练数据$(\bar{x}_1, y_1), (\bar{x}_2, y_2), \cdots, (\bar{x}_n, y_n)$和新的特征向量$\bar{x}$，我们只要能区分$P(0|\bar{x})$和$P(1|\bar{x})$哪个更大即可。

此外，如果$P(0|\bar{x})$和$P(1|\bar{x})$的值差别很大（即一个接近于0，另一个接近1），那么将很容易决定哪个更大。但如果它们的值非常接近（也就是说，双方都接近$\frac{1}{2}$），那么选择哪个对出错率的影响并不大。所以，即使粗略近似方法也不太可行。

6.5 维数灾难、归纳偏置以及无免费午餐原理

粗略近似方法比较适用于以下情况，即当$\bar{x}$的可能取值数与训练集的特征数目相比较，较少时，或者是当$\bar{x}$取值为连续值，但值的维数较少时。然而，许多实际应用并不满足这些条件。即使在中等假设条件下，维度的数量可能很大，特征向量的可能取值也是很多的。

首先考虑一个$\bar{x}$的取值数量有限，且比训练集的特征数目多时的情况。例如，考虑特征向量是一个比较小的二进制图像，如10×10。则可能出现的特征向量的数量就是10×10二进制图像中的像素的数量，即100像素。设每个像素只有2个可能取值，则仍然有2^{100}种可能的特征向量。与任何合理的训练数据的数量相比较，都很难使用离散方法估算条件概率。如果考虑一个具有256阶的

灰度图像，将会有 256^{100} 种可能的特征向量（图像）。

可以利用取连续数值和使用密度估计的方法为灰色阶建模。这时，维数是100，这对试图获得好的密度估计来说是一个非常大的数字。而且在许多实际应用中，维度的数量可能会超过100。例如，一个普通的图像尺寸 100×100，维数是10000，该图像的分辨率也不太高。

在许多实际应用中，即使是维数不大的情况，粗略近似方法的效果也是非常差的。由于维数增加而导致学习问题困难度迅速增加的情况，通常被称为"维数灾难"。

无论在理论还是实践中，维数灾难都是存在的。经理论分析证明，随着维度的增大，学习难度呈指数变大。（例如，边长为 L 的 d 维超立方体的体积为 L^d）。该结果表明，对于有适中的训练数据的高维特征向量的许多应用来说，学习问题几乎是不可能的。这个高维度问题确实很难，但同时我们在实际应用中又看到了一些比期望效果还要好的学习算法例子。这是如何实现的呢？

事实证明，在许多应用中，基本分布都具有一些结构，因此，特征向量中实际"有效"的维度的数量比特征向量的实际维数要小很多。如果使用恰当地学习方法捕获特征中的结构，那么在一个数量合理的训练集中学习是有可能的。另一方面来说，如果通过学习方法捕获的特征并不能代表数据本身，则需要很多的样本来提高性能。

事实上，学习方法对某些样本的预测性能较好，而对另一些要差一些，我们称之为归纳偏置，由此可见，进行归纳学习是很必要的。一个完全公正的系统是不能从经验中学习的。

不管底层的分布是什么，如果存在一种学习方法，其性能优于其他方法，这是最好的。不幸的是，情况并非如此。这就是所谓"没有免费午餐的定理"。为此，将各种技术融合在一起，取得了一定的效果。当然，有些方法在一些实际问题中已被证明了确实优于其他方法。然而，没有免费的午餐定理证明，实际中并不存在任何一种学习方法，可以解决一切问题，设计实用的学习算法需要融合艺术和科学。

6.6 小结

本章，我们讨论了从实例中学习，这里的先验概率和条件概率与前面叙述相同，但我们认为这些是未知的。分布的先验知识被一组称为训练数据的例子所替代。从实例学习的问题就是首先使用训练样本学习以提出合理的决策规则，之后对新特征向量，即测试样本分类。虽然分布是未知的，但由训练样本得到决策规则学习的性能是使用（未知的）分布进行评价的。为了提出一个好的规则，我们需要使用一些能代表基本分布的训练实例。其假设是训练数据是独立且同分布的（i.i.d.），从实例学习的粗略近似方法是使用训练数据来估计未知分布，然后使用估计结果来构造贝叶斯决策规则。在大多数应用中这是不切实际的，因为很难用少量数据来估计高维密度函数。虽然我们将讨论在某种程度上（直接寻找分类规则，而不是先估计分布）避免这个问题的方法，但从实例中学习本质上就是个很困难的问题，特别是在高维时。这就是维数灾难。虽然有一个能优于其他的学习方法将会很好，但这是不可能的。

6.7 附录：学习的类型

学习有很多类型。学习了解情况，如 Jack 得知 Betty 和 Doug 约会。学习如何做事，如 Ken 学习如何骑自行车。同样的，学习物理，学习意大利语，学习网球和学习一首诗。

有时候学习是一个有无问题，如知道 Betty 在和 Doug 约会或学习某首诗。有时候学习是一个程度的问题：如某人在物理或网球方面取得进步，某人学到更多物理知识，某人能更好地解决物理问题。

一个在哲学和语言学存在争议的问题：知道该如何去做一件事情就是知道某件事就是这样的（Stanley 和 Williamson，2001；Bengson 等 .2009）。

一方面，一个人可能知道如何骑自行车但不知道是否能骑自行车，不论是否一个人知道如何做到或其他人如何做到。

一方面，知道如何看起来像知道是什么，在哪儿，是谁，何时等问题，其实知道这些事情需要一个个地回答相应的问题："谁干的？""Bob"；"他在哪里做的？""在那边"；"他是怎么做到的？""像这样"；所以知道如何骑自行车是要知道这是如何骑自行车。从这个意义上说，可能有人知道如何骑自行车，但由于缺乏实践，由于恐惧或瘫痪，他不能骑。

没有解决这个问题，也许我们至少可以区分学习如何骑自行车和学会骑自行车的差别。Albert 学习了如何骑自行车，尽管他没有学会骑自行车。

但本书中我们关心的学习有哪些呢？我们主要关心学习如何做事情和通过学习进行分类或估值的问题。我们关心从带标签的例子中学习的问题或其他的一些东西。

这种学习不包括学习如何正确分类特定的例子。特征和正确分类之间的关系通常是一种概率关系，因此即使是最好的分类规则——贝叶斯分类规则——有时候也经常存在误差。此外，正如我们将看到的，即使观察了很多例子，我们也可能无法提出最好的规则。因此，即使我们正在寻找规则，也不能说我们找到了贝叶斯规则。

6.8 问题

1. 我们关心的一般学习问题是什么？
2. 为什么我们需要学习？为什么我们不能简单地使用一个贝叶斯规则进行模式分类？
3. 从实例中学习的训练数据是什么？
4. 对训练数据我们需要做什么样的假设？
5. 要求实例必须是 i.i.d.，其含义是什么？
6. 什么时候粗略近似的方法对学习问题是有用的？
7. 什么是维数灾难？
8. 什么是归纳偏置？它是好还是坏？
9. 考虑一个模式识别问题，其先验概率 $P(0)=0.2$，$P(1)=0.8$，条件分布为 $P(x|0)$ 和 $P(x|1)$。设 R^* 表示这个问题的贝叶斯错误率。像往常一样，假设我们已经有了独立同分布的训练数据 $(x_1,l_1),\cdots,(x_n,l_n)$。设 M 代表对该问题的决策规则。

(a) 假设我们随机选择一半的训练点扔掉，那么，剩下的训练点是独立的吗？是相同分布吗？

(b) 如果我们使用方法 M，但在训练数据按照上面的（a）部分进行修改，我们会得到怎样的错误率？

(c) 现在假设我们采用原来的训练数据，但是扔掉所有标签为 1 的例子，剩下的训练数据是独立的吗？其基本分布是同分布的吗？

(d) 如果我们使用方法 M，但在训练数据按照（c）部分修改，扔掉所有的标签为 1 的例子，错误率是多少呢？

(e) 简要解释一下为什么会得到（b）和（d）的结果。

6.9 参考文献

这里介绍的从实例中学习的内容（或监督学习）是非常典型的，并且在第 4 章后面的参考文献中列出的那些统计模式识别的书中都有介绍。其中一些工作中涉及的学习和分类是在独立同分布数据上进行的。一般来说，当数据存在依赖性时，结果只对一些特定问题或方面有效，关于这类工作可参考文献 Györfi 等．(1989)；Holst and Irle (2001)；Vidyasagar (2005)；Lozano 等．(2006)；Steinwart 等．(2009) 进行学习。关于密度估计的问题可参考文献 Silverman (1986) 和 Scott (1992) 进行学习。附录中的内容可参考文献 Stanley 和 Williamson (2001)、

Bengson（2009）等进行学习。

[1] Bengson J, Moffett MA, Wright JC. The folk on knowing how. Philos Stud 2009; 142: 387-401.

[2] Devroye L, Györfi L, Lugosi G. A probabilistic theory of pattern recognition. New York: Springer Verlag; 1996.

[3] Duda RO, Hart PE, Stork DG. Pattern classification. 2nd ed. New York: Wiley; 2001.

[4] Fukunaga K. Introduction to statistical pattern recognition. 2nd ed. San Diego (CA): Academic Press; 1990.

[5] Györfi L, Härdle W, Sarda P, Vieu P. Nonparametric curve estimation from time series, Lecture notes in statistics. Berlin: Springer-Verlag; 1989.

[6] Holst M, Irle A. Nearest neighbor classification with dependent training sequences. Ann Stat 2001; 29: (5): 1424-1442.

[7] Kulkarni SR, Lugosi G, Venkatesh S. Learning pattern classification—A Survey. IEEE Trans Inf Theory 1998; 44 (6): 2178-2206.

[8] Lozano A, Kulkarni SR, Schapire R. Convergence and consistency of regularized boosting algorithms with stationary β-mixing observations. Adv Neural Inf Process Syst 2006; 18: 819-826.

[9] Scott DW. Multivariate density estimation: theory, practice and visualization. New York: Wiley; 1992.

[10] Silverman BW. Density estimation. London: Chapman and Hall; 1986.

[11] Stanley J, Williamson T. Knowing how. J Philos 2001; 98: 411-444.

[12] Steinwart I, Hush D, Scovel C. Learning from dependent observations. J Multivar Anal 2009; 100: 175-194.

[13] Vidyasagar M. Convergence of empirical means with α-mixing input sequences, and an application to PAC learning. Proceedings of the 44th IEEE Conference on Decision and Control, and the European Control Conference; 2005 Seville, Spain. p 560-565.

第 7 章　最近邻规则

回顾之前讨论的模式识别问题。我们处理的对象属于类别 0 或者类别 1 中的一种。对待观察对象的特征向量 $\bar{x}$，需要确定该对象的类别。为此，我们需要设计出一个可以最大限度减少差错率的决策规则。

如果先验概率 $P(0)$ 和 $P(1)$，条件密度 $P(\bar{x}|0)$ 和 $P(\bar{x}|1)$ 均已知，那么我们便可以使用贝叶斯决策规则。如果这些都是未知的，那么我们就假设存在一些"训练数据" $(\bar{x}_1, y_1), (\bar{x}_2, y_2), \cdots, (\bar{x}_n, y_n)$，希望基于这些训练数据，我们能得到一个不错的分类规则。这就是从实例中学习的问题。

在第 6 章，我们介绍了一种粗略近似的学习方法——首先估计未知的先验概率和条件密度，然后将这些估计值代入贝叶斯决策规则方程中。如同先前章节介绍的那样，这种方法并不完美。在本章和接下来的章节中，我们将绕开需要对未知分布进行估计的问题，而是讨论更多的实用方法。

7.1　最近邻规则

或许我们可以想到的最简单的决策规则就是在"训练数据"中，寻找最接近 $\bar{x}$ 的特征向量 $\bar{x}_i$，然后将 $\bar{x}$ 分配到标签 y_i 对应的类。这个决策规则被称为"最近邻规则"（NN 规则），可以通过一张图来说明（见图 7-1）。

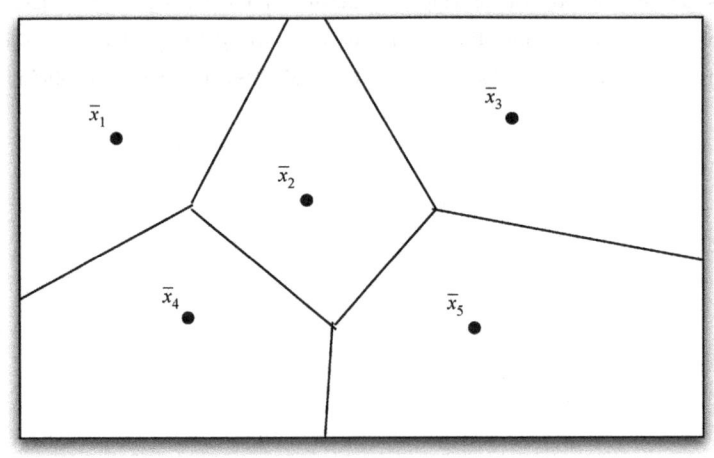

图 7-1　图解 Voronoi 域划分

在图 7-1 中，特征向量是二维的，所以每个 $\bar{x}_i$ 可以表示为平面上的一个点。与 $\bar{x}_i$ 相关的区域（称为泰森多边形区域），包含了许多点，且该区域中的所有点均比任何其他的 $\bar{x}_j$ 更接近 $\bar{x}_i$。即在 $\bar{x}_1, \cdots, \bar{x}_n$ 中，区域中与 $\bar{x}_i$ 相关的点是离 $\bar{x}_i$ 最近的邻域。

回顾之前的内容，每个 $\bar{x}_i$ 对应一个标签 y_i，其值为 0 或者 1。NN 规则就是简单地根据特征向量 $\bar{x}$ 所属的区域，将其分配到对应的标签。或者，我们把 $\bar{x}_i$ 作为"原型"。NN 规则将 $\bar{x}$ 分配到其最接近的原型所属类别中。

考虑到 NN 规则的简单性，人们自然会有如下这些疑问，如这真的是一个合理的分类规则吗？它的表现如何？我们应如何衡量其性能？

7.2 最近邻规则的性能

正如上面提到的，评价 NN 规则（或在这方面的任何决策规则）性能的一个自然基准是贝叶斯差错率。在前面的内容中，我们用 R^* 表示贝叶斯差错率，"*"表示最优性（因为没有任何规则的误差率会小于 R^*）。

为了对 NN 规则的误差率进行探讨，我们需要阐明我们的本意。因为 NN 规则依赖于数据 $(\bar{x}_1, y_1), (\bar{x}_2, y_2), \cdots, (\bar{x}_n, y_n)$，因此，NN 规则的性能主要取决于我们拥有的训练样本。由于这些训练样本是随机抽取的，因此我们不能期待每个训练样本都会有用。有时，我们会不幸碰到特别糟糕的数据。为了避免这些问题，我们需要考虑 NN 规则的期望性能。期望是关于待分类（像往常一样）的新样本以及训练样本的。

当然，预期的性能也取决于能获得训练数据的数目。设 R_n 表示使用 n 个训练样本后，NN 规则的预期误差率，设 R_∞ 表示当 n 趋近无穷大时 R_n 的极限。R_∞ 是 NN 规则的渐近期望误差率。也就是说，其评价的是当训练样本大小趋向无穷大时 NN 规则的性能。我们将重点研究 R_∞。

关于 R_∞ 我们能说点什么呢？更具体地说，根据 R^*，我们可以得到 R_∞ 的上下界吗？

对于 R_∞ 来说，下界很容易计算。当然，必须有 $R^* \leq R_\infty$，因为贝叶斯决策规则是最优的，因此最近邻规则（即使有无限多的训练样本）也不会做得更好。

更有趣的是 R_∞ 的上边界是根据 R^* 计算的。其基本结果是 NN 规则的渐近差错率不超过贝叶斯差错率的两倍，即 $R_\infty \leq 2R^*$。结合下界和上界，我们得出

$$R^* \leq R_\infty \leq 2R^* \tag{7-1}$$

因此，我们可以获得如下更精确的边界：

$$R^* \leq R_\infty \leq 2R^*(1 - R^*) \tag{7-2}$$

由于误差率（特别是 R^*）必须在 0 和 1 之间，因此，$1 - R^* \leq 1$。由 $2R^*$

$(1-R^*) \leq 2R^*$,可以通过更精确的上界得出较为简单的上界 $2R^*$。

上界中的因子 2 并不合适,但当 R^* 很小时,$2R^*$ 将会更小。同时,一般情况下,很难找到能达到这个边界更好的实例了。换句话说,潜在概率分布有多种选择,可使 NN 规则的性能要么能达到上界,要么能达到下界。

式(7-1)和式(7-2)的上界看起来可能有点令人惊讶,对底层分布一无所知,只使用随机标记的样本,就可以设计出一个误差率不超过两倍于一个所有概率分布均已知时的分类器误差率效果的分类器。此外,我们可以用一个非常简单的规则,即仅仅根据样本特征向量的最近邻域,对该样本进行分类。结果解释可能有些非正式,因为一半的信息是包含在最近邻域里的。

7.3 直觉判断与性能证明框架

这里我们给出一个如何获得渐近差错率上界的直观、粗略的证明框架。

随着我们得到的数据越来越多,$\bar{x}$ 和其最近邻域之间的距离可能会接近于零。在计算 R_∞ 时,距离等于零。当 $\bar{x}$ 与其最近邻域 $\bar{x}_i$ 的距离为零时,我们经常基于另一个独立硬币投掷实验($\bar{x}_i$ 的标签为 y_i)猜测硬币投掷的结果(标签 y 对应 $\bar{x}$)。

设 $R^*(\bar{x})$ 表示给定 $\bar{x}$ 时的贝叶斯条件差错率。R^* 是针对所有可能特征向量 $\bar{x}$ 的 $R^*(\bar{x})$ 的平均值。

对于 $\bar{x}$(距离等于 0 就是最近的邻域)来说,NN 规则做出正确决策的概率正好是两个标签均为 0 或均为 1 时的概率。即

$$P(\text{correct}|\bar{x}) = P(0|\bar{x})P(0|\bar{x}) + P(1|\bar{x})P(1|\bar{x})$$
$$= P(0|\bar{x})^2 + P(1|\bar{x})^2$$

回顾之前介绍的贝叶斯决策规则,其简单地将对象判定为具有较大后验概率的类别,所以会使误差的概率小于后验概率,或者受 $\bar{x}$ 约束。

$$R^*(\bar{x}) = \min\{P(0|\bar{x}), P(1|\bar{x})\}$$

因此,$R^*(\bar{x})$ 等于 $P(0|\bar{x})$ 和 $P(1|\bar{x})$ 中的一个,并且 $1-R^*(\bar{x})$ 等于另一个。

无论发生哪种情况,将其代入表达式 $P(\text{correct}|\bar{x})$,我们可以得到

$$P(\text{correct}|\bar{x}) = R^*(\bar{x})^2 + (1-R^*(\bar{x}))^2 \tag{7-3}$$
$$= 1 - 2R^*(\bar{x}) + 2(R^*(\bar{x}))^2 \tag{7-4}$$

简单边界

为了获取简单上界 $R_\infty \leq 2R^*$,注意在式(7-4)中 $2(R^*(\bar{x}))^2$ 大于或等于零,所以

$$P(\text{correct}|\bar{x}) \geq 1 - 2R^*(\bar{x})$$

因此

$$P(\text{error}|\overline{x}) = 1 - P(\text{correct}|\overline{x}) \leq 2R^*(\overline{x})$$

对 $\overline{x}$ 求平均，我们可以得到 $R_\infty = P(\text{error}) \leq 2R^*$。

严格边界

为得到式（7-2）更严格的上界，我们需要更加仔细。由式（7-4），我们得到

$$P(\text{error}|\overline{x}) = 1 - P(\text{correct}|\overline{x}) \leq 2R^*(\overline{x}) - 2(R^*(\overline{x}))^2$$

因此

$$R_\infty = P(\text{error}) = E[2R^*(\overline{x}) - 2(R^*(\overline{x}))^2]$$
$$= 2R^* - 2E(R^*(\overline{x}))^2$$
$$\leq 2R^* - 2(R^*)^2$$

因为二次方的平均值大于或等于平均值的二次方。因此，$R_\infty \leq 2R^*(1 - R^*)$。

7.4 使用更多邻域

尽管 NN 规则十分简单，但性能优良。这便会自然而然地产生一个问题：我们是否可以做得更好？例如，为什么仅仅使用最近邻域，而不使用多个邻域呢？

这是一个不错的建议，事实上由此产生了 NN 规则的扩展。例如，考虑使用 k 个最近邻域的 k-NN 规则，其中 k 为常数。这时，设特征向量为 $\overline{x}$，我们在 $\overline{x}_1, \cdots, \overline{x}_n$ 中求 $\overline{x}$ 的 k 个最近邻域，取 k 个最近邻域中绝大多数邻域所对应的标签为该特征向量的标签。设 R_∞^k 表示 k-NN 规则的差错率，我们期望当 k 很大时，R_∞^k 会变小。一般是这样，但偶尔不是。例如，在某些情况下，其可以表示为

$$R^* \leq R_\infty^k \leq \left(1 + \frac{1}{k}\right)R^*$$

然而，在某些分布情况下，对于任意常数 $k > 1$，1-NN 的性能可能会优于 k-NN 规则。

另一个非常有意义的想法是让邻域数量随着 n（我们所拥有数据的数量）增大。也就是说，我们可以设 k 是 n 的函数，这样我们便可以使用一个 k_n-NN 规则。但应该如何选择 k_n 呢？

我们需要 $k_n \to \infty$，这样当训练数据增多时，我们便可以使用越来越多的邻域。同时我们应该确保 $\frac{k_n}{n} \to 0$，由此可见，我们使用的邻域只是整个数据集中很少的一部分。这就保证了我们选用的邻域与特征值 $\overline{x}$ 是无限接近的，例如，我们可能会设 $k_n = \sqrt{n}$ 来同时满足这两个条件。

事实证明，对任意的 k_n（例如 $k_n \to \infty$ 或者 $k_n/n \to 0$ 都满足时），当 $n \to \infty$ 时，可得到 $R_n^{k_n} \to R^*$。也就是说，当训练数据的增长数量趋近极限时，k_n-NN 规则

的性能接近于最优贝叶斯决策规则。令人惊讶的是，在底层分布完全未知的情况下，观察数据会逐渐接近我们已经知道底层分布时观察数据所得到的结果。并且，这是在没有假设底层分布呈现任何特定形式或满足任何严格条件的情况下进行的。从这个意义上说，k_n-NN 规则是普遍一致的，是真正的无参数，可以从任意底层分布中学习，而我们并不需要了解其形式。直到 20 世纪 70 年代早期人们才知道普遍一致规则的存在，当 k_n-NN 规则以及其他一些规则被证明是普遍一致的规则时，人们感到相当惊讶。当然了，现在这样的决策规则已有许多。

然而，普遍一致性不是故事的结局。这只是一个渐近特性（在无限量数据的极限情况下），"从长远来看，我们都会死"（凯恩斯）。一个关键问题是收敛率。NN 规则和其他规则的收敛率已知。当前存在的普通问题是对大多数方法而言，在高维空间中的收敛速度很慢。这是我们在 6.5 节中提到的所谓的"维数灾难"的一个方面。正如我们所讨论的，在许多实际应用中，维度可能会非常大，这对许多方法来说并不是一件好事。此外，这表明并不存在"普遍的"收敛速率。也就是说，对许多方法而言，总能找到一些分布，使其收敛速率很慢。如同我们在 6.5 节中"没有免费午餐定理"一文中所提到的那样，并不存在适用于任何场合的方法。正是基于这一点，才使得分类器设计一直是模式识别中的一个非常活跃的话题，并且使良好学习算法的设计以及对性能的理解成为一门重要的科学和艺术。在接下来的章节，我们将讨论一些在实践中有用的其他方法，以及当训练集数据有限时的结果（见第 11~13 章）。

7.5 小结

本章，我们讨论了一种简单的学习方法，利用训练数据提出了一种分类规则。在训练数据中，NN 规则将新特征向量分类到其最近邻域所在的类别中。令人惊讶的是，如此简单的规则，性能却不错，其差错率低于最优贝叶斯决策规则差错率的两倍。对于这个结果，我们给出了证明过程以及更精确的结果。然后，我们讨论了使用更多邻域的情况。通过使邻域数量 k_n 随着数据增长（即 $k_n \to \infty$），但是当 $k_n/n \to 0$ 时，我们实际上可以达到贝叶斯决策规则在 $n \to \infty$ 时的性能。由于不需要底层分布的知识及假设，因此 k_n-NN 规则是一个普遍一致的规则。

7.6 附录：当人们使用最近邻域进行推理时的一些问题

7.6.1 谁是单身汉？

我们如何判断一个人是否是单身汉？一种方法是我们已经知道了定义或规

则：单身汉是一个未婚成年男性。

但教皇呢？他是一个未婚成年男性，但他是一个单身汉吗？很多人会说他不是。如果一个未婚成年男性一直和一个女人像"男人和妻子"那样生活在一起，尽管他们不是合法婚姻，但是他还是单身汉吗？很多人并不认为那个男人是单身汉。

此外，如果一个人结婚了，但正在离婚，好几年没有和合法妻子住在一起了，但是一直定期约会。即使他还在合法婚姻中，但很多人说他是一个单身汉。

在这些情况下，人们可以使用最近邻推理来决定其判断吗？

7.6.2 法律推理

法院判定某一特定的案件是否合法，例如规定，"不允许在普林斯顿公园泊车"。某些情况下易于判断，如当有人驾驶家庭轿车进入公园。这显然是被禁止的，但有时则不那么明确。假设一个少年骑自行车到公园。在此规定中自行车可以被视为车辆么？那么坐轮椅呢？溜冰鞋呢？

再考虑另一个法律规定，如果一份遗嘱写明要将遗产留给某个特定的人，该人活着，且有能力接收，那么该人将会继承遗产。在大多数情况下这个规则很清楚。但假设这个人犯了谋杀罪？根据本规则这个人还必须继承遗产吗？法院裁定，这个人可能不允许继承。

再考虑另一个规则，如果一个人的不法行为伤害到另一个人，那么第一个人必须赔偿受害人的损害，除非在某种程度上那个受害者对伤害是有责任的。如果一个司机造成了一场事故，杀死了一个女人的丈夫，在听到她的丈夫的死亡消息时，引发了她的心脏病。在这个案例中，此规则该如何应用？在这个规则下，司机必须为那个妻子报销医疗费用以及其他因为她的心脏病而遭受的伤害吗？

在这些极端案件中，各种因素都会影响法律决策，尤其是以前的先例。法院会根据此案的事实和在先前类似案例中所做的决策，努力做出最公平的决策。当前案例与先前案例1更类似吗？如果是这种情况，原告应该获胜；或者是与先前案例2更类似吗？在这种情况下，被告应该占上风。对于新案例的决策来说，根据先验知识的推理是最近邻决策的一个版本。

7.6.3 道德推理

在道德推理中，我们试图找到一般原则来适用于特定案例。我们也对一般原则进行测试，来反对关于其他案例的既定判断。所以这里也是使用最近邻策略。

杰克问吉尔："饲养动物作为食物道德吗？""当然"，她回答说。"那么，饲养人来作为食物道德吗？""当然不是"，她说。那么有什么区别吗？也许吉尔认为，人在道德意义上是不同于其他动物的。也许因为人是理性的，而动物不是。但事情为什么是这样呢？那么黑猩猩呢？它似乎比年幼的小孩更聪明。难道说，以上论述合理就说明饲养大脑受损的人们做食物是道德上允许的吗？

在这类的道德反思中，你试图根据自己的"邻近"观点来调整自己的一些观点。你试图在自己的原则和特定看法之间达到一个反思平衡（罗尔斯，1971），以使原则之间不存在冲突。

7.7 问题

1. （a）什么是最近邻规则，其与贝叶斯差错率相比，使用这个规则的期望误差是多少？

（b）当希望 k_n – NN 规则拥有像贝叶斯差错率一样的渐近差错率时，对 k_n 有什么要求？

2. 回想，对于 1 – NN 规则，与特征向量 $\overline{x}_i$ 相关的区域是一些点的集合。当 $j \neq i$ 时，这些点距离 $\overline{x}_i$ 更近，与其他任何特征向量 $\overline{x}_j$ 相比。这就是泰森多边形区域。画出特征向量 $\overline{x}_1 = (0,0)$，$\overline{x}_2 = (2,0)$，$\overline{x}_3 = (2,0)$ 和 $\overline{x}_4 = (1,1)$ 的泰森多边形区域。

3. 考虑一种情况（如已知先前的概率和条件密度），NN 规则的差错率等于贝叶斯差错率，并简要解释为什么会发生这种情况。

4. 尽可能精确地描述在 k_n 最近邻分类器中，一个小的 k_n 与大的 k_n 的区别。在极端情况下，比如，当 $k_n = 1$ 或者当 $k_n = n$ 时，会发生什么？

5. k_n – NN 规则要保持普遍一致性，对 k_n 有什么要求呢？

6. 当 $k_n = n$ 时，如果使用 k_n – NN 规则，已知 $P(0)$、$P(1)$、$P(\overline{x}|0)$ 和 $P(\overline{x}|1)$，差错率是多少？

7. 简要讨论下面的问题。在适当的条件下，k_n – NN 规则是普遍一致的，因此，对特征的选择并不重要。

7.8 参考文献

早在 20 世纪 50 年代早期，Fix 和 Hodges（1951，1952）就已经介绍过最近邻方法了。Cover 和 Hart（1967）得出了现在十分经典的结论：$R_\infty \leq 2R^*$。从那时起，最近邻方法上的大量工作就已经完成。大多数书籍或者论文都基于统计模式识别来讨论最近邻方法。例如，第 4 章 Duda 等人（2001）与第 2 节 Kulkarni 等人（1998）的研究。

第7章 最近邻规则

Devroye等人（1996）在其著作里，用几章的篇幅深入讨论了最近邻域方法及其性能，同时也包含了针对原始研究结果的扩展参考文献列表。Dasarathy（1991）则给出了一个比较宽泛的有关最近邻方法的研究合集。Mitchell（1997）也给出了介绍。

Winograd与Flores（1986）关于"单身汉"问题有一些新讨论（112页）。对于法律推理来说，例如第1、2章中所介绍的Dworkin（1986）给出了类似于Stich（1993）的道德推理讨论。

[1] Cover TM, Hart PE. Nearest neighbor pattern classification. IEEE Trans Inf Theory 1967; 13 (1): 21-27.

[2] Dasarathy BV, editor. Nearest neighbor (NN) norms: NN pattern classification techniques. Washington (DC): IEEE Computer Society; 1991.

[3] Devroye L, Györfi L, Lugosi G. A probabilistic theory of pattern recognition. New York: Springer Verlag; 1996.

[4] Duda RO, Hart, PE, Stork, DG. Pattern classification. 2nd ed. New York: Wiley; 2001.

[5] Dworkin R. Law's empire. Cambridge (MA): Harvard UP; 1986.

[6] Fix E, Hodges JL. Discriminatory analysis: nonparametric discrimination: consistency properties. USAF Sch Aviat Med 1951; 4; 261-279.

[7] Fix E, Hodges JL. Discriminatory analysis: nonparametric discrimination: small sample performance. USAF Sch Aviat Med 1952; 11: 280-322.

[8] Kulkarni SR, Lugosi G, Venkatesh S. Learning pattern classification—A survey. IEEE Trans Inf Theory 1998; 44 (6): 2178-2206.

[9] Mitchell TM. Instance-based learning. Machine learning. Boston (MA): McGraw-Hill; 1997. pp. 226-229, Chapter 8.

[10] Rawls J. A theory of justice. Cambridge (MA): Harvard UP; 1971.

[11] Stich SP. Moral philosophy and mental representation. In: Hechter M, Nadel L, Michod R, editors. The origin of values. Hawthorne (NY): Aldine de Gruyter; 1993. pp. 215-228.

[12] Winograd T, Flores F. Understanding computers and cognition. Norwood (NJ): Ablex; 1986.

第8章 核规则

在第7章中，我们讨论了最近邻规则，这是从实例学习概念中很简单的一个规则。最近邻规则寻找固定数目的邻居，不管其距离有多远，总是选择该邻域中多数样本的类别作为最终的分类结果。本章我们学习最近邻规则的变体，其中距离为固定值，无论该距离邻域内的点有多少个，总是取大多数的投票。这是一个广泛适用的分类方法，称为核规则。

8.1 动机

对特征向量$\bar{x}$进行分类，最近邻规则首先确定邻居数k_n，然后取$\bar{x}_1, \cdots, \bar{x}_n$中与$x$最近的$k_n$个特征向量中大多数的类别标签为$\bar{x}$的预测标签。选择恰当的$k_n$（如$k_n \to \infty$和$k_n/n \to 0$），可以保证普遍一致性。也就是说，通过选择$k_n$来满足这些条件，保证当训练数据增多时，最近邻规则的性能会接近最优贝叶斯决策规则的性能，而不需要任何关于底层分布的限制或先验知识。

对k_n的这两个条件保证了在对特征向量$\bar{x}$分类时，随着数据的增多，我们使用绝大多数训练样本的投票，并且这些样本将越来越接近$\bar{x}$。事实上，条件$k_n \to \infty$表示我们使用更多的样本。无论特征向量$\bar{x}$在哪个位置，都使用相同数量的邻居（即k_n）。

事实上，$\bar{x}$与k_n个邻居的距离取决于$\bar{x}$的位置和训练样本$\bar{x}_1, \cdots, \bar{x}_n$的位置。如果$\bar{x}$在一个附近只有少量$\bar{x}_i$的区域，那么$k_n$个邻居与$\bar{x}$的距离就会很远。$\bar{x}$来自（未知的）概率分布$P(\bar{x})$（或密度$p(\bar{x})$），则其将具有非零概率（或在附近的$\bar{x}$非零概率密度）的地区将被代替。但训练样本$\bar{x}_1, \cdots, \bar{x}_n$都来自相同的分布，因此，$\bar{x}_i$将会落入与$\bar{x}$相同的区域。

事实上，如果样本出现在$\bar{x}$周围小邻域内的概率为α，那么我们预计这n个样本中大致有αN个会落在那个小邻域内。当邻域趋近0时，条件$k_n/n \to 0$保证了所有样本中我们认为是邻居的小部分样本，其数量将趋于零，因为k_n/n只是训练数据中的一部分。另外，请注意，从$k_n/n \to 0$，到$k_n/n < \alpha$，可以得出$k_n < \alpha n$。所以使用的邻域数量k_n小于我们在$\bar{x}$小邻域中期待的数量αn。这个参数表示，当$k_n/n \to 0$时可精确地保证我们选择的邻居与$\bar{x}$的距离很接近，当然了，距离到底有多近，还主要取决于$\bar{x}$和$\bar{x}_1, \cdots, \bar{x}_n$的位置。

8.2 最近邻规则的变体

下面考虑一个与最近邻规则略有不同的规则,其目标是使用更多的更接近$\bar{x}$的样本。与KNN的主要区别是,邻居的数量不固定,只是距离固定为h,考虑$\bar{x}_1$,…,$\bar{x}_n$中落在与$\bar{x}$相距h范围内的所有样本。根据该范围内绝大多数样本的标签,确定$\bar{x}$的分类。如果任何$\bar{x}_i$都没有落在该范围内,或者若落在该区域内的各种类别的样本数目均相等,则采用一些方法来判定。如可以随机决定或者总是选择类0(或类1)。

为了更精确地定义规则,我们需要一些符号约定。设$B(\bar{x},h)$表示以$\bar{x}$为中心半径为h的一个闭合球,因此,$B(\bar{x},h)$包含了所有与$\bar{x}$距离小于等于h的特征向量。在数学中,给定一个d维特征空间:

$$B(\bar{x},h) = \{\bar{z} \in \mathbf{R}^d \mid \|\bar{x} - \bar{z}\| \leq h\}$$

设I_A表示事件A的指示函数,如果A为真,则$I_A = 1$;如果A为假,则$I_A = 0$。令

$$v_n^0(\bar{x}) = \sum_{i=1}^n I_{\{y_i = 0 \text{且} \bar{x}_i \in B(\bar{x},h)\}}$$

并令

$$v_n^1(\bar{x}) = \sum_{i=1}^n I_{\{y_i = 1 \text{且} \bar{x}_i \in B(\bar{x},h)\}}$$

$v_n^0(\bar{x})$和$v_n^1(\bar{x})$的数值分别表示对类0和类1的投票数,即与$\bar{x}$距离h范围内,标签为0和标签为1的样本数量。

考虑下面的分类规则。

$$g_n(\bar{x}) = \begin{cases} 0 & \text{如果 } v_n^0(\bar{x}) \geq v_n^1(\bar{x}) \\ 1 & \text{其他} \end{cases}$$

换句话说,当且仅当在距离$\bar{x}$为h的范围内,有更多的点被标记为1而不是被标记为0时,分类规则$g_n(\bar{x})$将$\bar{x}$类划分为类1。

与最近邻规则相同,该规则根据待分类点$\bar{x}$的邻近区域内大多数训练样本$\bar{x}_i$的标签来确定特征向量$\bar{x} \in \mathbf{R}^d$的标签。最近邻规则是根据待分类点$\bar{x}$的k_n个最近邻居的标签进行分类,而这个规则是考虑与待分类点$\bar{x}$距离为h范围内的样本标签进行分类。下面讨论的是一个最通用最简单的分类例子,称为核规则。

8.3 核规则

上述的简单规则,有时也被称为移动窗口分类器。考虑如下的"窗口函数"

或"核"定义：

$$K(\bar{x}) = \begin{cases} 1 & \text{如果} \|\bar{x}\| \leq 1 \\ 0 & \text{其他} \end{cases} \quad (8\text{-}1)$$

这个函数表示若在以原点为中心，半径为 1 的封闭球内，其值为 1，否则（见图 8-1）为 0。因此，函数 $K(\bar{x}/h)$ 表示若在以原点为中心，半径为 h 的封闭球内，则值为 1，否则为 0。函数 $K\left(\dfrac{z-\bar{x}_i}{h}\right)$ 表示若在以 $\bar{x}_i$ 为中心，半径为 h 的封闭球内，则值为 1，否则为 0（见图 8-2）。因此，通过选择适当的 $K(\cdot)$ 参数，我们可以将窗口"移动"到以点 $\bar{x}_i$ 为中心，以 h 为半径的窗口。

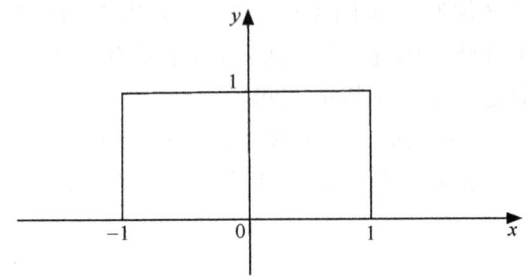

图 8-1　基础窗口内核

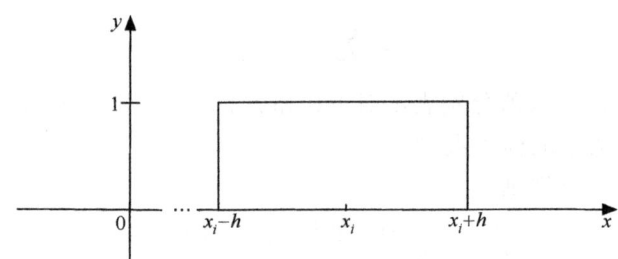

图 8-2　移动窗口内核

设选票计数 $v_n^0(\bar{x})$ 和 $v_n^1(\bar{x})$ 如下

$$v_n^0(\bar{x}) = \sum_{i=1}^{n} I_{\{y_i=0\}} K\left(\dfrac{\bar{x}-\bar{x}_i}{h}\right)$$

和

$$v_n^1(\bar{x}) = \sum_{i=1}^{n} I_{\{y_i=1\}} K\left(\dfrac{\bar{x}-\bar{x}_i}{h}\right)$$

根据核函数 $K(\cdot)$，对两个分类的选票数目统计有多种表示方式。我们可选择不同的函数 $K(\cdot)$。例如，接近 $\bar{x}$ 的训练样本应该对决定 $\bar{x}$ 的分类有较大影响（即具有较大权重）。而移动窗口规则赋予距离 h 内的所有点以相同的权重 1，而给其他所有的点权重0。对函数$K(\cdot)$应有一个平滑的过渡。我们通常称$K(\cdot)$为一种核函数（或者简单称之为核）。考虑一般的核函数$K: R^d \to R$，这样的函数通常是非负的，且往往是从原点开始单调递减的。

特例$K(\bar{x}) = I_{\{\bar{x} \in B(0,1)\}}$是最初的移动窗口规则。其他核函数的形式包括（见图8-3~图8-6）

- 三角形核：$K(\bar{x}) = (1 - \|\bar{x}\|) I_{\{\|\bar{x}\| \leq 1\}}$
- 高斯核：$K(\bar{x}) = e^{-\|\bar{x}\|^2}$
- 柯西核：$K(\bar{x}) = 1/(1 + \|\bar{x}\|^{d+1})$
- 叶帕涅奇尼科夫核：$K(\bar{x}) = (1 - \|\bar{x}\|^2) I_{\{\|\bar{x}\| \leq 1\}}$

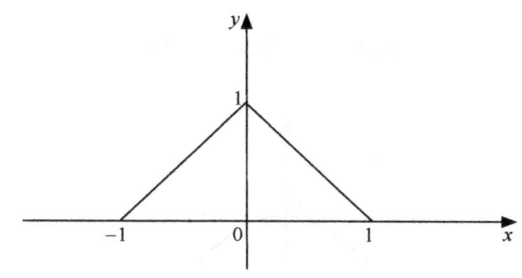

图8-3 三角形核

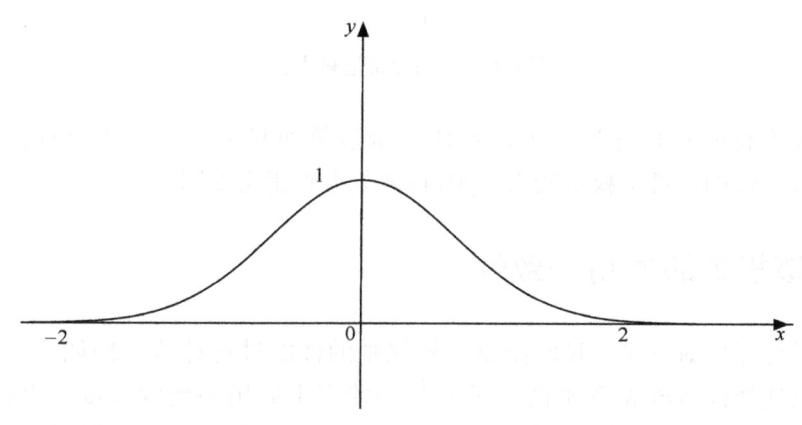

图8-4 高斯核

$K\left(\dfrac{z - \bar{x}_i}{h}\right)$中正数$h$的含义与前面描述相同，被称为平滑因子，或者带宽。回顾归一化核的特例中，h表示用在$\bar{x}$分类投票的训练样本间的距离。其作用同前，但投票是加权的。平滑因子是核规则最重要的参数。如果h很小，则$\bar{x}$附近点的权值较大，决策具有"局部性"；若h很大，则大多数点具有相当大的权值，但是这些点可能远离$\bar{x}$。因此，h 表示平滑因子。对 h 的选择，也存在像在最近邻规则中选择邻居数目一样的折中。

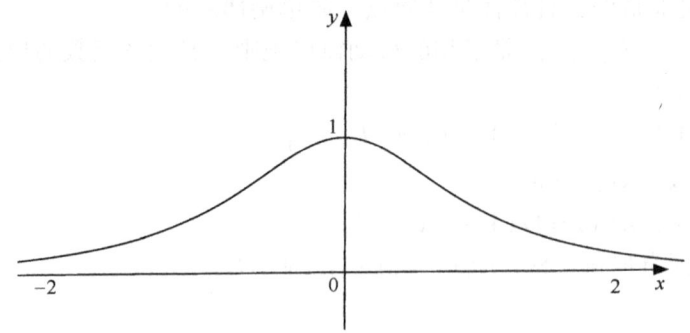

图 8-5　柯西核（$d=2$）

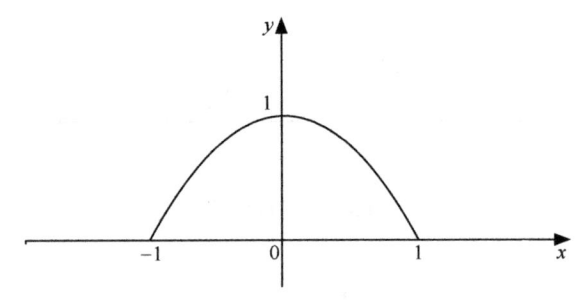

图 8-6　叶帕涅奇尼科夫核

核规则将所有 0 标签和 1 标签的核函数值加起来表示投票权重，分别为 $v_n^0(\bar{x})$ 和 $v_n^1(\bar{x})$ 的，哪个权重较大，则 $\bar{x}$ 将被分类到相应类别。

8.4　核规则的通用一致性

与最近邻规则一样，我们需要对核规则的性能进行评价。例如，一个基本问题就是选择核函数 K 和平滑因子 h 是否能产生通用一致的规则。也就是说，当训练样本足够多时，能否保证即使不知道底层的概率分布，核规则的性能也会接近最优贝叶斯决策规则的性能呢？

平滑因子 h 是类似于在最近邻规则中用到的邻居数。正如我们所期望的那样，考虑一致性，设平滑因子依赖于数据量，所以设 $h = h_n$。

为了保证"局部性"（即训练样本要与 $\bar{x}$ 很接近），需要满足条件 $\lim\limits_{n\to\infty} h_n = 0$。为了保证训练样本数目不断增多，需要满足 $\lim_{n\to\infty} nh_n^d = \infty$。回顾之前介绍的 $\bar{x} \in$

$\mathbf{R}^d$，d 是特征空间的维数。考虑归一化的核，使用了与 $\bar{x}$ 距离 h 的范围内的所有训练样本，以 $\bar{x}$ 为中心，h_n 为半径的 d 维空间球体的体积与 h_n^d 成比例。特征向量 $\bar{x}$ 落在概率密度 $p(\bar{x})$ 为正数区域的概率很高。当 h_n 很小时，落入以 $\bar{x}$ 为中心，h_n 为半径的球内的 $\bar{x}_i$ 的概率与球的体积成正比，与 h_n 成比例。因此，对于 n 个训练样本，落在 $\bar{x}$ 的 h_n 范围内的预期数量与 nh_n^d 成正比。由于当 $n\to\infty$ 时，这也趋向于无穷大，所以，使用的训练样本的数量也趋于无穷大。

限定 k_n 满足这两个条件（$h_n\to 0$ 和 $nh_n^d\to\infty$）就是为了产生一致性。此外为了一致性，我们需要对核函数 $K(\cdot)$ 设定一些限制。通常需要 $K(\cdot)$ 是非负的，并且在原点小邻域内的 $K(\cdot)$ 必须大于某一固定正数。最后一个要求更有技术性，但是作为一个特例，如果我们希望随着与原点距离的增大，$K(\cdot)$ 不发生变化，同时核函数下的体积有限，这些技术便绰绰有余。在 Devroye 等人（1996）的文章中有更通用的技术条件。例如，如果核满足了所需的正则性条件，我们选择 $h_n\to 0$ 和 $nh_n^d\to\infty$，则核的分类规则是通用的。

8.5 势函数

基本核分类器就是通过累加各训练样本的核函数来计算每个类的投票数，然后选择投票数最大的类作为该对象的分类。

公式方面的不同主要是势函数或者判别函数。这里，与计算两个类的投票数不同，其将标签为 1 的点增加到势函数中，而去除了标签为 0 的点，因此，势函数计算如下：

$$f(\bar{x}) = \sum_{i=1}^{n}(2y_i - 1)K\left(\frac{\bar{x} - \bar{x}_i}{h}\right)$$

根据 $f(\bar{x})>0$ 或 $f(\bar{x})<0$，对 $\bar{x}$ 进行分类。注意当标签 $y_i=1$ 时，$(2y_i-1)$ 等于 1；当标签 $y_i=0$ 时，值为 -1。因此，它是决定结果为正或负的主要原因。

命名为势函数的原因是我们认为标记为 1 表示带有正电位，标记为 0 表示带有负电位。根据标签进行适当标记，核函数被认为是由电荷形成的"势能场"。训练集中的样本对整个势能场都有贡献，然后根据 $\bar{x}$ 的势能是正，还是负，对点 $\bar{x}$ 进行分类。因此势函数是基本核规则的一种不同表达方式。如果势能在 $\bar{x}$ 处是正的，那么类 1 的投票数大于类 0。然而，如果势能是负的，则刚好相反。

基本核规则的一个重要扩展是允许使用新的点集，而不是原始训练样本来计算类似的势函数（或投票数）。首先，使用训练数据计算新点集 $\bar{z}_1, \cdots, \bar{z}_n$，其中相关权重为 $a_1, \cdots, a_k$，相关"尺度"为 $h_1, \cdots, h_k$。例如，训练样本被聚成簇，每个簇有一个代表 z_i，权重 a_i 是该簇中包含的原始训练样本的数量。然后根据势函数的符号，对特征向量 $\bar{x}$ 进行分类。

$$f(\bar{x}) = \sum_{i=1}^{k} a_i K\left(\frac{\bar{x} - \bar{z}_i}{h_i}\right)$$

测试集 k 的数目与原始训练样本数目 n 不一定相同。事实上，k 一般比 n 要小。当 $k \ll n$ 时有明显的计算优势。

其他可以被公式化为势函数的例子，包括径向基函数分类器（与神经网络密切相关）和支持向量机，这些将在后面章节中讨论。

这些方法已在分类和估计问题中广泛应用。当然了，设 $k=n$，$a_i = 2y_i - 1$，$h_i = h$，$z_i = x_i$，就得到了标准核分类器的一个特例。

8.6 更多的通用核

本章我们由最近邻规则的讨论，分析了移动窗口分类器。展示了如何使用公式（8-1）来定义窗口函数，然后讨论了通用核函数 $K(\bar{x})$ 的使用。下面我们将讨论核函数的一般形式。

到目前为止，我们讨论的核函数都只是单变量 $\bar{x}$ 的函数，而且 $K(\bar{x})$ 只是 $\|\bar{x}\|$（向量 $\bar{x}$ 的长度）的函数。当应用于数据处理时，核参数包括 $\|\bar{x} - \bar{x}_i\|$，这里涉及 $\|\bar{x} - \bar{x}_i\|$ 的计算，即 $\bar{x}$ 和 $\bar{x}_i$ 之间的距离。典型核的形状，是当 $\bar{x}$ 接近于 $\bar{x}_i$，即 $\|\bar{x} - \bar{x}_i\|$ 很小时，其权重较大。权值随着 $\bar{x}$ 和 $\bar{x}_i$ 之间的距离变大而减小（并最终为零）。然而，由于我们考虑的核中只涉及 $\|\bar{x} - \bar{x}_i\|$，即权重与 $\bar{x}$ 到 $\bar{x}_i$ 的方向无关，仅仅取决于距离。

因此，通用核都可以表示为 $K(\bar{x}, \bar{x}_i)$ 的形式，根据 $\bar{x}$ 和 $\bar{x}_i$ 调整权重。有了这个更通用的核，则核函数的选择可直接考虑规模因素作为选择标准。由于规模通常指训练样本的数量，我们记核函数为 $K_n(\bar{x}, \bar{x}_i)$。

正如上节所述，我们可以在一个新点集 $\bar{z}_1, \cdots, \bar{z}_k$ 中，而不是在原来的训练数据集中建立通用核函数，其对应的权重为 $a_1, \cdots, a_k$。注意，权重 a_i 通常是训练数据的函数，即 $a_i = a_i[(\bar{x}_1, y_1), \cdots, (\bar{x}_n, y_n)]$。最后，我们还可以基于指数 i 建立核函数，使核函数等于 $K_{n,i}(\bar{x}, \bar{x}_i)$。正如 a_i 那样，$K_{n,i}(\bar{x}, \bar{x}_i)$ 的选择也是取决于训练数据 $(\bar{x}_1, y_1), \cdots, (\bar{x}_n, y_n)$。例如，$K_{n,i}(\bar{x}, \bar{z}_i)$ 中包含的规模因子取决于包含在 $\bar{z}_i$ 附近的训练样本有多少。

因此，势函数可表示为

$$f(\bar{x}) = \sum_{i=1}^{k} a_i K_{n,i}(\bar{x}, \bar{z}_i)$$

决策规则和以前是一样的，即根据 $f(\bar{x}) < 0$ 还是 $f(\bar{x}) > 0$，将 $\bar{x}$ 分类为 0 或 1。

广义形式的通用核分类器被称为核方法，其中支持向量机，将在第 17 章介绍。为了评价学习规则的结果性能，需要对核函数应用正则化条件，同时加权也是必需的。

8.7 小结

通过介绍 k_n 近邻规则的变体，本章引入了一个简单的核方法，在最简单的核方法中，邻居的数量不固定，只是距离固定为 h，基于落入与 $\bar{x}$ 的距离为 h 范围内的多数训练样本的标签对特征向量 $\bar{x}$ 进行分类。这种方法可以被看作是设计了一个核或"窗口函数"，以标签为 0 的样本为中心，半径为 h 的球内是 1，将其核值加起来，然后对标签为 1 的样本做同样的操作。根据标签为 0 还是标签为 1 的样本对 $\bar{x}$ 的贡献大，将点 $\bar{x}$ 进行分类。

通过构造更通用的核函数 $K(\bar{x})$，我们得到了更通用的核分类规则。根据其与待分类点的距离，为训练样本设计权值。其中，一个重要参数是平滑因子或带宽 h，它扮演了类似于在最简单核中距离 h 一样的角色。通常，h 的选择取决于训练样本数量 n，所以我们写作 $h = h_n$。通过选择 $h_n \to 0$，可以保证在极限情况下，只使用与待分类点无限接近的训练样本。通过选择 h_n 使 $nh_n^d \to \infty$，保证了我们训练样本的不断增加。类似于最近邻规则中的 k_n，有了这两个条件，核就是一个通用的规则。因此，当我们拥有的数据越来越多时，无论基本的概率分布是什么，核规则的性能都将无限接近于最优贝叶斯决策规则的性能。

核规则中的势函数（又称为判别函数）可以任意替换。此外，核函数可以推广到 $K(\bar{x}, \bar{x}_i)$ 形式。结合从原来的训练样本得到一组新点集 $\bar{z}_1, \cdots, \bar{z}_k$，以及通用形式中不同权重值 $a_1, \cdots, a_k$ 的概念等，这些统称为核方法。

8.8 附录：核、相似性和特征

最近邻方法的主要思路是如果一组特征向量之间距离很近，那么对这些特征向量的分类结果应该是相似的。这就是为什么对 $\bar{x}$ 分类的最优决策结果主要取决于其最近邻类别的原因。

核规则的思想从各种方面扩展了这一理念，从简单的窗口函数到核形式 $K(\bar{x})$，到更通用的核函数形式 $K(\bar{x}, \bar{x}_i)$。我们可以认为 $K(\bar{x}, \bar{x}_i)$ 测量了 $\bar{x}$ 和 $\bar{x}_i$ 之间的相似性，或者更准确地说是 $\bar{x}_i$ 的分类对 $\bar{x}$ 分类的影响程度有多大。

对于最常用的核函数，这种相似性度量与欧氏距离，即特征向量 $\bar{x}$ 和 $\bar{x}_i$ 之间的距离密切相关。某种程度上说，权重值取决于 $K(\bar{x}, \bar{x}_i)$ 的具体形状。但为什么要这样呢？为什么相邻的特征向量具有相似的分类呢？

答案是，我们通常选择那些与问题结构对应的特征。如果不是这样的话，相似特征会导致类似分类的直觉就不存在了。考虑以下两个问题。

问题 1：设有一个二进制特征向量 $\bar{x} \in \{0, 1\}$，其中 $\bar{x} = (x_1, \cdots, x_d)$ 且 $x_1, \cdots, x_d \in \{0, 1\}$。分类问题是一个"异或问题"（我们将在第 9 章讨论）。这里，如果 $x_1 + \cdots + x_d$ 为偶数，则 $\bar{x}$ 被分类为 0；否则，$\bar{x}$ 被分类为 1。

问题 2：分类问题是相同的，但我们不使用特征 $x_1, \cdots, x_d$，而是使用一组新的特征向量集 $z_1, \cdots, z_d$，定义如下：$z_1 = x_1$，$z_2 = x_1 \oplus x_2$，$z_3 = x_1 \oplus x_2 \oplus x_3$，$\cdots$，$z_d = x_1 \oplus x_2 \oplus x_3 \cdots \oplus x_d$，其中 $\oplus$ 表示刚才提到的异或操作。

问题 1 中，分类严格依赖于所有的特征。任何一个 x_i 的改变都将改变 $\bar{x}$ 的分类。而在问题 2 中，只有特征 z_d 重要。根据 z_d，可将原始特征向量分类为 0 或 1，与其他所有的 z_i 均无关。因此，z_i 以不同于 x_i 的方式捕捉问题的结构。在这个转变中并没有信息丢失。

根据特征向量 x_i 或 z_i 是否被使用，不同的学习方法将具有不同的性能。另一方面，令人惊讶的是，即使特征与问题结构不匹配，通用一致的结果也能保证通用一致的方法能最终学习到一个好的决策规则。当然，这里是说"最终"。如果特征与分类问题不匹配，那么就需要使用大量的训练样本进行学习。选择恰当的特征向量的可使一个非常棘手的问题转换为一个小问题。因此，在实际应用中，特征向量的选择是一个非常重要的考虑因素。虽然有许多理论工具可用，但是能够很好理解实际应用是很重要的，特征向量的选择是一门艺术。

8.9 问题

1. 对于最简单的核分类规则，平滑参数 h 的选择为什么类似于在最近邻规则中选择 $k_n = 1$ 和 $k_n = n$ 呢？在这种极端的情况下，会发生什么错误？

2. 对数据 $(x_1, l_1), \cdots, (x_n, l_n)$，写出类 0 的投票计数表达式 $v_n^0(x)$、指示函数以及核 $K(x)$。

3. 对一个一维特征 x，勾勒出简单的核函数 $K(x) = I_{\{|x| \leq 1\}}$。

4. 对一个一维特征 x，写出三角核函数方程 $K(x)$。

5. 对前一问题的核函数，设平滑因子 $h = 0.5$，$x_i = 3$，画出 $K\left(\dfrac{x - x_i}{h}\right)$ 的示意图。

6. 实现普遍一致的核规则，对平滑参数 h_n 有什么要求？

7. 判断正误：使用两种不同的核函数 $K_1(x)$ 和 $K_2(x) = 2K_1(x)$，这两种核方法产生的决策规则完全相同吗？

8. 判断正误：设有一些带标签的数据集（训练样本），这时 1 - 近邻方法和核方法（自己选择 $K(x)$）对于任何特征向量都会给出相同的判断吗？

9. 考虑特例，我们有一个一维特征向量，喜欢使用核规则，如训练数据 $(0,0)$，$(1,1)$ 和 $(3,0)$，使用简单的移动窗口分类器（即对 $|x| \leq 1$，核函数为 $K(x)=1$，其他情况下 $K(x)=0$）。

(a) 当 $h=0.5$ 时，画出函数 $v_3^0(x)$、$v_3^1(x)$ 和分类规则（注意下标表示我们有三个训练样本），指出其关系。

(b) 当 $h=1$ 时，重复（a）。

(c) 当 $h=2$ 时，重复（a）。

(d) 当 $h \geq 2$ 时，会发生什么？

10. 将上一问题的（a）、（b）和（c）部分用三角核函数重新做。对（d）部分，当对所有的 x 分类结果都为 0 类时，h 值应该是多少。

8.10 参考文献

内核分类规则起源于核密度估计，可参考文献 Parzen（1962）、Rosenblatt（1956）和 Akaike（1954）；类似的回归估计参考文献如 Nadaraya（1964、1970），Watson（1964）；势函数方法参考文献如 Aizerman et al（1964）、Bashkirov et al（1964）和 Braverman（1965）。

在采用核方法进行分类和回归方面，人们做了大量的工作，如这里所描述的经典估计以及更一般的基于核的方法。更详细内容可参考以下书目：对分类问题有 Devroye（1996）和 Kulkarni（1998）；回归估计有 Gyorfi（2002）；对支持向量机和其他基于分类和回归的方法可参考 Schlkopf、Smola（2001）和 Shawe-Taylor Cristianini（2004）。

[1] Aizerman MA, Braverman EM, Rozonoer LI. Theoretical foundations of the potential function method in pattern recognition learning. Autom Remote Control 1964；25：917-936.

[2] Akaike H. An approximation to the density function. Ann Inst Stat Math 1954；6：127-132.

[3] Bashkirov O, Braverman EM, Muchnik IE. Potential function algorithms for pattern recognition learning machines. Autom Remote Control 1964；25：692-695.

[4] Braverman EM. The method of potential functions. Autom Remote Control 1965；26：2130-2138.

[5] Devroye L, Györfi L, Lugosi G. A probabilistic theory of pattern recognition. New York：Springer-Verlag；1996.

[6] Györfi L, Kohler M, Krzyżak A, Walk H. A distribution-free theory of nonparametric regression. New York：Springer-Verlag；2002.

[7] Kulkarni SR, Lugosi G, Venkatesh S. Learning pattern classification—A survey. IEEE Trans Inf Theory 1998；44（6）：2178-2206.

[8] Nadaraya EA. On estimating regression. Theory Probab Appl 1964; 9: 141-142.

[9] Nadaraya EA. Remarks on nonparametric estimates for density functions and regression curves. Theory Probab Appl 1970; 15: 134-137.

[10] Parzen E. On the estimation of a probability density function and the mode. Ann Math Stat 1962; 33: 1065-1076.

[11] Rosenblatt M. Remarks on some nonparametric estimates of a density function. Ann Math Stat 1956; 27: 832-837.

[12] Schölkopf B, Smola AJ. Learning with Kernels: support vector machines, regularization, optimization, and beyond (adaptive computation and machine learning); Cambridge (MA): MIT Press 2001.

[13] Shawe-Taylor J, Cristianini N. Kernel methodsfor pattern analysis. Cambridge: Cambridge University Press; 2004.

[14] Watson GS. Smooth regression analysis. Sankhya Ser A 1964; 26: 359-372.

第 9 章 神经网络：感知器

神经网络（或称为神经网、人工神经网络），是大量（通常十分简单的）处理单元的集合，每个处理单元都可以连接到许多其他的处理单元。通常认为，现代神经网络的研究工作是从 1943 年一篇由 McCulloch 和 Pitts 发表的论文开始的。神经网络就如同大脑一样，其中神经元为处理单元，突触为处理单元之间的连接。

研究这种网络的一个原始动机就是对大脑进行建模，这也是术语"神经网络"和这个领域内其他术语的来源。其他动机则包括对大规模并行与分布式计算的研究以及使用该网络解决学习相关的问题。为了区别这些动机与对大脑建模的不同，有时也使用"人工神经网络"，考虑简单及通用性，有时会去掉"人工"二字。

9.1 多层前馈网络

人类的大脑拥有大约 10^{11}（1000 亿）个神经元和 10^{16}（10 万亿）个突触。在解决实际学术难题时，神经网络仅仅使用了很少的处理单元和连接。然而，即使只有几十或几百个处理单元并且只进行几次连接，一个网络也可以迅速变得复杂起来。

图 9-1 介绍了一个结构相当简单的小型神经网络。圆圈表示处理单元（神经元），箭头表示连接（突触）。一个神经元（箭头尾部）的输出充当另一个神经元（箭头头部）的输入，它们之间是直连的。两个神经元之间添加一个反方向箭头表示双向连接。有关输入和输出的细节我们将在下一节进行讨论，这里，首先对一些关于神经网络架构的普遍问题进行讨论。

即使是如同图 9-1 这样的小型神经网络，想要完全理解它也是十分困难的。一个直接的问题是网络没有明确的"输出"。这个问题可以通过标明作为输出的一个或多个神经元，并通过由输出单元执行的计算来定义网络的输出轻而易举的解决。然而，一个更重要的问题是在网络的连接结构中存在"反馈"回路。一个神经元的输出可以充当其他神经元的输入，这可以通过其他未激活的神经元返回并作为最初的神经元输入。由于存在这样的回路，很难定义通过网络执行的计算"结果"。因此神经网络是一个动态系统，难以得到稳定的结果。

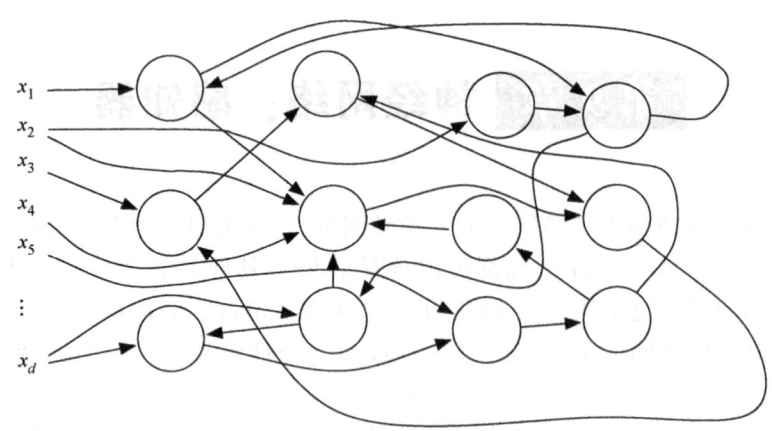

图 9-1　神经网络

这样的动态属性在一些应用中可能十分有用，但是，考虑存在这样一种特殊类型的神经网络，其可以避免由于反馈回路而带来的问题，这种神经网络就是多层前馈网络（见图 9-2）。

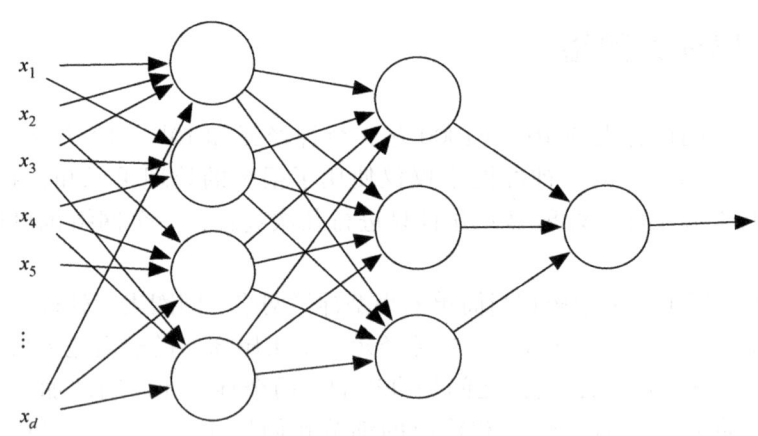

图 9-2　前馈网络

在多层前馈网络中，处理单元按层进行组织，即将一层中神经元的输出作为下一层神经元的输入。由于不存在反馈回路，这种网络的行为可以简单地计算出来。

第一层接收外部输入，正如看到的一样，这些输入便是待分类对象的特征。在本层中，每个处理单元的输出都是被计算过的。一旦我们知道这些输出值，我们也就知道了下一层所有处理单元的输入。以此类推，最终将会得到最后一层的输出值（称为输出层），这即是给定的输入值，通过神经网络计算得到的最终结果。

9.2 神经网络用于学习和分类

前馈神经网络可以用来解决先前讨论的模式识别问题。属于第一层的输入值即是待分类的对象的特征。最后一层是输出层,在我们的案例中仅仅只有一个处理单元。因此,整个网络只存在一个单独的输出值,对网络分配的输入特征向量进行了分类。在某些情况下,输出值有两个值(0 和 1,或 –1 和 1)。在这种情况下,网络的分类是很明显的。输出为 0(或 –1)意味着输入特征向量被分配给类别 0,而输出为 1 意味着特征向量被分配给类别 1。

在某些情况下,网络的输出可能呈现为任意的真实值。在这种情况下,通常使用另一个被称作阈值处理的步骤来进行分类。这涉及网络的输出值与一些被称作阈值的值的比较。如果输出值大于阈值,输入特征向量将被分配给类别 1;否则,它将被分配给类别 0。

给定一个特征向量,如果将该特征向量输入到神经网络,那么会获得一个类别,该类别是网络输出值的两个类别之一。神经网络通过一个分类规则,将特征向量映射到{0,1}。

神经网络中任意分类规则的实现都涉及两方面,即特定的神经网络架构和每个神经元的计算。神经网络计算中涉及的一个关键部件是一组被称为权值的参数集合。通常,处理单元之间的每个连接都有一个对应的实值权值与之联系。一般认为这里的权值是可以调节的,而网络的其余部分则是固定不变的。因此,我们认为通过神经网络实现分类,其分类规则是由权值来决定的,并且这个分类规则可以通过权值改变来进行调整。

为了使用神经网络解决一个给定的模式识别问题,我们需要一组可以产生好的分类规则的权值。就像我们先前讨论的那样,在大多数实际情况下,直接指定优秀的决策规则是十分困难的,这在通过神经网络的复杂计算中会变得更加困难。因此,我们怎样才能为神经网络选择合适的权值呢?

这就是为什么要学习的原因。考虑采用一些初始权值开始计算,这些初始权值不可能会产生非常好的分类规则。但是,正如先前一样,我们假设有一组已知标记的例子(训练数据)。如果我们使用这些数据来"训练"神经网络,使之在这些数据上可以很好地执行,然后,在新数据上,网络还将进行"总结",并提供一个行之有效的决策规则。在许多实际问题中,神经网络的成功可以归结于有效的训练方式,即训练神经网络使其可以在一组训练样本上很好地执行,同时,决策规则在许多情况下也得到了很好的推广。

9.3 感知器

下面，我们从一个单元开始进行详细讨论。如图 9-3 所示，感知器是一个拥有简单行为的装置。

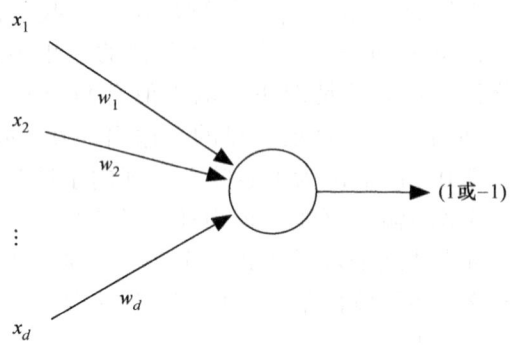

图 9-3 感知器

用 $x_1, \cdots, x_d$ 表示前面提到的输入值，并组成特征向量 $\bar{x} \in \mathbf{R}^d$。每个输入值 x_i 由权值 w_i 连接至处理单元。

感知器的输出值 a 由以下公式给出：
$$a = \text{sign}(x_1 w_1 + \cdots + x_d w_d)$$
函数 $\text{sign}(\cdot)$ 返回输入参数的符号。即
$$\text{sign} = \begin{cases} -1 & u < 0 \\ 1 & \text{其他} \end{cases}$$

在感知器的输出表达式中，符号函数的参数正是特征值的加权组合。每个特征值 x_i 都与对应的权值 w_i 相乘，并对这些乘积进行求和。感知器的输出值不是 -1（与类别 0 相符）就是 1（与类别 1 相符），这取决于 $x_1 w_1 + \cdots + x_d w_d$ 加权组合的符号。

9.3.1 阈值

刚才介绍的感知器，其存在一个值为 0 的阈值。如果输入值的加权组合大于 0，则输出 1；如果输入值加权组合小于 0，则输出 -1。感知器的阈值可以为其他值，如 0.5，在这种情况下，如果输入的加权组合大于或等于 0.5，则输出 1。

通常，正如这里讨论的一样，为了方便，人们只考虑阈值为 0 的处理单元。有人可能会认为这是相当严格的。然而，如果我们允许增加另一个输入值，那

么具有一个非零阈值的处理单元可以被一个具有零阈值（额外的输入值）的处理单元模仿。这是通过设置额外的输入值来完成的，例如将 x_0 取常量1，那么与这个输入相关的权值 w_0 将充当阈值。如果

$$x_0 w_0 + x_1 w_1 + \cdots + x_d w_d \geq 0$$

则感知器输出值为1。

当 $x_0 = 1$ 时，如果

$$x_1 w_1 + \cdots + x_d w_d \geq -w_0$$

则输出值也为1

这种表现正好与阈值为 $-w_0$ 的感知器类似。

9.4 感知器学习规则

如前所述，由感知器计算出的分类规则存储在（或者更准确地说是取决于）权值中。学习包括基于训练数据的权值调整。考虑训练数据中一个一个的样本。令 $\bar{x} \in (x_1, \cdots, x_d)$ 表示当前正在研究的样本的特征向量，t 表示该样本的标签（label）。t 代表"目标"，值为 -1 或 1，表示已经指定的类别。基于该样本，应如何调整网络的权值呢？

如果 $a = t$，则说明具有当前权值的网络能对给定样本进行正确分类。在这种情况下，权值改变没有任何意义。另一方面，如果 $a \neq t$，说明当前权值网络不能对给定样本进行正确分类。这时我们需要对权值稍微调整。令 Δw_j 表示调整量（Amount），通过它可以调整权值 w_j。

通过下式选择一个合理的 Δw_j

$$\Delta w_j = c(t-a)x_j \tag{9-1}$$

式中，c 是正常数。为了说明这样选择的原因，考虑一种特殊情况。假设目标类别是 $t = 1$，但网络计算的输出是 $a = -1$。这意味着加权和 $x_1 w_1 + \cdots + x_d w_d < 0$，但是对于 $t = 1$，加权和应该是正的。（前面内容中，我们假设阈值为 0）。

因此，我们通过调整权值 w_j，使得加权和 $x_1 w_1 + \cdots + x_d w_d$ 增大是有意义的。w_j 对加权和的影响是通过表达式 $x_j w_j$ 产生的。如果我们将 w_j 变为 $w_j + \Delta w_j$，那么 $(\Delta w_j) x_j$ 将被增加到加权和中。

如果特征 x_j 是正的，我们可以通过增大权值 w_j 来增大加权和（如保证 Δw_j 为正）。但是，如果 x_j 是负的，为了增大加权和，我们需要减少 w_j（如保持 Δw_j 为负）。因此，对于 $t = 1$ 和 $a = -1$，Δw_j 的符号应该与 x_j 的保持一致。式 (9-1) 给出的 Δw_j 的选取严格遵从该原则，因为 c 是正的，$t - a = 2$ 也是正的。

现在考虑 $t = -1$，$a = 1$ 的情况。这时，加权和 $x_1 w_1 + \cdots + x_d w_d > 0$（因为实际输出 $a = 1$），但是我们需要加权和比 0 小（因为目标输出是 $t = -1$）。因此，

我们希望降低加权和。这可以通过 Δw_j 和 x_j 异号来保证，即 $(\Delta w_j)x_j < 0$。以上给出的 Δw_j 的选取实现了这一点，因为在这种情况下 $t - a = -2$ 是负的。

尽管以上给出的权值的调整在方向上是正确的，但可能仍然不足以使网络对样本正确分类。实际上这是一件好事，否则，权值可能会反复变化。通过选取一个较小的常数 c，我们将逐步调整权值。但是为了确保能对所有训练样本很好地进行分类，我们需要在训练样本中进行多次循环调整。

这种学习过程被称为感知器的收敛过程，其过程如下：

1. 为所有的权值和常数 c 选取一个初始值。
2. 在训练样本中进行多次循环。对每一个训练样本，根据下式调整权值：

$$\Delta w_j = c(t - a)x_j \tag{9-2}$$

假设感知器能够对训练数据正确分类，可以看到在训练样本中进行足够次数的循环之后，这种"学习规律"最终将会对所有的训练数据进行正确分类。1960 年 Rosenblatt 得出这个结论时，引起大量研究人员对感知器的兴趣。其表明如果一个感知器通过学习可以对训练样本进行正确分类，则它可能会对其他数据进行正确分类。

9.5 感知器的表达能力

人们对感知器的兴趣随着计算机科学家 Minsky 和 Papert 在 1969 年出版的 Perceptrons 一书大大降低了。在这本书中，他们提出"感知器能够将训练数据正确分类"的这种情况有严格的限制条件。也就是说，他们观察到感知器能够代表（通过调整权值）的决策规则的类别是有很大限制的。

回顾之前介绍的感知器，其输出是通过下式给出的：

$$a = \text{sign}(x_1 w_1 + \cdots + x_d w_d)$$

对于一组固定的权值，根据加权和 $x_1 w_1 + \cdots + x_d w_d$ 的符号，可将特征向量集划分到两个类中。具体来说，特征向量 $(x_1, \cdots, x_d)$ 的分类情况如下：

$$x_1 w_1 + \cdots + x_d w_d \geq 0 \Rightarrow 类别\ 1$$

以及

$$x_1 w_1 + \cdots + x_d w_d < 0 \Rightarrow 类别\ 0$$

这两个类的边界通过以下方程给出

$$x_1 w_1 + \cdots + x_d w_d = 0$$

它描述了 $\mathbf{R}^d$ 中的一个超平面。因此，无论我们怎样调整权值，感知器能够代表的决策区域的类型仅仅只有一种，即那些具有超平面决策边界的区域。事实上，与我们假设的一样，当阈值为 0 时，超平面必须通过原点。在一般情况下，阈值非零时，决策边界仍然必须是一个超平面，但超平面不经过原点。然而，如同我们前面讨论的，通过增加额外的输入（对应于维度增加 1），$\mathbf{R}^d$ 中不经过原点的超平面决策规则，可以被 $\mathbf{R}^{d+1}$ 中经过原点的一个超平面决策规则代替。

换句话说，只有当这些样本是线性可分的时候，一个感知器才可以将训练样本进行分类。这意味着，在 $\mathbf{R}^d$ 中存在一个超平面，可对训练样本进行划分，在超平面的一侧的样本被标记为 +1，另一侧的样本被标记为 −1。图 9-4 为在二维情况时的分类思想，在这种情况下超平面就是一条直线。一个感知器仅能代表线性可分的类别，因此也仅能"学习"线性可分的类别。

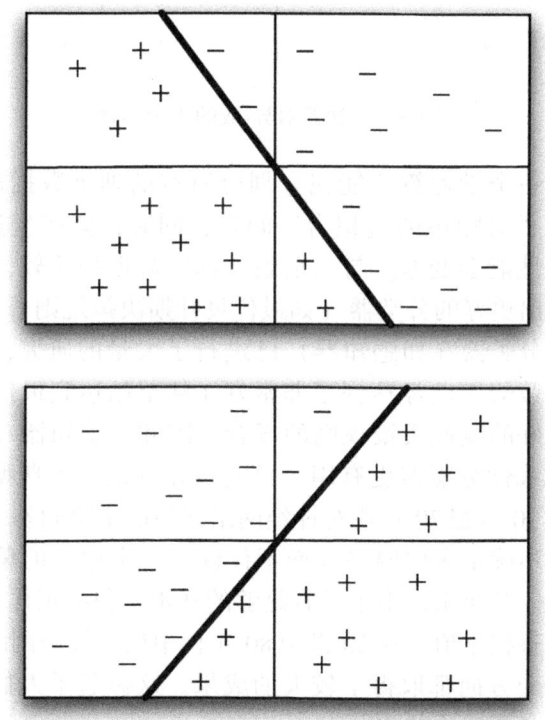

图 9-4　超平面的决策规则（在 $\mathbf{R}^2$ 中这些仅仅是直线）

感知器无法解决的问题中，一个众所周知的例子是异或（XOR）问题。假设我们只有两个特征值 x_1 和 x_2。如果 x_1 或 x_2（但不是同时）为正，则特征向量属于类别 1。如图 9-5 所示，一、三象限对应类别 0，而二、四象限对应类别 1。显然，这些区域不是线性可分的，因此感知器无法对这类问题分类，甚至无法描述该问题的决策规则。

需要说明几点。与第 4 章中的讨论类似，由于大部分实际问题中的两个类是无法完全不相交的。即通常存在重叠。因此我们需要使用一个概率公式来模拟对象的特征向量和对象所属的类之间的关系。因此，一般来说，我们不希望训练数据是线性可分的。

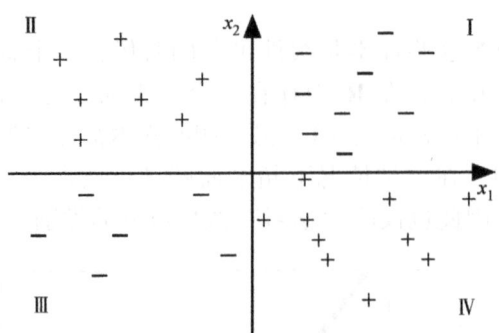

图 9-5　感知器对异-或的表示问题

事实上，迫使一个学习算法能完全划分所有的训练数据通常是不可能的，这样很可能会产生"对噪声的过拟合"问题，同时，会产生过于复杂的规则，在将来的测试阶段性能会变差。与完全划分训练数据相比较，更重要的是要像第 4 章那样，能提出更好的分类器（如最优贝叶斯决策规则）。

目前，对线性分类器（如感知器）已进行了大量的研究，而且在一些应用场合，一些线性决策规则已经达到了非常好（甚至已达到最优）的效果。感知器可用于能设计出好的线性决策规则的场合。因此，感知器（以及通常所说的线性决策规则）比线性分隔器更有用，异或运算就是一个典型的例子。尽管如此，一些人仍然把 20 世纪 70 年代对神经网络兴趣的下降归咎于感知器的负面影响。当时，人们并不确定多层网络（而不仅仅是一个单一的单元）能否能够克服感知器的局限性。几年来，由于没有足够的样本，包括正样本和负样本，因此无法通过学习来调整权重值。在 20 世纪 80 年代中期，神经网络理论在包括反向传播算法在内的多个方向都取得了较大的成果。这掀起了人们对神经网络的狂热，同时也是下一章要讨论的主题。

9.6　小结

一些分类函数可以被表示为多层前馈神经网络。给出关于待分类对象的相关数据，神经网络便会输出对该对象的分类决策。这类网络可以被"训练"用来提供良好的分类，通过在已知的情况下尝试输出并且在网络中调整连接的权重，以便改善训练数据上得到的分类。我们通过考虑如何培养一个仅由被称为感知器的单一单元组成的简单"网络"开始。通过训练一个感知器，最终得到一个可以正确分类的决策规则，遗憾的是，感知器只能表示非常有限的分类规则，仅能表示线性（超平面）的决策规则。在下一章中，我们考虑多层网络来克服感知器的局限性。

9.7 附录：思想模型

思想神经网络模型不同于许多早期的模型。这里我们只对这个差异进行简单介绍。笛卡尔（1641）在心灵和身体之间做了一个明显的区分，即在可以被解释的有意识思想的方法与可以被解释的物理事件之间进行区分。有意识的推理和选择在术语中被解释为理性和自由意志。物理事件可以被解释为纯机械的。因此精神和身体活动有着不同的准则。当思想受到对物理事件感知的影响，或者身体受到一种或另一种方式表现的心理决定的影响时，心灵和身体是怎样相互作用的，这是一个有趣的问题。笛卡尔认为相互作用的核心是大脑松果体，尽管这种具有因果关系的相互作用的原理不太清楚。

对笛卡尔二元论的担忧导致一些理论学家认为思想仅是物理大脑的一个简单方面。思想和感觉都要由物理事件来确定。但还不清楚如何使这样的定义成为可能。

20世纪40年代和50年代出现的计算机使许多理论学家们将大脑看作是一个串行计算机，并且定义思想和其他心理事件是计算机运行一个程序时所产生的结果。这段时期，一些思想模型支持了笛卡尔的观点，即心理过程是有意识的思想过程，尤其是推理，这可能会由符号处理来确定，在计算机中，符号是自然语言中的词和短语或在数学和逻辑中使用的各种各样的符号。

其间，研究人员通过编写计算机程序来开发思想方面的模型，来模拟人们如何有意识地解决分类的问题。一方面，希望这样的程序会构成有关人类如何推理的实质性心理学理论。另一方面，则是希望这个程序将产生一种在特定任务上可以比人们做得更好的人工智能。

使用并行处理扩散激活机制，很快就会将这种模型扩展到生产系统，当已激活的符号表达式满足某些条件时，生产规则将会有效；若该规则有效，则会导致更多的符号表达式有效，该过程就是一种推理或推断。

在这些模型中并不是所有的心理活动都是有意识的。各种表达式可能会在无意识的状态下因处理而被激活。关于哪一种表达应该被认为是有意识的这个问题，提出了各种理论。

这些模型将意识看作是一个串行数字计算机，并且都假定思维涉及符号表示的处理，其类似于语言、逻辑或数学的表示形式。

神经网络模型的不同在于，它们是基于一个确定的简化概念，即以一种大脑使用非符号处理的工作方式。从大脑思维中推导出类似于计算机的符号处理模型，系统中的知识代表一个记忆符号或对符号进行操作的规则。但是神经网络模型采取的相关处理是非符号的。神经元间的许多连接都允许一些神经元可以或多或少激活其他神经元，也可以抑制其他神经元。

人工神经网络中的信息不包含被存储在某个地方或被激活的符号。在网络中，结点之间的连接所表示的信息权重是隐式表示的。信息分布在神经元之间的权值中。特定的权值并不象征着什么。

有时一个神经网络会激活过程，意味着有意识的思考可能会包含一些符号表示。但神经网络中的大多数过程不会是这样。

一个神经网络怎样活动才可以引起或和有意识的思维相同，这在现在仍旧是一个问题，但我们并不试图解决这个问题。

9.8 问题

1. （a）一个感知器有三个输入 x_1，x_2，x_3，权重为 w_1，w_2，w_3，画图并简要描述，标记输入值、权值和输出值。
   （b）写出用输入和权重来表示输出的表达式，假设阈值为 0。
   （c）当输入为 −3，2，1，权重为 0，0.2，−0.2 时，输出是多少？
   （d）如（c）中，w_1 增加到 0.1，其他值保持不变，输出是多少？

2. 考虑一个有三个输入和一个输出的线性阈值单元（感知器）。输入上的权重分别为 1，2 和 3，阈值是 0.5。如果输入分别为 0.1、0.2 和 0.3，输出是什么？如果三个输入都是 0.1，输出是什么？

3. 设计一个有两个输入的线性阈值单元，当且仅当第一个输入值比第二个较大时，输出值为 1。（输入的权重和阈值分别是多少？）

4. 一个分类问题，其中每个实例都由 d 个特征组成，即 x_1，⋯，x_d，每一个取值都只能是 0 或 1。准备好一个线性阈值单元（一个单一感知器）功能类似于一个与门（如果输入 x_i 均为 1，则输出为 1，否则为零）。再设计一个或门（如果至少有一个输入是 1 时输出为 1，当所有的输入都是 0 时输出为 0）。

5. 如先前的问题，考虑一个分类问题，其中每个实例都由 d 个特征组成，即 x_1，⋯，x_d，每一个取值都只能是 0 或 1。如果 $x_1 + x_2 + ⋯ + x_d$ 是偶数，则特征向量属于类 0，否则属于类 1。这个问题可以由一个单一感知器解决吗？三层网络可以解决吗？为什么？

6. 考虑下面的网络。输入四个实际值。每一个输入都分别连接至第一层中的两个感知器，第一层不设置阈值，只是简单地将输入与权值进行相乘，并不输出它们的总和，每一个感知器都连接至一个输出阈值单元连接。表明该网络相当于一个具有单一单元的网络，是一个阈值感知器单元。

7. 如何训练感知器？在训练期间会改变感知器的什么特征？为这样的变化制定一个规则并解释它如何工作。

9.9 参考文献

由 McCulloch 和 Pitts（1943）发表的论文通常被认为是引发关于神经网络的现代研究。在 20 世纪 60 年代发表的多篇论文中，Rosenblatt（1958，1960，1962）发表了感知器的结论。其他早期的与之相关的结论在同一时间由 Widrow、Hoff（1960）和 Widrow（1962）提出。原书由 Minsky 和 Papert 在 20 世纪 60 年代末出版，随着由 Minsky 和 Papert（1988）发表的扩展版的出现而出现。自 20 世纪 80 年代中期以来，神经网络的研究变得热门，包括一些期刊和会议都致力于讨论这个主题。这方面有许多的书籍，Russell 和 Norvig（2010），Mitchell（1997）和 Duda（2001）等都提供易读版。Haykin（1994）则提出一个综合版本。

[1] Descartes R. Meditationes de Prima philosophia. Paris；1641.
[2] Duda RO, Hart PE, Stork DG. Pattern classification. 2nd ed. New York：Wiley；2001.
[3] Haykin S. Neural networks：a comprehensive foundation. New York：Macmillan Publishing Company；1994.
[4] McCulloch WS, Pitts W. A logical calculus of the ideas immanent in nervous activity. Bull Math Biophys 1943；5：115-133.
[5] Minsky M, Papert S. Perceptrons. Expanded edition. Cambridge，MA：MIT Press；1988.
[6] Mitchell T. Machine learning. Boston（MA）：McGraw-Hill；1997. pp. 226-229.
[7] Rosenblatt F. The perceptron：a probabilistic model for information storage and organization in the brain. Psychol Rev 1958；65：386-408.
[8] Rosenblatt F. Perceptron simulation experiments. Proc Inst Radio Eng 1960；48：301-309.
[9] Rosenblatt F. Principles of neurodynamics. Washington, DC：Spartan Books；1962.
[10] Russell S, Norvig P. Artificial intelligence：a modern approach, Chapter 18. Upper Saddle River, NJ：Prentice-Hall；2010, pp. 645-767.
[11] Widrow B, Hoff ME. Adaptive switching circuits. IRE WESCON Convention Record 1960；4：96-104.
[12] Widrow B.（1962）Generalization and information storage in networks of adaline 'neurons'. In：Yovitz MC, Jacobi GT, Goldstein GD（eds）. Self-organizing Systems. Washington, DC：Spartan；pp. 435-461.

第 10 章 多层神经网络

通过上一章的学习我们了解到,感知器仅能形成线性决策规则。有时此类决策域行之有效,但还有许多场合,线性可分的类却并不适用。为了克服线性可分规则的局限,可以采用多感知器互联网络。正如第 9 章中讨论的,这类特殊的多层前馈网络非常有用。图 10-1 给出了一个多层前馈网络示例。

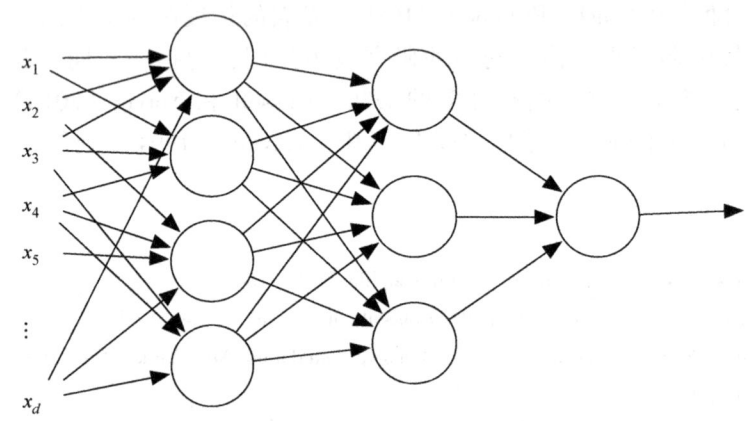

图 10-1　输入为 $\bar{x}=(x_1,\cdots,x_d)$ 的前馈网络

此类网络中的每个结点都是一个感知器。也就是说,每个输入与相应权值相乘,神经元输出为 -1 或 1,而这取决于输入的加权和是小于还是大于阈值(如 0)。因此,一旦确定了输入和权值,网络输出便很容易求得。

10.1　多层网络的表征能力

采用多层网络的原因之一,是为了克服感知器线性决策域的局限,那么,随之而来的首要问题就是"多层网络能够表征何种决策域?"

或许有些令人难以置信,不过答案的确是:多层网络仅需三层,同时每层只要有足够多的神经元,那么该网络就可以近似表征任意决策规则。实际上,多层网络的第三层(输出层)仅由一个输出元组成,其他诸多神经元都分布在第一、二层中。就划分至类 1 的决策规则而言,类 1 可能占据平面上无限大的区域(或 N 维空间中无穷大的范围),该结果简述如下。

首先,可以近似表征任意决策规则,该规则能将某一凸集中的特征向量划分为类 1，并将其他所有特征向量分至类 0（如果某点集中任意两点间的线段总是完全属于该点集，那么此点集是凸集）。这是因为凸集可以用一个由若干相交半平面构成的多面体来近似（见图 10-2 和图 10-3）。每个半平面都具有能用单感知器求出的线性决策界，这部分内容参见上一章节的讨论。逼近该凸集所用的各个半平面均由网络第一层中的不同神经元生成。

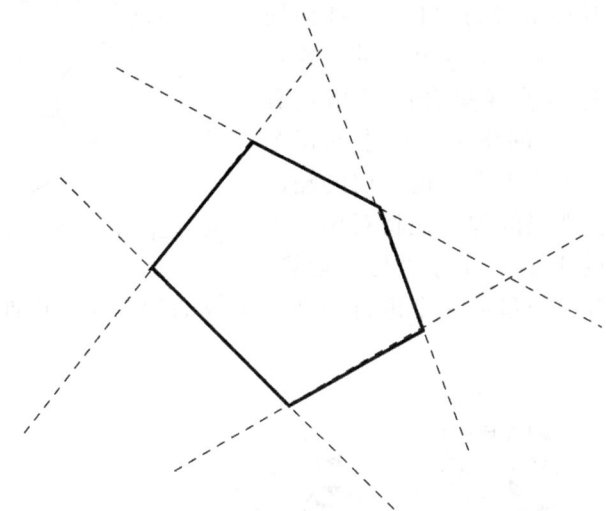

图 10-2　相交半平面构造的多面体

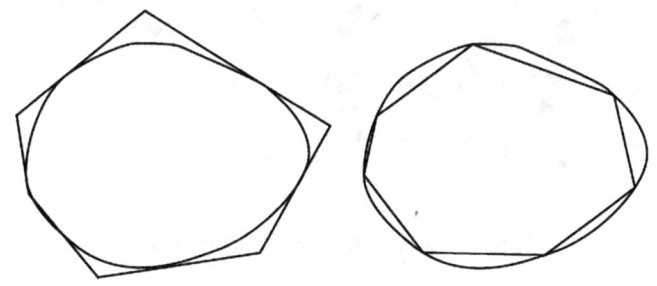

图 10-3　两种常用的用多面体近似凸集的方法

为了求取半平面交线，要将传感器网络第一层中感知器的输出作为第二层的单感知器的输入，该单感知器将对所有的输入进行逻辑"与"运算，当且仅当其输入全部为 1 时，输出才为 1。当特征向量恰好位于半平面定义的多面体内时，此类情况才会发生。通过增加第一层中神经元的个数，所得多面体将具有更多面，从而更好地逼近凸集（第 9 章的习题中有关于如何使感知器实现"与"运算的练习）。

想要逼近任意（非凸）集合，可以用若干凸集的并集去近似它（见图 10-4）。

一种系统的做法是沿着每个维度规律地将空间划分为多个超立方。由于并集中的每个凸集均可用前述方法去逼近，所以只需找到整合这些凸集的方法。为此，可使用具有逻辑"或"功能的单感知器，即如果该感知器任一输入为"1"，其输出就为"1"（如何使感知器实现"或"运算也是第9章的习题）。

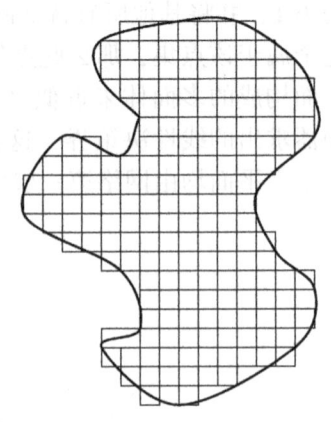

图 10-4　用超立方近似一个非凸集合

最后，用于近似普通集合的网络具有图 10-5 所示的形式。网络第一层中的每个神经元均可确定一个半平面。这一层的输出将被送至第二层，那里的神经元将对用于逼近各种凸集所需的半平面进行"与"运算，然后将结果输出并送至最后一个进行"或"运算的神经元，进而求取多个凸集的并集。

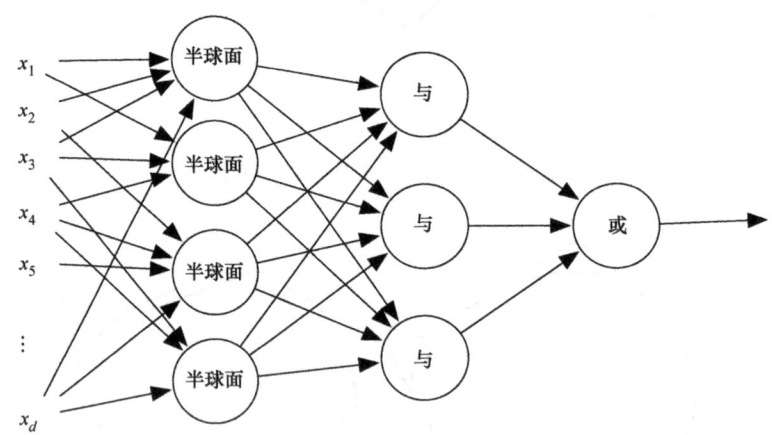

图 10-5　逼近一般集合所用的网络结构

10.2　学习及 S 形输出

一旦知道多层网络能够近似任意决策规则，下一个关键问题就是"如何获得好的决策规则？"

跟之前一样，我们希望能基于训练样例选取权值，从而使网络获得良好的处理效果。考虑到网络复杂性以及权值和网络输出之间的非线性关系，往往无法直接找出能够拟合输出与训练数据的权值。所以，需要采用一种类似于感知器收敛过程的增量学习规则，循序渐进地对权重进行调整。

我们面临两个难题。就单神经元而言，要探寻每一权值及其对输出的影响，进而确定调整权值的方法。当不清楚权值及输出间的简单关系时，就需要依据一些系统分析来合理调整权值。使问题复杂化的第二个难题由每个神经元激活函数的本质造成。众所周知，符号函数是一类难以逐渐调整"阈值"的函数。

考虑阈值函数不连续带来的影响，如图10-6中左图所示。当对特定权值做小幅调整时，如果神经元的总输入不趋近于0（如果远离间断点），权值的改变就不会对输出产生影响。然而，一旦该神经元的总输入接近零，那么权值的微小变化就会引起输出的显著改变。当权值改变使神经元输入越过门限函数间断点时，上述情况就会发生。

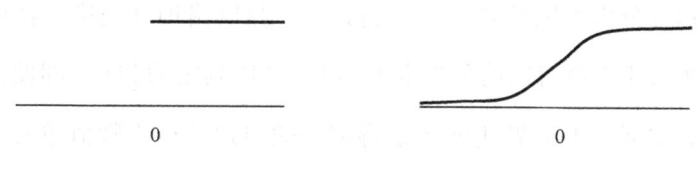

图10-6　阈值函数与S形（Sigmoid）函数

尽管对单感知器而言这并不是问题，但在感知器网络中，某些神经元的输出会作为输入被送至其他神经元，因此，即便只有一个神经元的输出发生大幅改变，也会引发下级诸多神经元更显著的变化，从而使得分析最终输出变得更为困难。

我们可以通过修正神经元的输出函数来解决阈值函数不连续的问题。用一个"平滑"的函数来代替阈值函数 sign()，如图10-6中右图所示。实践证明，使用在0和1之间而非在-1和1之间变化的平滑函数可简化问题分析。所以，为方便起见，即使这不是关键所在，仍需如此调整。用一个平滑改变的函数来代替原来不连续的阈值函数才是关键所在。一个可微、递增并且在 $-\infty$ 和 ∞ 处均为有限值的S形函数，被称为Sigmoid函数（S函数）。

因此，神经元输出可以表述为

$$a = \sigma(x_1 w_1 + \cdots + x_d w_d) \tag{10-1}$$

式中，x_i 是该神经元的输入；w_i 是权值；$\sigma(\cdot)$ 是一S函数。以下是一个常用的S函数：

$$\sigma(y) = \frac{1}{1 + e^{-y}} \tag{10-2}$$

这里，e是自然对数的底，e = 2.71828……。函数 $\sigma(y)$ 的值域在0和1之间，其导数（或斜率）为

$$\sigma'(y) = \frac{\mathrm{d}\sigma}{\mathrm{d}y} = \sigma(y)(1-\sigma(y)) \qquad (10\text{-}3)$$

有了 S 函数，对某个神经元的权值或输入进行小幅调整将只会使输出小幅改变，如此一来就解决了阈值函数不连续的问题。这种简单地改变，也使得一些源于计算与优化的、基本但有效的机制，能被用于解决当前的主要难题——找出一种系统化（同时概念上也颇具吸引力）改变权值的方法。

使用 S 函数而非阈值函数的最后一个注意事项与网络的最终输出有关。使用 S 函数，最终输出能取 0 到 1 之间的任意实值（而不仅仅为 -1 和 1 这两个值）。这样，无论是训练，还是分类，都不成问题。在训练过程中，就算实际输出介于 0 或 1 之间，目标输出却可能为 0 或 1。我们仍能通过 t 与 a 间的差异来求取误差，这部分内容随后将进一步讨论。一旦网络训练完毕，就要用于分类了，如果输出大于 $\frac{1}{2}$ 就可以简单判定为类 1，否则判定为类 0。即便网络中的其余部分含有 S 单元，上述做法就像是将网络输出送至最终阈值单元，进而实现了二元分类。

10.3 训练误差和权值空间

由于网络较复杂，所以无法轻易指定一组能使网络输出与所有训练样例的目标输出相吻合的权值。为此，我们并不直接指定权值，而是使用连续训练法，尝试给出一组对训练样例而言处理效果良好的权值。

对于每个训练样例，误差是目标输出与实际网络输出之间的差值 $t-a$。我们希望能找到一组对所有训练样例都有效的权值。可是，由于正、负误差值会相互抵消，因此，不想只是简单地对每个训练样例的误差求和，并使其最小化。也就是说，将最终选取的权值应用于某些训练样例时，所得误差可能很大且为正值，而对另一些训练样例而言，虽然误差也大却为负值。这样一来，即便结果并不令人满意，但误差之和却可能为零（或趋于零）。

为了解决这类问题，可以对所有训练样例的误差绝对值 $|t-a|$ 求和，或者更常用的是对误差二次方 $(t-a)^2$ 求和，并以此替代对误差的简单求和。在前述两种方法中，二次方误差优于绝对误差，因为前者可微，而后者则不行。这会用到前面提到的微积分算法，随后大家将会看到。

将所有训练样例的误差视为网络权值的函数，可以使问题具体化。网络中每个 W 权值的改变都与其他权值无关，因此，所有可能权值的集合就可被视作一个 W 维空间。对于该权值空间中的每个点（即对权值的每个选择），可求得所有训练样例在相应网络下的误差。这样就形成了一个"误差曲面"，随着权值的变化，误差会在这个曲面上移动。图 10-7 显示的是二维情况下的示例。当然，我们感兴趣的多数网络，其权值远多于两个，所以"误差曲面"实际维度更高。虽然很难描述，但高维情况与二维的情况在概念上是类似的。我们的目标是找到一种可使误差最小的权值选择方法。同样，还希望能找出使误差曲面尽可能低的权值，这相当于求取误差曲面的谷底。

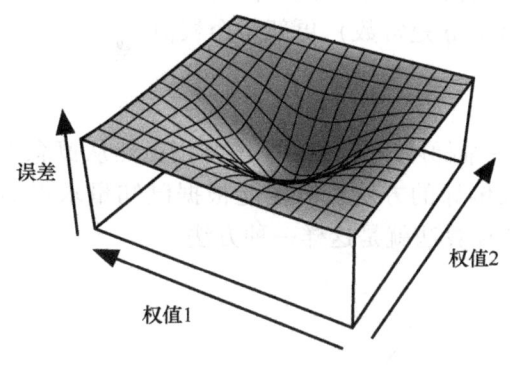

图 10-7　二维问题的误差曲面

10.4　基于梯度下降的误差最小化

如果对整个误差曲面进行合理运用，要选出使误差最小的权值就很容易了。可是，实践当中我们仅知道那些被选出的权值样本，所以求取误差并不容易。记住，要求此误差，需要观测网络对所有训练样例的处理情况。

由于权值很多（这种情况很典型），权值空间非常大，因而试图从其中取样，进而了解整个误差曲面是不可行的。相反，只能接受仅有少量样本点的事实。此外，误差曲面通常不平坦且复杂（有许多峰和谷），所以，对权值的稀疏采样往往无法找出最优权值。

这是一个极难的优化问题。对于此类问题，我们往往更愿求取"局部"最小，而非"全局"最小。也就是说，会从所有可能权值中尽量找出那些即便发生小幅改变，误差却并不随之增大的权值，而非那些可使误差最小的权值。若用误差曲面比拟，就好比尝试找出曲面上的一个谷底，即使这个谷可能并不是最深的。

一类标准的寻找局部最小值的方法称为下降算法。这种算法类似于爬山法，只是爬山法寻找的是局部最大，而非局部最小（或者说是找寻山峰，而非谷底）。如果我们更愿使用爬山法而非下降法，那么只需使负误差最大而非最小，这样一来最小化问题就转换为最大化问题了。

梯度下降法是一种流行的下降算法。当知道（或能估计出）误差曲面关于权值的导数时，就能使用这种算法。梯度是矢量，其第 i 个分量是关于第 i 个权值的偏导数。该偏导数给出了误差表面在第 i 个权值方向上的斜率。结果表明，梯度指出了斜率最大的方向。我们应在这个方向上调整权值，以使得对权值的小幅改变就能引起误差最大的变化。

如果令 E_m 为训练样例 m 的误差，那么基于该训练样例的梯度下降法意味着我们应根据下式（这里 η 是常数）更新每个权值 w_{ij}

$$\Delta w_{ij} = -\eta \frac{\partial E_m}{\partial w_{ij}} \tag{10-4}$$

图 10-8 描绘了一维梯度下降。式（10-4）虽然从概念上进行了解释，但我们仍然需要一种求取偏导的方法，以便能根据已知量求得 Δw_{ij} 的显式表述。下一节中介绍的反向传播算法就是这样一种方法。

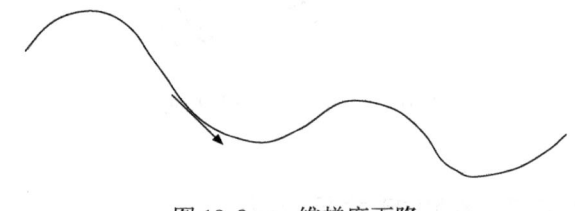

图 10-8　一维梯度下降

10.5　反向传播

反向传播（或者反馈）是一种不错的顺序执行的梯度下降算法。对每个训练样例而言，这种方法给出了一种通过式（10-4）确定权值变化的方法。反馈仅是一种实现梯度下降的方法，因此一般只能求出局部最小值。然而，尽管看似有着严重的缺陷（只给出局部最小值，而非全局最小），但在许多实际应用中反向传播仍取得了不错的效果。形式多样的反向传播算法是使用最广的多层神经网络训练算法。

1. 单神经元反向传播

这里首先介绍单神经元情况下的反向传播。考虑图 10-9 所示神经元。在这种情况下，根据已知量求取式（10-4），可得

$$\Delta w_i = \eta(t-a)\sigma' x_i \tag{10-5}$$

式中，σ' 是以输入加权和为参量的 σ 的导数。下一节将对这一方程进行推导。通常式（10-5）就是感知器收敛过程中 Δw_i 的表述，只是多了 σ'。因此，至少在单神经元情况下，反向传播算法似乎是合理的。

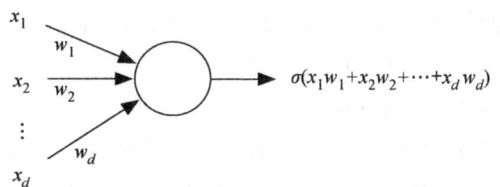

图 10-9 单神经元

尽管 t 为 0 或 1（而不是 –1 或 1），并且 a 是在 0 和 1 之间，之前对单神经元（对感知器收敛过程）的讨论仍然适用。对某个特定训练样例而言，假设目标是 1，可是该神经元的输出却小于 1。要使该神经元的输出接近 1，就要增大其总输入。如果输入 x_i 是正值，就可以通过增大权值 w_i 来增大总输入；而如果输入 x_i 是负值，就要通过减小权值 w_i 来增大总输入。式（10-5）就是这样做的。

对于陡阈值神经元，神经元输出 a（及目标输出 t）只有两种可能值。因此，如果 $t - a$ 非零，那么该值必定是 2 或 –2，并且在权值变化中，差值 $t - a$ 的符号至关重要（因为幅值大小可归入常数）。由于差值 $t - a$ 可以为区间（–1, 1）内的任意值，所以 $t - a$ 的幅值（以及符号）也很重要。如果 $t = 1$ 且 a 趋近 1，那么差值 $t - a$ 会很小，相较于 a 远离 1 的情况，这样仅会使权值产生较小的改变。如果输出与期望值相距甚远，那么对权值进行更大的调整也是合理的。

2. 神经网络反向传播

对于常规的多层网络，需要很多层并且每层包含许多神经元。每个权值会将本层中的神经元和下一层的某个神经元相连。为了说明对特定权值的调整方法，我们介绍某种标记法，这样就可以记录各种不同神经元（和它们的输入、输出）、权值、层数等。

思考如图 10-10 所示网络。该网络总共 L 层，层 1 为第一层（初始输入 x_1，x_2，…，x_d 从该层送入），而层 L 则为输出层（仅由一个神经元组成）。假设正在讨论第 l 层，l 为层序号，其取值为 1，2，…，L。

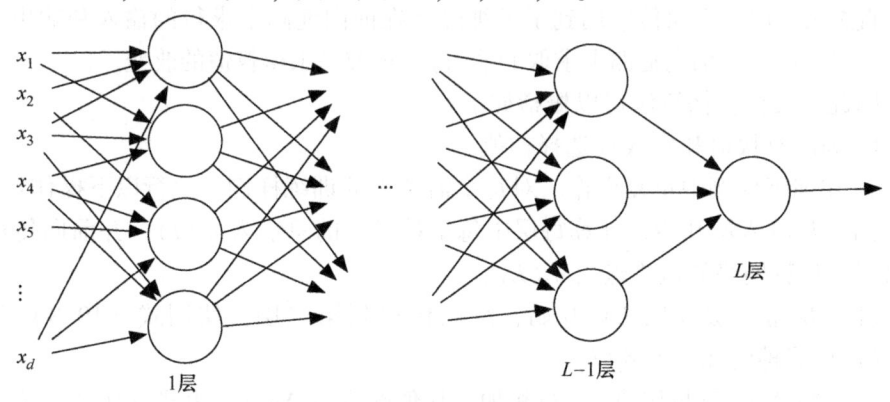

图 10-10 神经网络

以下介绍与各种神经元相关的,用于表示输入、输出和权值的标号:
$u_i(l)$ = 第 l 层中的神经元 i 的总输入。
$a_i(l)$ = 第 l 层中的神经元 i 的输出。
$w_{ij}(l)$ = 从第 $l-1$ 层中神经元 j 到第 l 层中神经元 i 的权值。

现在给出反向传播算法方程。这里,需指定参量 $\Delta w_{ij}(l)$,该值能指明权值 $w_{ij}(l)$ 的调整量。该算法可以表述为以下方程:

$$\Delta w_{ij}(l) = -\eta \delta_i(l) a_j(l-1) \tag{10-6}$$

其中

$$\delta_i(l) = \sigma'(u_i(l)) \sum_k \delta_k(l+1) w_{ki}(l+1) \quad l = 1, 2, \cdots, L-1 \tag{10-7}$$

$$\delta_i(L) = \sigma'(u_i(L))[t_i - a_i(L)] \tag{10-8}$$

若输出层只有一个神经元,则可以去掉式(10-8)中标注的下标 i。以上这些方程常用于输出层中有多个神经元的情况。

$\delta_i(l)$ 是 $\Delta w_{ij}(l)$ 的表达式中最复杂的项,它是一类"误差"项,所以 $\Delta w_{ij}(l)$ 的形式为

$$\Delta w_{ij}(l) = -\eta \cdot (误差项) \cdot (输入项) \tag{10-9}$$

与单神经元情况下的表述相同。

$\delta_i(l)$ 的表达式看似复杂,但请注意,除了 $\delta_k(l+1)$ 外,其他各项都很容易计算。对下级的神经元——$l+1$ 层中第 k 个神经元而言,$\delta_k(l+1)$ 项只是另一个误差项。此外,$l = L$ 时,有单独的简单方程,且对其而言所有的量都易于求取。这意味着,我们要从最后一层(输出层 L 层)开始反向分析。

这正是术语"反向传播"的由来。在求取网络输出时,已知输入 $x_1, \cdots, x_d$,从第一层开始前向计算,直到最后一层,并求取输出结果。但为了推断权值的变化,需要从输出层(层 L)开始,首先用式(10-8)计算该层误差项,以及输出神经元的输入和输出项,随后用式(10-7)通过网络(逐层地)将误差项反向传递,直至第一层。反向传播用到了各神经元在前向通路上求得的输入和输出。一旦有了误差项(及前向通路上求取的输入),很容易求得权值的改变。

因此,反向传播算法可以概括如下:

1. 为所有权值和常数 η 选择初值。
2. 在训练样例中重复操作。对每个需考虑的训练样例,执行以下操作:

(a)从输入层开始,计算每层中每个神经元的总输入 $u_i(l)$,并前向传递至输出层。计算网络的最终输出 $a_i(L)$。

(b)从输出层(层 L)开始,反向传递到第二层,使用式(10-8)和式(10-7)计算神经元误差 $\delta_i(l)$。

(c)将 $\Delta w_{ij}(l)$ 与权值 $w_{ij}(l)$ 相加,权值改变量 $\Delta w_{ij}(l)$ 由式(10-6)给出。

10.6 反向传播方程的推导

本节将对反向传播算法[式(10-5)和式(10-6)]进行推导。正如前面提到的,反向传播就是一种梯度下降实现方法,所以只需要根据已知量直接求取式(10-4)的偏微分即可。这一过程可以合理运用微积分中的链式法则来实现。由于单神经元的样例尤为简单,故首先从此类问题开始分析。

10.6.1 单神经元情况下的推导

回想一下,当给出第 m 个训练样例时,梯度下降规则会将权值 w_i 的改变 Δw_i 设为

$$\Delta w_i = -\eta \frac{\partial E_m}{\partial w_i} \tag{10-10}$$

式中,$\frac{\partial E_m}{\partial w_i}$ 项衡量了 w_i 改变时,E_m 的变化程度。当改变权值 w_i 时,E_m 中所有改变都由总输入 u 送至神经元。因此,使用链式法则,可得

$$\frac{\partial E_m}{\partial w_i} = \frac{\partial E_m}{\partial u} \frac{\partial u}{\partial w_i} \tag{10-11}$$

神经元的总输入为

$$u = x_1 w_1 + \cdots + x_d w_d \tag{10-12}$$

求取式(10-11)右侧的两项并不难。通过输入 u 的表达式可以看出

$$\frac{\partial u}{\partial w_i} = x_i \tag{10-13}$$

为了求取第一项,请注意误差 E_m

$$E_m = \frac{1}{2}(t-a)^2 = \frac{1}{2}[t-\sigma(u)]^2 \tag{10-14}$$

因此

$$\frac{\partial E_m}{\partial u} = -[t-\sigma(u)]\frac{\partial \sigma(u)}{\partial u} = -(t-a)\sigma'(u) \tag{10-15}$$

将式(10-15)、式(10-13)和式(10-11)代入式(10-10),可得

$$\Delta w_i = \eta(t-a)\sigma'(u)x_i \tag{10-16}$$

这就是式(10-5)表述的结果。

10.6.2 多层网络情况下的推导

现在推导普通多层网络的反向传播算法。同之前一样,$u_i(l)$ 和 $a_i(l)$ 分别是第 l 层中神经元 i 的总输入和输出,而 $w_{ij}(l)$ 是从第 $l-1$ 层中的神经元 j 到第 l 层

中神经元 i 的权值。

请注意，l 层中神经元 i 的输入 $u_i(l)$ 来自上一层（第 $l-1$ 层）神经元的输出。这些输出与相应权值相乘后再相加，从而得到了 $u_i(l)$。故有

$$u_i(l) = \sum_j w_{ij}(l) a_j(l-1) \tag{10-17}$$

此神经元的输出正是随后通过 S 函数的 $u_i(L)$，即

$$a_i(l) = \sigma[u_i(l)] = \sigma\left[\sum_j w_{ij}(l) a_j(l-1)\right] \tag{10-18}$$

和之前一样，梯度下降表明，对训练样例 m，可以通过 $\Delta w_{ij}(l)$ 调整 $w_{ij}(l)$

$$\Delta w_{ij}(l) = -\eta \frac{\partial E_m}{\partial w_{ij}(l)} \tag{10-19}$$

而唯一的问题就是如何有效地计算。

注意，网络的最终输出 $a(L)$ 仅通过 l 层中神经元 i 的输入 $u_i(l)$ 依赖于权值 $w_{ij}(l)$。因此，使用链式法则，可得

$$\frac{\partial E_m}{\partial w_{ij}(l)} = \frac{\partial E_m}{\partial u_i(l)} \frac{\partial u_i(l)}{\partial w_{ij}(l)} \tag{10-20}$$

这类似于单神经元情况下的式（10-11）。

式（10-20）中第二项很容易计算。使用式（10-17），可得

$$\frac{\partial u_i(l)}{\partial w_{ij}(l)} = a_j(l-1) \tag{10-21}$$

对第一项，引入表述

$$\delta_i(l) = -\frac{\partial E_m}{\partial u_i(l)} \tag{10-22}$$

为了完成推导，只需说明由式（10-7）和式（10-8）给出，并用于计算 $\delta_i(l)$ 的递归方程。

首先，考虑 $l=L$（输出层）的情况。由于这是输出层，E_m 可以简单地用 $u_i(L)$ 表述，类似单神经元的情况。特别是

$$E_m = \frac{1}{2}[t - a_i(L)]^2 = \frac{1}{2}\{t - \sigma[u_i(L)]\}^2 \tag{10-23}$$

因此

$$\delta_i(L) = -\frac{\partial E_m}{\partial u_i(L)} = [t - a(L)]\sigma'[u_i(L)] \tag{10-24}$$

这是式（10-8）的结果。

现在，考虑 $l<L$ 的情况。这种情况下，E_m 不能简单地用 $u_i(l)$ 表示。但是，请注意，E_m 仅通过第 l 层中的神经元 i 的输出 $a_i(l)$ 依赖于 $u_i(l)$。所以，再次应用链式法则，可得

$$\delta_i(l) = -\frac{\partial E_m}{\partial a_i(l)} \frac{\partial a_i(l)}{\partial u_i(l)} \qquad (10\text{-}25)$$

因为 $a_i(l) = \sigma[u_i(l)]$，所以有

$$\frac{\partial a_i(l)}{\partial u_i(l)} = \sigma'[u_i(l)] \qquad (10\text{-}26)$$

要完成推导，只需得到 $\dfrac{\partial E_m}{\partial a_i(l)}$ 的表达式。为此，再次使用链式法则，注意，E_m 只通过下一层（如 $l+1$ 层）神经元的输入依赖于 $a_i(l)$。输出 $a_i(l)$ 可能会影响 $l+1$ 层中所有神经元的输入，所以需要很多项，每项对应了一个 $u_k(l+1)$，其中 k 的取值要覆盖所有神经元。因此

$$-\frac{\partial E_m}{\partial a_i(l)} = -\sum_k \frac{\partial E_m}{\partial u_k(l+1)} \frac{\partial u_k(l+1)}{\partial a_i(l)} \qquad (10\text{-}27)$$

根据式（10-22）介绍的误差项定义，有

$$-\frac{\partial E_m}{\partial u_k(l+1)} = \delta_k(l+1) \qquad (10\text{-}28)$$

而且，根据 $l+1$ 层中神经元 k 的总输入表达式，有

$$\frac{\partial u_k(l+1)}{\partial a_i(l)} = \frac{\partial}{\partial a_i(l)}\left[\sum_j w_{kj}(l+1) a_j(l)\right] = w_{ki}(l+1) \qquad (10\text{-}29)$$

因此，

$$-\frac{\partial E_m}{\partial a_i(l)} = -\sum_k \delta_k(l+1) w_{ki}(l+1) \qquad (10\text{-}30)$$

从而得到

$$\delta_i(l) = \sigma'[u_i(l)] \sum_k \delta_k(l+1) w_{ki}(l+1) \qquad (10\text{-}31)$$

这就是式（10-7）的结果。

10.7 小结

本章继续讨论神经网络学习算法，此次讨论了多层前馈网络。我们将感知器中用到的简单的陡阈值函数改为有斜坡的 S 函数。还分析了通过改变连接神经元的权值将反向传播算法用于多层前馈网络训练的方法。反向传播算法是一种顺序执行的梯度下降类算法。虽然这种算法只能取得局部最优权值（而非全局最优），但在实践中效果却很好，是使用最为广泛的多层网络训练算法。

10.8 附录：梯度下降与反射平衡推理

人类的推理过程可以视为通过加、减法改变观念的过程，也就是，加入新

观点和摒弃某些旧观点的过程。我们之所以这么做，其实是为了提升所有认知的"一致性"。通过舍弃与其他认知相抵触的观点，并增加符合或利于解释其他认知的新观点来提高认知一致性。人们总是通过尽可能小的改变来达成这一目的。

为改善整体认知不一致性而做出的小幅调整可视作一种梯度下降过程。而通过小改变提升所有认知的整体一致性可视为梯度上升过程。

哲学家约翰·罗尔斯将其描述为试图实现他所说的"反射平衡"，在这一理论中，人的信仰和谐、一致的共存（这是他在《正义论》一书中的观点）。

有时人们会提出反对意见，认为这是一种过于保守的处理方法，还认为应该尝试更激进的方法，以确定是否值得为降低一致性（或增加一致性）而做出更多改变。这就是所谓的试图达成"广义反射平衡"。其思想可能是，较为保守的方法可能存在陷于局部最小（或最大）的风险，而如果更大胆些，这种情况就可以避免。

如果你试图在自己的道德信仰上达成"广义反射平衡"，那么，思考一下自己常规的道德原则是否与对特定问题的看法一致。你很可能会发现信仰冲突。例如，假设你认为偷窃始终是不对的，可是却认为饥饿的人偷窃一块面包在道德上是容许的，那么这两种观点就是互相冲突的。你会修正常规道德原则，并认为，除非是为了挽救生命，否则偷窃是不对的。而这个新原则会与你更多的信仰冲突，比如，一个饥饿的孩子去偷食物，即使孩子不会因此饿死，这样做也可以。所以，你会进一步修改常规原则以进一步适应这种情况，如此继续下去。

10.9 问题

1. 什么是单感知器？什么是多层前馈神经网络？

2. 考虑输入 x_1 和 x_2 的异或问题。即如果 x_1 和 x_2 两者之一为正值，则输出为 1，否则，输出为 0。构造一个简单的三层网络来解决这个问题。

3. 什么是凸集？

4. 解释"对任何决策规则都存在一个能近似表征该规则的三层网络"。简单证明一下。

5. 考虑一个分类问题，该问题中每个样例包含了 d 个特征 $x_1, \cdots, x_d$，其取值为 0 或 1。如果 $x_1 + x_2 + \cdots + x_d$ 是偶数（比如，数值为 1 的特征数为偶数），那么该特征向量属于类 0，否则，属于类 1。这个问题能否用单感知器求解，为什么？能用三层网络求解吗？

6. 判断正误：反向传播学习算法要求网络中的神经元都具有陡阈值。

7. 判断正误：前馈神经网络的反向传播学习算法总能找出一组使训练数据误差最小的权值。

8. 什么是"梯度下降"？其潜在问题是什么？

9. 为什么前馈网络中神经元的加权输入要通过 S 函数，而非简单的阈值函数？

10. 试解释本章讨论的学习规则被称为"反向传播"的原因。

11. 趋于反向平衡的推理过程与训练神经网络用的梯度下降算法类似吗？

10.10　参考文献

早在 20 世纪 60 年代，随着对感知器的了解，大家对多层网络也有所关注。可是却缺乏合适的训练规则。最早的类似反向传播的算法由 Werbos（1974）提出，可是这一算法却是在 Rumelhart 等人（1986a，b）的工作之后，通过 Rumelhart 和 McClelland（1986）编写的《并行分布处理》一书才被广泛知晓。该算法以及 20 世纪 80 年代中期的其他工作引起了大家对神经网络的极大关注。近年来，大部分介绍感知器的书籍也开始讨论多层感知和反向传播。实际上，Mitchell（1997）、Russell 和 Norvig（2010）、Duda 等人（2001）以及 Haykin（1994）的研究都为本章提供了参考。

Rawls（1971）讨论了"反射平衡"的推理。Harman（1986）对此做了更进一步研究。

[1] Duda RO, Hart PE, Stork DG. Pattern classification. 2nd ed. New York: Wiley; 2001.

[2] Harman G. Change in view: principles of reasoning. Cambridge (MA): MIT Press; 1986.

[3] Haykin S. Neural networks: a comprehensive foundation. New York: Macmillan Publishing Company; 1994.

[4] Mitchell TM. Machine learning. Instance-based learning. Boston (MA): McGraw-Hill; 1997. pp. 226-229, Chapter 8.

[5] Rawls J. A theory of justice. Cambridge (MA): Harvard University Press; 1971.

[6] Rumelhart DE, McClelland JL, editors. Volume 1, Parallel distributed processing: explorations in the microstructure of cognition. Cambridge (MA): MIT Press; 1986.

[7] Rumelhart DE, Hinton GE, McClelland JL. Learning representations by back-propagating errors. Nature 1986a; 323: 533-536.

[8] Rumelhart DE, Hinton GE, McClelland JL. Learning internal representations by error propagation. In: Rumelhart DE, McClelland JL, editors. Volume 1, Parallel distributed processing. Cambridge (MA): MIT Press; 1986b, Chapter 8.

[9] Russell S, Norvig P. Artificial intelligence: a modern approach. Artificial neural networks. Upper Saddle River (NJ): Prentice-Hall; 2010. pp. 563-597, Chapter 18.

[10] Werbos PJ. Beyond regression: new tools for prediction and analysis in the behavioral sciences [PhD thesis]. Harvard University, Cambridge (MA); 1974.

第11章 可能近似正确（PAC）学习

到目前为止，已讨论了两种截然不同的模式识别学习方法。第一种方法可以用最近邻规则阐明。随着引入邻居的增多，训练样例数增长的更多，这保证了我们能在极限及最优贝叶斯决策规则情况下完成识别。核规则也能取得类似结果。

第二种方法采用了神经网络。使用一个层数及结点数均足够多的多层感知器，可以任意逼近任意决策规则。我们还介绍了反向传播训练算法，尽管这种方法只保证收敛到局部最小，但在实践中应用效果却很好。当然，如果具备强大的计算能力，肯定能找到分类训练样例所需的最优权值，而不仅仅是局部最优。即便如此，仍不能保证该网络对于新样例的推广性。不管怎样，神经网络提供了另一种求解学习问题的方法。

迄今为止，我们仍然缺乏应对学习问题固有难题的办法。也就是说，我们期望通过某种方法鉴别出可用学习算法进行处理的问题，而非仅就特定学习算法的性能进行说明。除了了解问题是否具有"可学习的"解决方案外，我们还希望能解决学习问题的固有困难。朝着这一目标，早期的一些工作从概率与统计学领域展开。截至目前，仍有许多具有不同背景的学者沿着这些思路持续研究，诸如统计、电气工程和计算机科学。本章将对该领域取得的一些成果进行介绍。

11.1 决策规则分类

回想一下，每当给出一个特征向量$\bar{x}$，决策规则必须选择"判0"或"判1"。因此，决策规则把特征空间分成两个集合——判为"0"的特征向量和判为"1"的特征向量。我们将决策规则表示为一个从特征空间（即$\mathbf{R}^d$）到$\{0,1\}$的映射c，并用分类值$c(\bar{x})$表示观测到特征向量$\bar{x}$时的决策结果。同样，可将一决策规则视为特征空间的一个子集，该子集与那些判定为1的特征向量有关。

在定义可学习性时，假设学习器的任务是从一个特定决策规则类C中选出某一决策规则。在此特别提到决策规则类C的原因有几个。在某些问题中，可能会对学习器有设计或构造上的限制，因而仅能使用规则的某些限定形式。运算问题也可能会制约特定分类器的使用。此外，采用特定类别决策规则的另一原因是，为了运用与问题域相关的一些先验知识。

第11章 可能近似正确（PAC）学习

除了既定决策集的实用性外，该观点还引出了一个内容丰富的概念框架。根据对决策规则类"丰富性"的评估，给出了对学习问题难度的描述。

如果仅有一个决策规则可供学习器选取（所以类 C 中只有一个成员），那么"学习"就不成问题了。此时，学习器只能选择该决策规则，而这与观测数据无关。

当学习器必须从规则集 C 中选取一个决策规则时，学习问题就出现了。学习器根据标示过的样例和其他先验信息做出选择。在这种情况下，最初并不能确定类中的最优规则。通过观测，这种不确定性可能会下降。学习过程相当于依据观测数据选出相对好的规则，从而改善性能的过程。

假设学习器只能从某个既定规则类中选取决策规则，这样似乎有些苛刻，可是，在实际当中还是相当普遍的，并且多数标准的学习算法都能这样做。当然，人们可能正好将类 C 作为所有决策规则的集合。不幸的是，正如我们将在12 章中看到的，根据整个决策规则类划定问题范围的退化方法并不十分有用，因为该类中的规则太多了，以至于无法合理地学习。不过，由很多有趣的学习问题导出了若干非退化的决策规则类，可以得到不少有用的结论。

比如，假设我们对多层传感器的可学习性感兴趣。考虑一个结构确定的网络——其每层的结点数目以及结点之间的连接数都是确知的。对于一组给定的权值，网络会求得相应的决策规则，改变权值将得到不同的决策规则。随着权值的选取遍历其整个取值范围，我们就能求得该网络可表述的全部规则的集合了。类 C 就由该集合确定。在学习过程中（比如使用反向传播），通过一组训练样例就可确定权值的选取。进而，可从 C 中选定一个决策规则。这种情况下，第 12 章的结论就能直接应用了。

至于最近邻域法，决策规则类由源自任意有限个数据点的所有 Voronoi 区域的可能标示（0 或 1）组成。这种情况可以用第 13 章中讨论的方法处理。

11.2 来自一个类中的最优规则

我们对构建模式识别问题的设置进行假设，该设置已在第 4 章中描述过了。也就是，假设有两个类 0 和 1，它们的先验概率分别为 $P(0)$ 和 $P(1)$。特征向量通过条件分布 $p(\bar{x}|0)$ 和 $p(\bar{x}|1)$ 或条件密度 $p(\bar{x}|0)$ 和 $p(\bar{x}|1)$ 与客体类别相关联。

假设决策规则对类 C 确定，其中的规则是分类仅能使用的规则。我们观测已标记的样例 $(\bar{x}_1, y_1), \cdots, (\bar{x}_n, y_n)$，并期望从类 C 中选择出性能良好的决策规则。

这样就直接面临问题：什么是"好"的决策规则呢？第 5 章对此进行了解答。我们认为如果分布已知，那么最优决策规则就是相应的贝叶斯规则，其错误率用 R^* 表示。

然而，与之前一样，假设分布未知，这样一来就不具备计算贝叶斯规则所需的信息了。取而代之的方法是，要仅依据数据$(\bar{x}_1,y_1),\cdots,(\bar{x}_n,y_n)$和类$C$找出一个性能良好的规则。

我们尽量取得接近贝叶斯规则性能的效果，正如采用最近邻规则时所做的。遗憾的是，假如只能使用类C中的规则，我们可能并不总能找到性能接近贝叶斯规则的分类器。也可能C中恰好没有错误率接近R^*的规则。

那么，我们所能期望的最小错误率是什么呢？每个规则c（$c \in C$）都有一个相应的错误率：

$$R(c) = P(0)P[\Omega_1(c)|0] + P(1)P[\Omega_0(c)|1]$$

式中，$\Omega_0(c)$是c判定为0的特征向量集；$\Omega_1(c)$是c判定为1的特征向量集。换句话说，c的错误率为两概率之和，一个是随机事件属于类0，但c却判定为1的概率；另一个是随机对象属于类1，但c判定为0的概率。

考虑一个用R_C^*表示的参量，它是类C中所有规则的最小错误率，即

$$R_C^* = \min_{c \in C} R(c)。$$

严格地说，可以用 inf 替代最小值，inf 是c中假设的错误率下限。该值的存在使我们能够应对这样的情况，即类中没有哪个规则的实际错误率可达最小值，但是有些规则的错误率却可以任意逼近最小值。如果必须使用C中的规则，那么R_C^*就是我们能期望的最优性能。

注意，由于贝叶斯率是所有决策规则的最优性能，所以总能满足$R_C^* \geq R^*$。通过限定规则类，肯定无法获得更好的性能。不过，如果C中恰好包含了近似于贝叶斯规则的规则，那么R_C^*可能接近贝叶斯率R^*，或者甚至有$R_C^* = R^*$。

实际上，C中规则的错误率无法求得。意识到这点很重要，因为我们并不知道分析问题所需的那些概率分布。如果能知道，学习自然就不成问题了。只需求取C中各个规则的错误率，并选出性能最好的规则即可。其实，在这种情况下，甚至可以继续分析下去，求得最优贝叶斯决策规则。可事实恰好相反，我们只能基于已有数据，尽量选出C中性能良好的规则，这就是学习问题。

11.3　可能近似正确准则

上节中讨论了，若必须选取类C中的决策规则，那么我们最多能得到错误率为R_C^*而非R^*的决策规则。本节将分析，为什么即便是这一目标，也应适当降低的原因。

我们很关心学习所需的数据量，或者说，对根据给定的有限数据进行学习所能达到的程度感兴趣。学习的目标是基于训练样例$(\bar{x}_1,y_1),\cdots,(\bar{x}_n,y_n)$形成假设$h$，$h \in C$。依据有限的数据，期望总能找出类$C$中的最优规则，这显然是不

合理的。因此，不要指望能生成一个错误率恰好为 R_C^* 的假设，反而是求得仅为近似最优（或近似正确）的规则即可。也就是说，我们想要从类 C 中选出一个错误率 $R(h)$ 满足 $R(h) \leqslant R_C^* + \varepsilon$ 的假设 h，其中 ε 是精度参数。

此外，由于训练样例是随机的，所以很可能取得不好或非典型的样例。因此，不要期望（对于任意观测样例集）总能生成近似正确的假设 h。相反，只需尽量构造性能优良的假设就可以了。换言之，对于某个置信参数 δ，要求 $P\{R(h) \leqslant R_c^* + \varepsilon\} \geqslant 1 - \delta$，这就是可能近似正确（PAC）标准。

虽然"可能近似正确"听上去有点怪，可实际上它很具说明性。通过"正确"一词，我们意指形成了最优假设，即一个错误率为 R_c^* 的假设。之前已提到，依据有限的训练样例，不可能总生成正确的假设，故而也应接受近似正确的假设。再者，如果使用随机样例，不要总期望一定会生成近似正确的假设。相反，应该意识到，只是具有生成近似正确假设的可能性。

注意，实际上在 PAC 条件下，概率被计算了两次。可能不明显，不过概率是 $R(h)$ 定义的本质。$R(h)$ 是决策规则 h 的错误率，或者说是出错概率。规则 h 可将某些特征向量分为类 0，另一些分为类 1。$R(h)$ 衡量了决策规则在用于特征向量分类时出错的可能性。此概率与随机遇到的新特征向量相关。如果该值不大（即小于 $R_c^* + \varepsilon$），意味着我们提出了一个性能良好的假设——其出错率与 C 中的最优假设相差不超过 ε。

PAC 标准中的外部（及显式）概率表明，获得良好假设的可能性很大。该概率覆盖整个训练样本集。我们希望使用很有代表性的训练样例，这样一来，据其选出的决策规则也具有良好的性能。如果此概率很大（可能比 $1-\delta$ 更大），就意味着我们很可能观察到了典型的训练样例。

PAC 标准可以表述为以下等价形式

$$P\{R(h) > R_c^* + \varepsilon\} < \delta$$

这里，花括号中的表述是生成不良（错误率高）假设的情况。PAC 条件表明生成不良假设（错误率大于 $R_c^* + \varepsilon$）的概率应很小（小于 δ）。如果得到不良假设，一切努力都将是徒劳的，我们根本无法保证错误率。此时，决策规则的错误率甚至可能为 1，这是最糟的情况，它意味着该规则完全无效；或者决策规则的错误率为 0.5，其效果和忽略观测数据随机猜测差不多。使用 PAC 标准正是为了避免这些恶劣情况。

11.4 PAC 学习

根据已有的 PAC 规则，基本上可以给出学习性的定义，但仍需考虑一个与所需训练样例数量有关的问题。

在 PAC 规则中，我们引入了两个参数 ε 和 δ，ε 是准确度参数，δ 是置信参数。这两个参数决定了期望取得的 PAC 标准的精度。

学习所需的样例数显然与 ε 和 δ 的选取有关。可是，也应认识到，用于学习 (ε,δ) 的训练样例数目与该问题的潜在分布无关。这些分布是先验概率 $P(0)$ 和 $P(1)$、条件概率密度 $p(\bar{x}|0)$ 和 $p(\bar{x}|1)$，或等效地 $p(\bar{x})$ 和 $p(0|\bar{x})$，$p(1|\bar{x})$。

切记，我们一直假设并不了解这些分布，因为这正是学习器发挥作用的地方。同时，还要尽量估算学习所需的数据量。因此，要求学习算法所用样例数与学习器的未知参量无关也是合理的。

为了进一步阐明这一点，我们希望在给定 ε 和 δ 的情况下，存在某一有限样本量 $m(\varepsilon,\delta)$，无论对于何种潜在分布，这 $m(\varepsilon,\delta)$ 个样本足够用于 PAC 学习。这并不意味着对特定分布而言，要生成良好假设就必须观测到 $m(\varepsilon,\delta)$ 个训练样例。相反，如果这些分布是退化的，且使用了特定的学习算法，在某些情况下可能仅用一个样例就能生成性能良好的假设。

我们要保证，无论何种分布都能使用有限的 $m(\varepsilon,\delta)$ 个样例进行准确度 ε 和置信度 δ 的 PAC 学习。这是分布自由学习，就此而言，无须假设分布。$m(\varepsilon,\delta)$ 个样例对各类分布都够用了。因为分析所有分布所需的样例数量均相同，这类学习范式有时也称为一致相容学习。

我们还要求存在函数 $m(\varepsilon,\delta)$，对每种 ε 和 δ 的选择，它都能确定出一个有限样本量。也就是说，我们不想提前指定学习用的准确度和（或）置信度参数。相反，要保证无论选取怎样的准确度和置信度，都能进行学习。当然，所需的训练样例数一般取决于 ε 和 δ 的选取。

现在对可学习性进行定义，此处专指 PAC 可学习性。由于关键因素是决策规则类 C，因此针对类 C 的可学习性进行定义。正式定义如下：

PAC 可学习性 如果有一个基于训练数据形成假设 $h(h \in C)$ 的映射，对每种 $\varepsilon, \delta > 0$ 的情况都存在一有限样本量 $m(\varepsilon,\delta)$，使得在观测到 $m(\varepsilon,\delta)$ 个训练样本后，对任意分布有：

$$P\{R(h) > R_c^* + \varepsilon\} < \delta$$

那么我们就说决策规则类 C 是 PAC 可学习的。

目前我们关心的问题是"何种情况下类 C 是 PAC 可学习的？"以及"如果类 C 是 PAC 可学习的，那么能否求得所需样本量 $m(\varepsilon,\delta)$ 的范围"。这些问题将在下章讨论。

11.5　小结

本章讨论了使用既定类中决策规则的情况。如果只能使用某一类 C 中的规则，往往无法逼近贝叶斯错误率 R^*。由于随机数据量有限，我们先后证明了要将错误率由逼近贝叶斯错误率 R^* 降为 R_c^*，为 $R(h) < R_c^* + \varepsilon$，并最终为 $P\{R(h) < R_c^* + \varepsilon\} > 1 - \delta$。由于假设必须是可能近似正确的，因此这个最终条件被称为 PAC 规则。随后，还分析了必要条件，即用于 ε、δ 学习所需的样本量取决于 ε 和 δ，但却与表征问题的潜在分布特性无关。这引出了规则类 C 的 PAC 学习性定义。在接下来的章节中，将研究具有 PAC 可学习性的类的表征方法，并对用于 ε 和 δ 学习所需的样例数进行讨论。

11.6 附录：识别不可辨元

我们重点关注客体可观测特征与其被正确分类之间有时仅是随机关系的情况。此时，贝叶斯错误率不可能为零。

但假设我们认定对客体的正确分类完全取决于其可观测特征。那么，贝叶斯错误率就为零了，因为客体特征与其正确分类结果之间存在函数关系，故函数的错误率为零。

对于此类特殊情况，我们会将客体等同于其特征。那么，特征空间就代表了所有可能相关客体的集合，同时我们还提出了一个客体（特征向量）子集的概念，这些客体是概念的样例，是概念的"正例"。而那些不在该子集中的客体（特征向量）就是概念的"负例"。更常见的情况是，依据特征向量并不总能判定正确的分类，而概念的正例集也不能被视作特征向量集。

关于不同事物能否具有完全相同的特征，存在一些深刻的哲学论题。其中一个论题是，是否存在一个含有两个完全相同事物的世界，而这两个事物可能是无论从经历还是思想上都完全相同的同卵双胞胎。也许会有人说，它们不可能有完全一样的属性。比如，X 可能位于 Y 的右侧，而 Y 位于 X 左侧；因此一个人具有位于某人右侧的特征，后者就不会再具有该特征了。但要是他们相临站立，并且面朝相反方向，那么每个人不都在对方的右侧吗？（考虑一下）可能有人认为人的出生有先后，所以肯定会有不同。但是如果这对双胞胎是同时复制母体的结果呢？或许还有人认为，某人可能在另一人的北面，而后者位于前者的南面。但假设这种情况发生在太空，那里根本就没有南北的概念。或者可想象一个由两个完全相同、不含杂质的金球组成的宇宙。

有一个问题是关于黏土雕塑与黏土间关系的。看起来肯定存在两个属性完全相同的不同事物。但是雕塑具有黏土制成的属性，而黏土却不具备由雕塑制成的属性。人和人的身体一样吗？人和其身体属性不同吗？当人去世的时候，身体可能还留在世间（如果不是死于爆炸）。那么，或许人的身体具有即使当人已不在世，它仍然存续的属性，这可是一种人所不具备的属性。

11.7 问题

1. 什么规则可用感知器表示？

2. 令 C 为决策规则类，并令 h 是学习算法生成的假设。根据 R_C^*、ε 和 δ 写出关于错误率 $R(h)$ 的 PAC 可学习性的判定条件。

3. 或许有人认为，每个学习算法均对既定决策规则集有用，也就是说，基于各种观测结果特定算法可求得该集合的全部规则。根据这一观点，采用既定决策规则集真能为研究提供新视角吗？

4. 如果一个学习算法与一个还包含其他不同算法所有规则的类配合使用，这是否意味着在学习过程中该算法的性能会更好呢？试分析原因。讨论限定决策规则集的优缺点。

5. （a）分析一下对类 C 而言 PAC 可学习意味着什么，解释 ε、δ 及样本量限度的作用。

（b）为什么要用 R_C^* 代替 R^*？为何要引入 ε 和 δ？

11.8 参考文献

在模式识别问题中，长期以来一直使用既定决策规则类，在 20 世纪 60 年代的线性规则研究也不例外。Vapnik 和 Chervonenkis（1971）的工作给出了一些关于常规类一致相合学习的重要结论。Vapnik（1984）的论文引起了计算机科学领域对此类问题的广泛关注，并在新的研究工作中融入了概率、统计以及模式识别方法。PAC 学习术语产生并主要用于计算机科学文献中，而该方法的其他表述是一致相合估计及 VC 理论。有很多书籍和综述论文对 PAC 学习进行了讨论。比如，Kearns 和 Vazirani（1994）、Devroye 等人（1996）、Vapnik（1996）、Vidyasagar（1997）、Kulkarni 等人（1998）以及 Anthony 和 Bartlett（1999）的文章。

不可区分之同一性讨论可参考 Della Rocca（2005）的文章。

[1] Anthony M, Bartlett PL. Neural network learning: theoretical foundations. Cambridge: Cambridge University Press; 1999.

[2] Della Rocca M. Two spheres, twenty spheres, and the identity of indiscernibles. Pac Philos Q 2005; 86: 480-492.

[3] Devroye L, Györfi L, Lugosi G. A probabilistic theory of pattern recognition. New York: Springer Verlag; 1996.

第11章 可能近似正确（PAC）学习

[4] Kearns MJ, Vazirani UV. An introduction to computational learning theory. Cambridge (MA): MIT Press; 1994.

[5] Kulkarni SR, Lugosi G, Venkatesh S. Learning pattern classification—A survey. IEEE Trans Inf Theory 1998; 44 (6): 2178-2206.

[6] Mitchell TM. Machine learning. New York: McGraw-Hill; 1997.

[7] Russell S, Norvig P. Artificial intelligence: a modern approach. Learning from examples. Upper Saddle River (NJ): Prentice-Hall; 2010. pp. 645-767, Chapter 18.

[8] Valiant LG. A theory of the learnable. Commun ACM 1984; 27 (11): 1134-1142.

[9] Vapnik VN. The nature of statistical learning theory. New York: Springer-Verlag; 1996.

[10] Vapnik VN, Chervonenkis A. On the uniform convergence of relative frequencies of events to their probabilities. Theory Probab Appl 1971; 16 (2): 264-280.

[11] Vidyasagar M. A theory of learning and generalization, London: Springer-Verlag; 1997.

第 12 章 VC 维

在前一章中，介绍了 PAC 可学习性的准确表述方式。给出某应用中的规则类，就可尝试直接用定义分析该规则类的 PAC 可学习性。不过，无需对每种新情况都进行重新定义，只需对可学习类进行常规表征即可。此外，还可以根据准确度（ε）和置信度（δ）参数说明学习所需的数据量。本章将讨论 PAC 学习中与此类问题相关的一个重要结论。

12.1 近似误差和估计误差

回忆一下，在 PAC 表述中，学习器被限定使用某规则类 C 中的决策规则。就类 C 的丰富性而言，存在一个潜在的平衡问题。

一方面，我们希望类 C 内容非常丰富，即包含大量的规则。这样一来，限定使用 C 中规则的要求，将不再是真正意义上的制约因素。事实上，如果类 C 内容够丰富（比如，假设它包含或者能够近似所有可能的决策规则），那么我们甚至可以确定类 C 中存在效果非常逼近最优贝叶斯判决的规则。

另一方面，因为问题的分布特征无从知晓，所以我们并不知道 C 中哪个规则性能不错，需要基于训练样例选出好的规则。显然，如果 C 中规则过多，那么基于训练样例寻找 C 中最优规则必然会很困难。例如，在退化问题中，C 中仅含一个规则，很容易选出最优的，因为只有一个规则备选！当然，只要规则超过一个，就必须用训练数据来确定 C 中的最优规则。因此，从这个角度来看，为了简化问题，往往希望 C 中只包含少量规则。

我们来基于训练数据选取假设 h，$h \in C$。根据上述讨论发现，h 的性能受两个因素制约：（1）C 中可能根本没有很好的规则；（2）可能无法仅通过训练数据就从 C 中选出一个相对好的规则。基于第一种原因而偏离最优贝叶斯规则通常被称为近似误差，它是由于仅用类 C 中的规则无法逼近贝叶斯规则而造成的。无法从 C 中选出最优规则就是所谓的估计误差，它是由仅依据训练数据来对 C 中规则真实错误率进行估计造成的。

现在考虑的是类 C 确定的情况，同时我们还对基于数据选取类 C 中良好规则的方法感兴趣。因此，本章和前一章中关注的焦点均是估计误差。假设有一定数量的训练样例，我们想知道如何从 C 中选出好规则。类 C 的丰富性很重要，但是该如何对其进行表征呢？比如，丰富性就是 C 中规则的数目，还是其他什么因素呢？这些内容将在下面几节分别讨论。

12.2 打散

如果类 C 中规则有限，那么估计误差作为训练样例数目的函数就能通过一些简单的概率参数表示。可是，如果 C 中规则过多，这些结论就不适用了。再者，如果 C 中有无限多个规则，这些结论就完全无用了。仅仅通过 C 中规则的数目来衡量类 C 的复杂性（或丰富性）并不是正确的方法。要有效地衡量类 C 的丰富性，还需将 C 中规则的"表达能力"考虑在内。概念"打散"就是一种体现表达能力的方法。在给出准确定义之前，我们先通过一个例子引出这一概念。

假设有人说每周股市开盘前他们就能预测股票市场（即标准普尔 500 指数）本周的走势。为了进行预测，他们评估了各种特征，比如在过去几周当中的价格行为指数、近期利率行为以及其他金融和经济指标，或许还有某个公司的特定要素（如收入），可能还有其他（如究竟是美国联会还是国家联会赢得了一月份的"超级碗"，有人开玩笑地建议用其预测当年的股票市场行情）。

倘若知道他们使用了一个确定的决策规则，并发现他们连续 10 周都做出了正确判断，甚至没有一个错误，我们或许会印象颇深，并认可他们的决策规则。如果正确预言的"连胜纪录"持续达到 52 周，就会给我们留下非常深刻的印象（如果我们根据预测进行了投资，那么可能就赚到了）。一个随机决策规则连续 52 周预测准确的概率非常小（为 $\frac{1}{2^{52}}$），所以我们确信他们真的对所提出的规则认识透彻。随机规则能做到连续 10 次预测正确的概率为 $\frac{1}{1024}$。

另外，假设他们说使用了一个包含诸多可能决策规则的集合，而非某一固定决策规则。10 周后，他们在决策规则集中找到一个与这 10 周以来的结果相符的规则。我们会很吃惊吧？其实这很大程度上取决于类中的规则数。如果集合中有 1024 个规则，并且 10 周中可能出现的结果都会被该集合中相应的规则预测到，那我们根本无须激动。当然，无论结果是什么，总有一个规则与之相符。

要使预测更为准确，真正重要的不是该类中的规则数目，而是 10 周里所有可能出现的结果中有多少能用此类规则表示。比如，即便类中有无数条规则，但是这 10 周中每个规则的预测均相同，那么如果预测结果正确，就会令人大吃一惊了。将这个过程形式化就引出了打散的概念。

定义（打散） 假定存在一组特征向量 $\overline{x}_1, \cdots, \overline{x}_n$，如果特征向量 $\overline{x}_1, \cdots, \overline{x}_n$ 所有可能的 2^n 种标记均由 C 中规则生成，则称决策规则类 C 能将 $\overline{x}_1, \cdots, \overline{x}_n$

打散。

类 C 中的规则将会把各特征向量分别划分至类 0 或类 1。因此，每个规则都会将特征向量集分成标记为 1 的子集和标记为 0 的子集，共有 2^n 个可能的子集（或可能的标记）。如果采用 C 中的规则使我们能尽量划分特征向量，那么 C 就能把 $\bar{x}_1, \cdots, \bar{x}_n$ 打散。这意味着使用 C 中合适的规则，就能对给定的特征向量形成任何可能的预测。

12.3 VC 维

观察标记过的样例 $(\bar{x}_1, y_1), \cdots, (\bar{x}_n, y_n)$。如果特征向量集 $\bar{x}_1, \cdots, \bar{x}_n$ 被 C 打散，那么肯定能从 C 中找到一个完全适用于这组训练样例的规则。然而，据之前讨论来看，估计会选出能拟合数据，却没有预测能力的规则。此外，也无法保证所选规则就是 C 中最优的。为了取得最优规则，需要更多的样例数据。

所以，如果 C 将大量被视为训练样例的特征向量打散，那么学习起来会很困难。与被打散的特征向量相比，要学习的数据量更多。

就 PAC 学习而言，我们希望学习任意分布，即任意先验概率 $P(0)$、$P(1)$ 和任意条件分布 $P(\bar{x}|0)$、$P(\bar{x}|1)$。回想第 11 章的内容，这相当于学习特征向量 $\bar{x}$ 的任意分布 $P(\bar{x})$，任意条件概率 $P(0|\bar{x})$、$P(1|\bar{x})$。使学习过程变难的"坏"分布，决定了对类 C 的参数 ε 和 δ 进行学习时所需的数据量。

因此，如果类 C 打散了某一特征向量集，那么对于某些分布而言，学习将难以进行。特别是，分布信息可能恰好集中于这些特征向量的情况。正如我们对已标记样例的理解，总有些适用于当前样例，却无法提供未观测特征向量信息的规则。对这部分内容的讨论引出了以下定义。

定义（VC 维）：决策规则类 C 的 Vapnik-Chervonenkis 维度（或 VC 维）就是 C 能打散的最大特征向量数目 V，符号是 $\text{VCdim}(C)$。如果 C 能打散任意大集合，那么 $\text{VCdim}(C) = \infty$。

这里有一点很重要，就是只需要打散某一个包含 V 个点的集合（而非所有包含 V 个点的集合）就会使 VC 维为 V。类的 VC 维是用于衡量类丰富性的方法。正如我们直接论述，并在下节准确阐明的那样，这种衡量方法表征了类 C 的 PAC 可学习性。

12.4 学习结果

以下结果是对决策规则类 VC 维表征其 PAC 可学习性的准确表述。结果要求 C 中规则满足某些温和条件（称为可测性条件——见第 3 章第 9 节）。这些都是实践中总能满足的技术条件，所以假定类 C 满足这些条件。

PAC 可学习性和 VC 维

当且仅当类 C 的 VC 维有限时，类 C 是 PAC 可学习的。

这就是我们寻求的表征方法。它表明，就 PAC 可学习性而言，决策规则类的 VC 维"正是"衡量其丰富性的方法。

事实证明，用于学习的数据量可以根据 VC 维求取（当然，也要依据参数 ε、δ 求取）。

样本量上界和 VC 维

如果 $V = \text{VCdim}(C)$ 满足 $1 \leq V < \infty$，那么学习 ε、δ 所需样本量如下：

$$\frac{64}{\varepsilon^2}\left[2V\log\left(\frac{12}{\varepsilon}\right) + \log\left(\frac{4}{\delta}\right)\right]$$

比起精确的数值，样本容量的形式及对其的准确表述更为重要。当然，我们预计随着 ε、δ 变小，V 变大，样本容量会增加。不过，样本容量上界可以非常精确地将其量化，表示为 ε 的函数形式 $\frac{1}{\varepsilon^2}\log\left(\frac{1}{\varepsilon}\right)$；$\delta$ 的函数形式 $\log\left(\frac{1}{\delta}\right)$；以及 V 的线性函数形式（就是 V 本身）。

我们也可求得下界，它表明，除非样例数量达到特定数值，否则无法完成对 ε、δ 的学习。

样本量下界和 VC 维

如果 $V = \text{VCdim}(C)$ 满足 $1 \leq V < \infty$，那么对 $0 < \varepsilon$，$\delta < \frac{1}{64}$ 而言，样本量至少应为 $\frac{V}{320\varepsilon^2}$。此外，如果 C 中至少包含两个函数，那么对于 $0 < \varepsilon < 1$ 和 $0 < \delta < \frac{1}{4}$ 的情况，需要的样本量为

$$2\left[\frac{1-\varepsilon^2}{2\varepsilon^2}\log\left(\frac{1}{8\delta(1-2\delta)}\right)\right]$$

再强调一遍，样本量容限形式以及具有精确的容限远比样例数量的准确值重要。思考容限的表述，会发现上、下界同样依赖 ε、δ 和 V。

12.5 举例

本节，考虑几个较简单的求解 VC 维的例题。通过例题可以看出，要想求得类的 VC 维，求取其上、下界是最常用的方法。如果幸运地碰到边界匹配的情况（像下面例题中一样），就能准确地确定出 VC 维。可在一些更复杂的情况中，往往不得不采用失配，但却给出维度信息的边界。

要得到 C 的 VC 维下界（即说明 VC 维应大于某一参量），只需找出某个被打散的特征向量集。一般可以选取一些特定的点，并明确这些点的所有标记（子集）均由 C 中规则生成。如果找出了可被 C 打散的 k 个特征向量，那么就认为 $\text{VCdim}(C) \geq k$。

要想求取上界（即说明 VC 维小于某个参量）往往更困难。为了说明 $\text{VCdim}(C) < k$，需证明没有哪个包含 k 个特征向量的集合可以被类 C 打散。就上界而言，仅指出某个无法被 C 打散的点集是不够的。为此，通常需要更仔细地论证，有时还需考虑对特征向量做不同组合。

例 12-1（一维区间） 假设每个特征向量仅包含一个实值。决策规则类 C 是形式为 $[a,b]$ 的所有闭区间的集合，其中 a、b 均为实数。也就是说，如果 $a \leq x \leq b$，则判定为 1，否则判定为 0。求其 $\text{VCdim}(C)$。

就下界而言，很容易找出诸多能被打散的两点集合。若有两点 x_1 和 x_2，我们能找到许多包含一点或两点或者不包含任意一点的区间（见图 12-1）。事实上，任何由两个不同点组成的集合都能被打散（即便仅找出一个集合就够了）。因此，可得 $\text{VCdim}(C) \geq 2$。

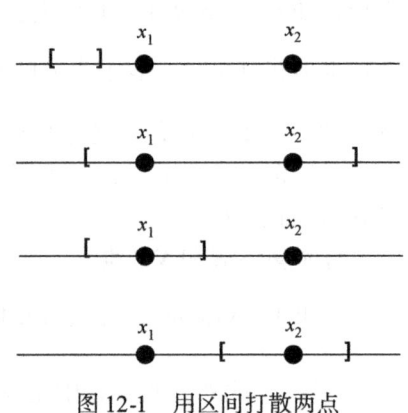

图 12-1 用区间打散两点

有没有能被打散的三点集合呢？答案是"没有"。由于使用类 C 中的规则，所以无法将中间点标记为 0，将外侧点标记为 1。也就是说，没有哪个区间能只包含外侧两点，却不包含中点。因此，获得 VC 维上界 $\text{VCdim}(C) \leq 2$。

上界和下界共同作用可得 $\text{VCdim}(C) = 2$。

例 12-2（区间的并） 跟前面例子一样，令每个特征向量仅包含一个实值。但是，现在令决策规则类 C 是所有区间的有限并集。求其 $\text{VCdim}(C)$。

对任意 k 值，打散包含 k 个点的集合并不难。特别是，给定 k 点，通过仅在标记为 1 的点周围设定微小间隔，就能形成 2^k 个标记。由于可打散任意大的集合，因此 $\text{VCdim}(C) = \infty$。

这说明，本例中我们可打散任意 k 点组成的集合，对于不同 k 值，即便仅存在一个能被打散的 k 点集合就足够了。

例 12-3（2 维半空间） 令每个特征向量为平面上的一点，特征空间为 2 维的。C 是平面内所有半空间的集合，它恰好是具有线性决策边界的所有决策域的集合，是能用感知器表示的决策规则集合。求其 $\text{VCdim}(C)$。

就下界而言，我们能找出可打散的三点集合，尤其是任意三个非共线点。

其所有子集如图 12-2 所示。因此，VCdim(C) ≥ 3。注意，并非所有包含三点的集合都能被打散，特别是三点共线的情况。此时，我们无法标示外侧点 1，却能标示中点 0。

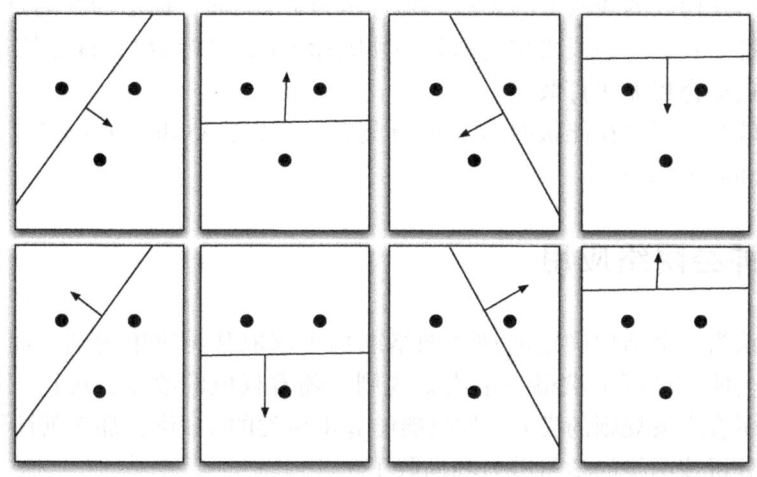

图 12-2　用半空间打散三点

任何四点集合都能被打散吗？似乎不能，但该如何证明呢？如果四点中三点共线，那么鉴于前面提到的原因，它们无法被打散。如果四点中不存在三点共线，仍需考虑两种一般情况：（1）一个点包含在其他三点构成的凸包中；（2）没有哪个点包含于其他点构成的凸包中。这两种情况如图 12-3 所示（点集的凸包是包含点集的最小凸集。所以三点构造的凸包就是以这三点为顶点的三角形）。注意，第一种情况中还包括三点或四点全部共线的排列。

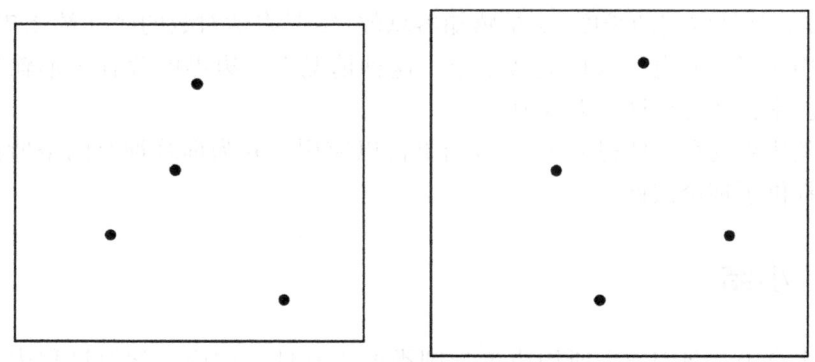

图 12-3　四个点的两种普通排列

在第一种情况下，无法标记，这里内部的点（在凸包中的那个）为 0，而其他点标记为 1。任何包含外侧三点的半空间一定也包含了第四个（内部的）点。

因此，这种情况下的四点集合无法被打散。

在第二种情况下，四点当中有两个处于对角位置的点标示为1，而另外两个标示为0，这样也无法形成标记。由于半空间是凸的，如果两个点被标示为1，那么在这两点构成的线段上的点都必须标示为1。然而，标示为0的点情况也是如此。这意味着，两条线段相交部分必须既标为0，又标为1，这显然是矛盾的。因此，四点集合将无法打散。

结论就是，不存在能被打散的四点集合。所以，VCdim(C) ≤ 3，结合下界可知，VCdim(C) = 3。

12.6 神经网络应用

我们认为一个结构确定的神经网络能用于求取某类决策规则。而权值每取不同值都会使神经网络求得一个决策规则。随着权值的改变，可得到由神经网络表述的所有决策规则的类 C。如果能够算出该类的 VC 维，那么就能用 PAC 学习结果去分析该网络的学习潜力和局限了。

之前已对 PAC 学习结果进行了研究。比如，我们发现能用单感知器表述的决策规则集就是半空间集合。如果门限为 0，可得到过原点的半空间，但就可变门限而言，能得到所有的半空间。在例 12-5 中，二维情况下半空间集合的 VC 维为 3。更普遍的是，所有 d 维半空间的集合其 VC 维均为 $d+1$。因此，使用感知器进行的学习可以直接应用这些结论。

我们还得到了诸多关于多层网络的结论。尽管很难准确求取 VC 维，但可以求出有用的边界。对于带有门限单元的网络而言，边界为

$$\text{VCdim}(C) \leq 2(d+1)(s)\log(es)$$

式中，d 是特征空间的维度；s 是感知器总数；e 是自然对数的底（约 2.718）。

使用 S 形单元也可取得类似结果。这种情况下，边界中含有 S 形输出函数的最大斜率，及可允许最大权值。

这类边界的存在使得 PAC 学习结果得以应用，并为训练神经网络所需的样本数量提供了理论依据。

12.7 小结

在本章中，我们依据所用决策规则类的丰富性，讨论了学习过程中涉及的平衡。类 C 中包含规则越多越利于减小近似误差，该误差表明了 C 中规则与贝叶斯决策规则的相似程度。另外，如果类 C 中规则众多，那么仅用训练样例将很难从 C 中选出对未知样例处理效果最好的规则，这被称为估计误差。为了量

化决策规则类的丰富性，引入了"VC 维"和"打散"的概念。VC 维是一种衡量类 C "表达能力"的方法，在学习过程中这种"表达能力"比 C 中规则的确切数目更重要。能被类 C 中假设打散的数据点数越多，对 C 而言 PAC 学习就越困难。事实上，当且仅当类 C 的 VC 维有限时，它才是 PAC 可学习的。此外，用于进行 ε、δ 学习所需的数据量也取决于 VC 维。下一章将讨论类 C 的 VC 维为无限大情况下的学习。

12.8 附录：VC 维与波普尔（Popper）维度

VC 维在统计学习理论中的作用让人想起了卡尔·波普尔的科学哲学中强调的"可证伪性"。波普尔认为，科学假说不可能被经验证实，只能被经验证伪。科学假说是一种可证伪的猜想。有用的科学假说是可证伪的猜想，经得起实验检验。

回想一下，PAC 学习需要先选择规则集合 C。用波普尔的话来讲，这样的选择涉及相关规则也属于类 C 的"猜想"。在他看来，如果这个猜想尚算科学而非"形而上学"的，那么类 C 的规则必须是适度"可证伪的"。

波普尔认为，可证伪存在不同程度的困难。例如，他认为，一个线性假设与二次假说相比更容易证伪。这似乎与 VC 维的作用相符，因为线性分类规则集的 VC 维较二次分类规则集的要低。

然而，一类假设的波普尔证伪程度并不完全与 VC 维对应。这里，类 C 的 VC 维是能被 C 中规则打散的某一点集的最大点数 N；而我们称之为类的可证伪困难的"波普尔维度"是使每个包含 N 点的集合都能被 C 中的规则打散的最大数目 N。某一点集和每个点集的区别非常重要，并且 VC 维是统计学习理论中的关键概念，而非波普尔维度。

例如，d 维空间中线性假设类的 VC 维为 $d+1$，某个 $d+1$ 点集合能被打散。但该类的波普尔维度为 2，因为三个共线的点无法打散。因此，如果 $m > 2$，那么并非所有的点都能被打散。

这表明，波普尔理论的可证伪性可以采用 VC 维作为替代其本身的测量方法来加以改善。

12.9 问题

1. 判别真伪：如果一个 k 点集合中所有的 2^k 个标记都能由 C 中规则生成，那么该点集能被类 C 打散。

2. 判别真伪：VCdim(C) 是能被 C 打散的每个 v 点集合中的最大点数 v。

3. 判别真伪：VCdim(C)的数值为确定类 C 中特定规则时所需参数的数目加 1。

4. 如果 VCdim(C) = v，那么类 C 中包含的规则数目最少为多少。

5. 如果 C 为一个决策规则类，要满足 PAC 可学性，其 VCdim(C) 要满足什么条件。

6. 如果 C 为一个决策规则类，R^*、$\hat{R}(h)$ 和 R_C^* 分别是什么含义。

7. 说明 R^*、$\hat{R}(h)$ 和 R_C^* 之间的大小关系（$X \leq Y$）。

8. 规则类能用 PAC 可学习的感知器来表示吗？

9. 考虑平面上所有的正交直角类 C，也就是，两边都平行于坐标轴的所有直角。其 VC 维为何，试证明。

10. 考虑平面的所有凸子集的类 C，其 VCdim(C) 为何，试证明（提示：考虑圆周上的点）。

11. 讨论在 PAC 学习中要求对每种先验概率和条件密度都使用相同样本量 $m(\varepsilon, \delta)$ 的优、缺点。该如何调整 PAC 学习模型的定义以降低这一要求？

12. （a）在 PAC 学习中，假如让学习者自行选取要分类的特征点，而非供给的随机划分样例。给出在这种情况下评价"学习"程度的方法，也就是说，学习者获得大量样例后，你会使用何种标准来评价学习成功？

（b）就（a）部分的回答而言，相较于标准 PAC 学习，这样做是使学习变得更容易还是更难呢？

13. 如果事物的可观测特征决定了能否对其正确分类，那么使用这些特征的规则的贝叶斯错误率是多少？这种情况下，能证明类 C 是 PAC 可学习的吗？

14. 有人认为，每种学习算法都与确定的决策规则集结合使用，也就是特定算法在整个观测范围内形成的所有决策规则的集合。根据这一论点，明确指定规则类 C 并使用其中规则进行学习的优势是什么？

15. 如果一个学习算法结合一类规则使用，此规则类中还包含了其他一些不同算法形成的所有规则，那么这是否意味着在学习任务中前一算法应该具有更好的性能？试分析。讨论学习任务中指定决策规则集的优、缺点。

12.10 参考文献

估计和近似误差的概念在统计学研究中广泛应用。VC 维是将这些概念量化的一种有效的方法。介绍 PAC 学习的书籍或研究论文也常常讨论 VC 维，包括 Kearns 和 Vazirani（1994）、Devroye 等人（1996）、Vapnik（1996）、Vidyasagar（1997）、Kulkarni 等人（1998）以及 Anthony 和 Bartlett（1999）的研究工作，这

第12章 VC维

些在前面章节已提到过。

VC维的概念最早在 Vapnik 和 Chervonenkis（1971）的研究中提出（并以此命名）。基于此概念的大量工作陆续在概率、统计及模式识别领域展开。Blumer 等人（1989）揭示了 VC 维与 Valiant（1984）在计算机领域中提出的可学习性模型之间的关系。这使得人们重新关注 PAC 学习及其相关课题，还有不同领域研究工作的融合问题。

Corfield 等人（2009）讨论了波普尔测量的可证伪性（1979，2002）与 VC 维之间的关系。我们这里介绍的内容大多是重复 Harman 和 Kulkarni（2007）文章（50~52 页）的内容，源自与 Vladimir Vapnik 的谈话。

[1] Anthony M, Bartlett PL. Neural network learning: theoretical foundations. Cambridge: Cambridge University Press; 1999.

[2] Blumer A, Ehrenfeucht A, Haussler D, Warmuth M. Learnability and the Vapnik Chervonenkis dimension. J ACM 1989; 36 (4): 929-965.

[3] Corfield D, Schölkopf B, Vapnik V. Falsificationism and statistical learning theory: comparing the popper and Vapnik-Chervonenkis dimensions. J Gen Philos Sci 2009; 40: 51-58.

[4] Devroye L, Györfi L, Lugosi G. A probabilistic theory of pattern recognition. New York: Springer-Verlag; 1996.

[5] Harman G, Kulkarni S. Reliable reasoning: induction and statistical learning theory. Cambridge (MA): MIT Press; 2007.

[6] Kearns MJ, Vazirani UV. An introduction to computational learning theory. Cambridge (MA): MIT Press; 1994.

[7] Kulkarni SR, Lugosi G, Venkatesh S. Learning pattern classification—A survey. IEEE Trans Inf Theory 1998; 44 (6): 2178-2206.

[8] Mitchell TM. Machine learning. New York: McGraw-Hill; 1997.

[9] Popper K. Objective knowledge: an evolutionary approach. Oxford: Clarendon Press; 1979.

[10] Popper K. The logic of scientific discovery. London: Routledge; 2002.

[11] Valiant LG. A theory of the learnable. Commun ACM 1984; 27 (11): 1134-1142.

[12] Vapnik VN. The nature of statistical learning theory. New York: Springer-Verlag; 1996.

[13] Vapnik VN, Chervonenkis A. On the uniform convergence of relative frequencies of events to their probabilities. Theory Probab Appl 1971; 16 (2): 264-280.

[14] Vidyasagar M. A theory of learning and generalization. London: Springer-Verlag; 1997.

第 13 章 无限 VC 维

通过上一章的学习，我们了解到对于决策规则类 C 而言，其 VC 维表征了它的 PAC 可学习性。在弱正则假设条件下，当且仅当类 C 的 VC 维有限时，它才是 PAC 可学习的。这时，基于给定的准确度和置信度，依据有限的样例就很可能从 C 中选出近似最优的规则。

正如上一章所述，此类结论强调估计误差，试图通过一组随机样例来预测 C 中最优规则。倘若类 C 中规则过多，即便有充足的样例，要区分 C 中对新数据处理效果良好的规则，及恰好能拟合已有数据却并无预测能力的规则也不容易。

除了估计误差外，在确定决策规则整体性能时，近似误差也相当重要。无论收到多少数据，近似误差决定了处理效果。如果只能使用类 C 中的规则，采用其中最优规则获得的处理效果一定最好。一旦限定使用某个有限 VC 维的类，那么基于该规则类及潜在分布，无论获得怎样的近似误差，我们都只能接受。另外，由于分布未知，实际近似误差其实也是未知的。

我们一直期望求得贝叶斯错误率为 R^* 的最优规则。但是使用 C 中规则所得错误率至少为 R_C^*，R_C^* 有时可能远大于 R^*。若不满于此，该怎么办？假如有大量的训练数据，那么想求得错误率接近 R^* 的规则难道不合理吗？

考虑最近领域和核规则会发现，随着观测数据增多，即便不使用 PAC 准则，也有可能获得最优性能（贝叶斯错误率）。通过上一章可知，由于限用有限 VC 维的类，PAC 准则显得过于苛刻了。如果稍微放宽 PAC 准则，就能使用无限 VC 维的类，从而解决近似误差非零的问题。

13.1 类层次及修正的 PAC 准则

考虑一组相互嵌套的类 C_1，C_2，$\cdots$，使 $C_1 \subset C_2 \subset \cdots$。注意，各个 C_i 的 VC 维均有限，但需使其 VC 维随着 i 的增大趋于无穷。也就是说，如果 $V_i = \text{VCdim}(C_i)$，那么要求对于所有的 i 都有 $V_i < \infty$，但当 $i \to \infty$ 时，允许 $V_i \to \infty$。

假定有这样一系列的类，我们可以将 $\text{VCdim}(C_i)$ 视为评价类 C_i "复杂性"的标准，还可将规则的复杂性等同于该规则所属类 C_i 的最小索引。（根据这一标准）"最简单的"决策规则在 C_1 当中；C_2 中包括了这个最简规则以及一些略复杂的规则；依此类推（在第 16 章中，我们指出诸多考虑简单性的方法，这样的方法可能会与更常用的观点进行对比）。需考虑的所有规则的集合为

$$C = \bigcup_{i=1}^{\infty} C_i。$$

如果 $V_i \to \infty$，那么类 C 必然具有无限 VC 维，因为对于每个 C_i，其 VC 维至少为 V_i。所以，尽管每个 C_i 自身都是 PAC 可学习的，但由于类 C 包含了太多规则（正如用 VC 维衡量的），类 C 就不再是 PAC 可学习的了。

不过可以证明，尽管得到的数据越来越多，仍然能从类 C 中找到好的规则。因为 C 不再是 PAC 可学习的，所以用于求取良好规则的准则可能就不再是 PAC 意义上的了。我们要采用一种合适的方式来松弛 PAC 准则，使其仍然有用的同时，还十分通用，可以处理嵌套结构的决策规则。核心思路是通过潜在概率分布（以及 ε, δ）决定用于 ε, δ 学习所需的样例数，这是一个直观且合理的思路。在对复杂或困难问题进行学习时，需要更多的数据，而学习简单问题时，则仅用少量数据即可。

13.2 失配与复杂性间的平衡

采用修正的 PAC 准则，通过对数据拟合及假设复杂度进行平衡，可以完成对类 $C = \bigcup_{i=1}^{\infty} C_i$ 结构的学习。如前所述，这里的"复杂度"意指假设所属类的最小索引。

这一思想是很多技术的核心，诸如：奥卡姆剃刀、最小描述长度（MDL）原理、结构风险最小化、赤池信息量准则（AIC）等。这些方法蕴含如下意义。如果只有少量数据，就应该仅考虑简单假设。因为这些数据根本无法提供获得更复杂结论所需的信息或线索。不过，随着数据的增多，可以考虑更为复杂的假设。但究竟该选择众多假设中的哪个呢？合理的方法是选取拟合效果好的假设。标准 PAC 情况下就是如此选取假设，可事实上，这样仅能选出数据拟合效果最好的假设而已。现在，我们进一步了解到，不仅要关注数据拟合，还应考虑假设复杂度。应该优选复杂度低的假设，并且（或者）使其复杂度随着所得数据的增多而加大。

因此，最终选取的假设应反映数据失配（错误）和复杂性之间的某种平衡。考虑衡量决策规则的误差及其复杂性的具体方法，可以根据下式选择假设

$$h = \mathrm{argmin}_{h \in C}\ \mathrm{error}(h) + \mathrm{complexity}(h)。$$

符号 $\mathrm{argmin}_{h \in C}$ 表示从 C 中找出使给定表述最小的假设。第一项数值小有助于选出某个大序号（i）子类 C_i 中的假设。这些类内容更丰富，能够更好地拟合数据。可以假定，如果 i 足够大，就能准确地拟合数据。不过，也可能导致"过度拟合"，并无法很好地进行预测。

第二项有助于抑制"过度拟合"。对于 i 值小的类（C_i）中的假设而言，此项并不大。选择 C_1 中的假设会使此项的值相当小（比方说等于1）。不过，这个类的表达能力恐怕就非常有限了，其中的规则或许都无法获取数据中的结构信息。类中假设可能会错判训练数据，因而无法很好地进行预测。

通过对这两项进行平衡，我们可以控制所用规则的表述力，并会考虑其对训练数据的分析能力。采用这类折中方法后，从修正 PAC 意义上讲，类 C 就是可学习的了。

13.3 学习结果

有很多方法能对失配和复杂性进行平衡。和之前一样，计算出错数是一种基于数据确定假设失配与否的方法。考虑假设所属第一个类的序号是一种衡量假设复杂性的方法。不过，也会有很多不同形式。比如，将两项中的任意一项与常数相乘（如复杂度为原值，出错数增大一倍，将两者相加）。也可将复杂度的二次方作为新的复杂度衡量方法。还能基于观测到的样本数 n 选择复杂度参数 k_n，然后从类 C_{k_n} 中选出最优假设。

以下是一个具体的结论。跟之前一样，令 V_i 代表 C_i 的 VC 维，除了 $i\to\infty$ 时，$V_i\to\infty$，对于其他所有 i 值都满足 $V_i<\infty$。此外，假设当 $i\to\infty$ 时，$R_{C_i}^*\to R^*$。这意味着 i 取值足够大的情况下，我们能找到性能任意逼近最优贝叶斯判决的规则。选择一个序列 $k_n\to\infty$，使得

$$\text{当 } n\to\infty \text{ 时}, \frac{V_{k_n}\log(n)}{n}\to 0 \tag{13-1}$$

观测过 n 个样例后，可以从类 C_{k_n} 中选出拟合效果最好的假设 h_n。然后可以证明，这种方法是普遍一致的。即对任意分布，当 $n\to\infty$ 时，$R(h_n)\to R^*$。因此，获得的数据越多，所选规则的性能就越接近贝叶斯错误率。

13.4 归纳偏置与简单性

有不少方法能将 C 分解成 C_i 的层次嵌套结构。只要每个 C_i 都具有有限 VC 维，并且 C_i 组合包含了 C 中所有的规则，那么采用任意方法都可以。有一种常见的基于 C 中规则描述的自然分解法，学习中使用的复杂分解虽无须遵循这种方法，但往往选择为之。

对数据误差测量、决策规则复杂性以及失配和复杂性均衡的各种选择方法都是不同归纳偏置法的反映。这些选择准确地指出了学习器该如何在期望的假设（那些复杂度低或等效地简单假设）和对数据线索赋权之间求得平衡。

如上所述，从修正 PAC 意义上讲，如果操作合适，可以做很多不同选择。也就是说，获得的数据越多，取得的假设性能越好，并且在某些条件下还能保证，当样例数 $n \to \infty$ 时，假设的错误率收敛于贝叶斯错误率。可是，通常情况下无法获得统一的样本容量界，而该容量界的存在确保我们在获得一定数目的样例后能进行 ε、δ 学习。所需样例数目与未知的潜在分布有关。实践中的真实性能则取决于归纳偏置对所遇问题的反映程度。在工程应用中，这些选择通常关乎技巧、直觉以及从技术层面上对问题的理解。决策规则的复杂性等级是关键选择之一，它反映了学习器对"简单"规则界定的偏差。简单性是归纳推理中一种应用非常广泛的工具，将在第 16 章中进一步讨论。

13.5 小结

我们发现假设集合 C 的 VC 维越高，其中的最优假设性能就会越逼近贝叶斯错误率，但是完成 PAC 学习所需的时间也越长。这反映了对估计误差和近似误差的权衡，不过通过限定有限 VC 维，可使这二者非常近似。通过放宽 PAC 条件使得样例数取决于潜在分布，我们可以将规则类分解成 C_i 的无穷嵌套并集形式，其中每个 C_i 的 VC 维均有限，采用这种方式就能处理无限 VC 维的类了。我们将 C_i 视作基于决策规则复杂性进行分解的结果。观测已标记的样例后，通过在数据失配及假设复杂性间进行适当地折中，学习器就能选出假设了。随着对数据失配与复杂性均衡做出适当选择，可以得出一种极限情况下的修正 PAC 学习方法。衡量决策规则复杂性或与之等效地简单性的方法是关键选择之一。这种方法与诸多名称各异但均基于简单性的学习方法有关，如奥卡姆剃刀、最短描述长度（MDL）原理、结构风险最小化、赤池信息量准则（AIC）等。

13.6 附录：均匀收敛与泛一致性

区分均匀收敛与泛一致性很重要。这些表述听起来很类似，但反映了学习问题的不同性质。

第 11 章的 PAC 学习结论是关于均匀收敛的结论。在第 11 章中，规则类 C 的 VC 维有限，存在一个函数 $m(\varepsilon, \delta)$，该函数给出了以概率 $(1-\delta)$ 取得良好规则时所需样例数的上限，而所选良好规则的期望误差与 C 中规则的最小期望误差相差不超过 ε。这是个均匀收敛的结果，因为获得给定（由 ε，δ 指定）性能水平所需的样例数并不依赖于所表征问题的潜在分布。相同的 $m(\varepsilon, \delta)$ 可用于任意分布（因此与 C 中最好规则无关）。然而，C 中规则的最小期望误差可能与最优规则（贝叶斯规则）的期望误差有一定差距。

本章我们对第 11 章中的构建方法进行了扩展，对其而言，存在很多普遍一致的学习方法。从这个意义上讲，对任意背景概率分布，随着概率趋近于 1，数据不断增多，采用本章方法选定规则的期望误差达到了极限情况，即贝叶斯规则的期望误差。前面章节讨论的最近邻域法和核规则在适当的约束下也是泛相合的。

泛一致性并不意味着均匀收敛。为保证（随着概率趋近于 1）所选规则的期望误差与贝叶斯规则期望误差相差不超过 ε，所需数据量可能为无限多。即便如此，泛一致性仍是一种受欢迎的特性。它提供了一种收敛的结果，因为对任意背景概率分布而言，采用泛相合方法选定规则的错误率都收敛于贝叶斯规则的期望误差。虽然无法保证收敛速度，但也没有哪种方法能对各种分布均保证收敛速度。然而，如果对背景分布设定某些条件，就能求得均匀收敛率了。

13.7 问题

1. 考虑前面提到的类 C，它是 C_1，C_2，…的并集。试分析是否不同的 C_i 均具有有限 VC 维，C 的情况如何？

2. 假设决策规则类 C 具有无限 VC 维。是否能将 C 分解为 $C_1 \subset C_2 \subset \cdots$ 的结构且 $C = \bigcup_{i=1}^{\infty} C_i$，但随着 $i \to \infty$，$\lim_{i \to \infty} V_i < \infty$ 呢？简述原因。

3. 在 13.3 节中讨论的学习方法表明，随着 $V_i \to \infty$，对 C_i 做出的任意选择都存在一个影响式 (13-1) 的 k_n。这种情况下，假设 h_n 会怎样呢？

4. 式 (13-1) 中，k_n 的选择为何要取决于 C_{k_n} 的 VC 维，而非诸如 $k_n/n \to 0$ 或 $k_n \log(n)/n \to 0$ 等条件呢？

5. 判别真伪：选择合适的规则类 C，就有可能同时具备泛一致性和均匀收敛性。

6. PAC 学习是均匀收敛的，还是泛相合的，还是同时具有这两种特性？

7. 假设有一组嵌套的决策规则集 $C_1 \subset C_2 \subset \cdots$，每个决策规则集都具有有限 VC 维 $d_i = \text{VCdim}(C_i) \to \infty$。对 n 个样例进行观测，可从类 C_{k_n} 中选出数据拟合效果最好决策规则。也就是说，观测了 n 个样例后，我们还考虑了规则的"复杂性" k_n，并使用了经验风险最小化原则。

（a）如果 k_n 是某一不随 n 的增长而变化的定常数 k，会产生怎样的情况？估计误差是否会为 0，近似误差呢？

（b）相比 d_n，如果 k_n 极快地趋于 ∞，那会产生怎样的情况呢？估计误差是否会为 0，近似误差呢？

（c）如果忽略假设复杂性，要选择什么假设呢？

(d) 如果忽略数据误差，要选择什么假设呢？

8. 当科学家认可引力的二次方反比定律，而非某一能同样好地解释数据但却更复杂的定律时，是否存在一种方法能证明他们的结论，却并不设定自然界是简单的。解释一下。这与本章讨论的观点有何关系？

13.8 参考文献

一直以来，我们都希望得到统计学习中简单性的技术标准。它在 VC 理论当中的使用由 Vapnik（1982，1996）提出，并称为结构风险最小化。请参阅，诸如 Kearns 和 Vazirani（1994）著作的第 2、3 章内容，以及 Kulkarni 等人（1998）著作的第 V 节，Devroye 等人（1996）著作的第 18 章以及其中的参考文献。参考文献中用奥卡姆剃刀及复杂性规则指明解决办法。奥卡姆剃刀是用到简单性的技术中广泛运用的术语，它基于 14 世纪的逻辑学家奥卡姆的威廉的观点"若无必要，勿增实体"。统计学习中其他一些与奥卡姆剃刀理论相关的方法有：Rissanen 的最小描述长度准则（MDL）以及 Akaike 的信息准则（AIC）。有些哲学著作从模型选择方面讨论了这些观点，这些作品包括了 Sober（1990）和 Zellner（1999）的著作。

[1] Akaike H. A new look at the statistical model identification. IEEE Trans Automat Control 1974；19：716-723.

[2] Devroye L, Györfi L, Lugosi G. A probabilistic theoryof pattern recognition. New York：Springer-Verlag；1996.

[3] Kearns MJ, Vazirani UV. An introduction to computational learning theory. Cambridge（MA）：MIT Press；1994.

[4] Kulkarni SR, Lugosi G, Venkatesh S. Learning pattern classification—A survey. IEEE Trans Inf Theory 1998；44（6）：2178-2206.

[5] Rissanen J. Volume 15, Stochastic complexity in statistical inquiry, Singapore：World Scientific, Series in Computer Science；1989.

[6] Sober E. Let's Razor Occam's Razor. In：Knowles K, editor. Explanation and its limits. Cambridge：Cambridge University Press；1990.

[7] Vapnik VN. Estimation of dependencies based onempirical data. New York：Springer-Verlag；1982.

[8] Vapnik VN. The nature of statistical learning theory. New York：Springer-Verlag；1996.

[9] Zellner A, Keuzenkamp H, McAleer M, editors. Simplicity, inference and econometric modelling. Cambridge：Cambridge University Press；2002.

第 14 章 函数估计问题

截至目前，我们一直在讨论与模式分类有关的学习方法。现在来关注一种与估计而非分类有关的不同问题。也就是说，我们希望能估计出真实值，而不仅是在两类（0 和 1）之间进行判决。本章讨论估计问题的基本表述。在第 15 章中，将讨论一些类似于在分类问题中讨论的，用于估计的学习方法和结论。

14.1 估计

在第 4 章讨论的标准模式分类问题中，我们观察特征向量 $\bar{x}$，并想要推测与之相关的标签 y。在分类问题中，标签取两值（$\{0,1\}$ 或 $\{-1,1\}$）之一。虽然本书中没有声明，但还是考虑了标签 y 值的有限集。

在估计（或回归）问题里，"标签" y 可取任意实值，而估计 $f(\bar{x})$ 也是实值。现在，我们有函数 $f(\bar{x})$，而不是被分解的决策规则。对于每个特征向量 $\bar{x}$，估计 $f(\bar{x})$ 是个实数，所以估计器是一个从 R^d 到 R 的映射。

如前所述，假设存在影响 $\bar{x}$、y 的抽取及两者关系的背景概率分布。这些分布可以用 $(d+1)$ 维空间 $R^d \times R$ 上的联合概率分布 $P(\bar{x},y)$ 或联合密度函数 $p(\bar{x},y)$ 来描述。

在估计问题中，根据特征向量（或自变量）$\bar{x}$ 的概率分布及标签（或因变量）y 的条件概率分布来分析联合分布往往很容易。也就是说，$P(\bar{x},y)$ 由分布（密度）$p(\bar{x})$ 和条件分布（密度）$p(y|\bar{x})$ 确定，特征矢量 $\bar{x}$ 可以通过 $p(\bar{x})$ 确定；给定 $\bar{x}$，就能通过 $p(y|\bar{x})$ 确定 y。

14.2 成功准则

标签 y 是实值这一事实使我们必须重新考虑成功的标准。在分类问题中，误差概率是判定分类是否成功的标准，也就是判决结果与真实标签不符的概率。不过一旦 y 可以连续取值，想准确估计 y 值就不太可能了，需要用其他性能标准取代误差概率。

引入损失函数（或代价函数）来衡量估计 $f(\bar{x})$ 与观察值 y 的近似程度是一种方法。可以试着用 $y - f(\bar{x})$ 的差值来衡量损失，不过我们往往更关注平均损失。假如有时高估了 y 值，而有时又低估了 y 值，那么通过求取 $y - f(\bar{x})$ 之差所得的大数值的正、负损失可能会抵消。对于任何给定的$\bar{x}$，即便其损失值很大，由于前述原因，其平均损失却可能为零（或趋近于零）。

为了解决这一问题，可以用绝对误差$|y-f(\bar{x})|$来衡量损失。此时，损失总为正值，如此一来，不同$\bar{x}$对应的大损失值将无法相互抵消。另一种方法考虑用$[y-f(\bar{x})]^2$来求取二次方误差损失。二次方误差较绝对误差而言往往更容易处理，由于前者具有平滑的导数，因此更易于采用微积分原理进行分析。对此，我们在对多层感知器的反向传播理论（第10章）进行讨论时就已了解到了。当然也能使用其他损失函数，但二次方误差损失是最常见和常用的。

最优估计是使平均（或期望）损失最小的估计。本节讨论平均损失，下一节讨论使损失最小的估计。假设有一个估计$f(\cdot)$，并暂定一个特征向量$\bar{x}$。此时估计为$f(\bar{x})$，这样一来，如果观测到特定的y值，那么损失为$[y-f(\bar{x})]^2$。不过，y自条件分布$p(y|\bar{x})$中随机抽取。因此，假设给定$\bar{x}$，期望损失记为$R(f,\bar{x})$，表示如下

$$R(f,\bar{x}) = \int_{\mathbf{R}} [y-f(\bar{x})]^2 p(y|x)\mathrm{d}y \tag{14-1}$$

但$\bar{x}$是根据分布$p(\bar{x})$随机抽取的，故在$\bar{x}$的整个取值范围内，对估计器$f(\cdot)$的期望损失取平均可得

$$R(f) = \int_{\mathbf{R}^d} R(f,\bar{x}) p(\bar{x}) \mathrm{d}\bar{x} = \int_{\mathbf{R}^d}\int_{\mathbf{R}} [y-f(\bar{x})]^2 p(y|\bar{x}) p(\bar{x}) \mathrm{d}y \mathrm{d}\bar{x}。 \tag{14-2}$$

14.3 最优估计：回归函数

在分类过程中，最优估计（贝叶斯规则）可使误差概率达到最小。同样，也使平均损失降为最低。如果判决错误，损失为1，判决正确，损失为0，那么误差概率正是平均损失。

同样地，对于估计而言，需找出能使式（14-2）描述的平均损失最小的估计（或函数）。为了找出这样的估计，需要注意，平均损失R是条件损失$R(\bar{x})$在整个分布$p(\bar{x})$范围内的均值。因此，为了减小R，就要减小每个$\bar{x}$对应的$R(\bar{x})$。

考虑随机抽取值a，并假设我们要根据某一固定值b来估计数a。该估计的方均误差是什么，b为多少才能使方均误差最小？由于b确定，我们知道

$$E[(a-b)^2] = E[a^2-2ab+b^2]$$
$$= E[a^2] - 2E[a]b + b^2$$

式中，$E[a]$就是a的均值。

上述表示中，第一项并不依赖于估计值b。所以，要找出能使方均误差最小的b值，只需要找到能使$b^2 - 2E[a]b$最小的b值。该b值正是a的期望值（或

平均，或几何平均），即 $b = E[a]$。

就最初的估计问题而言，除了每个 $\bar{x}$ 外，我们基本只需这样做。考虑给定 $\bar{x}$ 值的情况。标签 y 是随机的，来自于分布 $p(y|\bar{x})$。正如我们讨论的，对于二次方误差损失，y 的最优估计就是 y（给定 $\bar{x}$ 时）的均值，即给定 $\bar{x}$ 时 y 的条件均值。

对于给定的 $\bar{x}$，令 $m(\bar{x})$ 表示给定 $\bar{x}$ 时 y 的期望值。$m(\bar{x})$ 是使 $R(\bar{x})$ 最小的估计。因此，作为 $\bar{x}$ 的函数，$m(\bar{x})$ 正是我们要找的估计器，也就是使方均损失最小的估计器。通常，将此函数称为回归函数。

当回归函数用作估计器时，相应的最小平均损失（贝叶斯损失或贝叶斯错误率）就是期望损失，之前用 R^* 表示。这类似于分类情况，最优分类决策规则（贝叶斯规则）会使分类的误差概率最小。对估计而言，最优准则（回归函数）是使平均损失最小的函数。

14.4 函数估计中的学习

在分类时，如果知道潜在分布，就可以求取贝叶斯规则。而在估计时，如果知道潜在分布，就可以基于给定的 $\bar{x}$，通过求取 y 的条件均值找到回归方程 $m(\bar{x})$。

然而，跟之前一样，我们通常对潜在分布 $p(\bar{x}, y)$ 知之甚少。相反，假设我们有一些已标记过的数据，这些数据由具有相同潜在概率分布——独立同分布的样本根据 $p(\bar{x}, y)$ 取得。用 $(\bar{x}_1, y_1)$，$(\bar{x}_2, y_2)$，…，$(\bar{x}_n, y_n)$ 表示这些训练数据。

基于训练数据，我们想找出一个从方均误差意义上讲接近于回归函数 $m(\bar{x})$ 的函数。（所能得到的最优）基准就是贝叶斯率 R^*，而它是采用回归函数 $m(\bar{x})$ 作为标签 y 的估计时所得的二次方误差。

14.5 小结

本章讨论了估计问题的概率表述形式。如同分类问题那样，我们假设存在一个能表述该问题的先验概率分布 $p(\bar{x}, y)$，其中 $\bar{x}$ 是特征向量，而 y 是标签。分类和估计问题之间的根本差异是 y 的可能取值范围。对于分类问题，y 取两个值之一，比如 0 或 1。虽然这里没有讨论，但在许多方面有限多类的情况类似于两类的情况。可在估计问题中，y 可能是个实数。

这一基本差异要求我们修改判别成功的标准。我们要寻求能使方均误差最小的决策规则，而不再考虑错误概率。最优估计器——贝叶斯规则，由给定 $\bar{x}$ 情况下对 y 的条件平均给出，用 $m(\bar{x})$ 表示，而这个函数也被称为回归函数。估计中的学习问题就成了基于训练数据 $(\bar{x}_1, y_1)$，⋯，$(\bar{x}_n, y_n)$ 估计回归函数 $m(\bar{x})$ 的问题，训练数据根据 $p(\bar{x}, y)$ 取得。下章将讨论一些估计方法和结论，它们是分类问题中讨论过的一些方法的扩展。

14.6 附录：均值回归

Francis Galton 使用"回归"一词命名了一个有趣的生物现象，而后来这个词被用在更宽泛的统计问题中。个头很高的父母其成年子女常较其父母矮。他们的身高"退化"到平均或几何平均的高度。这种趋向均值的回归是一种统计现象，因为有些父母个头很高，而其成年子女则更高，但一般而言高个父母的成年子女并非那么高。另一方面，矮个父母的成年子女身高通常低于其父母，这也存在向平均身高回归的现象。

对于这种统计现象有个很简单的解释。假设有诸多影响身高的因子，这些因子随人群不同而不同，并由父母遗传给孩子。身高 h 的影响因子与成人身高之间具有概率关系，这一关系可以用一个最高点为 h 的钟形概率密度曲线表示。如果该密度曲线是对称的，那么具有这些因子的人身高为 $h+1$ 或 $h-1$ 的概率会相同。假设人身高因子的分布也可以表示为一个最高点为 p 的钟形曲线。p 点代表了身高因子分布的第五十个"百分点"，这群人中有一半的人受身高因子影响较多，而另一半则受到较少地影响。几乎可以肯定，它代表了人群中成人身高的第五十个百分点。

设 p 是 5ft6in，考虑那些身高 h 为 6ft6in 的成年人。在这些人中，有些从身高恰好为 h 的父母那遗传了身高因子，有些则遗传自身高略高于 h 的父母，而另一些则从身高略低于 h 的父母那遗传了身高因子。由于成人身高和身高影响因子共同作用形成了一个中心在 p 处的钟形曲线，因此人群中成人身高和身高影响因子略低于 h 的人较略高于 h 的人多。所以，身高为 h 的人可能更易受到低于 h 的身高因子的影响，而这些人的子女在成年时的身高可能达不到 h。

14.7 问题

1. 如果使用损失函数而非二次方误差，那么回归函数（即给定 x 时 y 的条件均值）是否仍是最优估计器？

2. 分析谚语"停止的钟一天中也会有两次是准时的"，并与"停止的钟一天中也会有两次准时，而走着的时钟几乎从未完全准确"比较。

3. (a) 假设我们考虑函数估计问题（而不是分类问题），但却坚持使用误差概率（而非二次方误差）作为成功标准。也就是说，每当估计 $f(x)$ 不等于 y

时，就"产生了错误"。一般情况下，依据密度函数预计可得的最小误差概率是多少？

（b）假设考虑二次方误差，但分布却使 y 值总是等于 0 或 1。如果 $P(y=1 \mid x) = p$ 并且 $P(y=0 \mid x) = 1-p$，那么何种估计 $f(x)$ 能使二次方误差最小？

4. 判别真伪：估计问题的贝叶斯错误率（相对于分类问题）可能大于 $\frac{1}{2}$。

5. 判别真伪：函数估计问题中，如果 x 是观察到的特征向量，y 是要估计的一个实值，最优贝叶斯决策规则（对于最小二次方误差）表明，我们根据最大后验概率估计 y 值，即找出最大的 $p(y \mid x)$。

14.8 参考文献

统计学里的估计指的是一类宽泛的方法，这些方法通常基于随机观测结果进行参数、函数或其他量的估计。有很多统计学书籍介绍了各类估计问题。

这里讨论的估计问题通常被称为回归估计、函数估计或者曲线估计。回归估计问题可以追溯到 19 世纪早期的 Legendre 和 Gauss 的工作。相关回归估计的诸多工作都是求解参数，在这些场合中潜在函数的形式已知，只需对特定参数进行估计。与分类问题类似，我们感兴趣的是对潜在函数知之甚少或一无所知情况下的非参数估计。有很多论文和书籍对非参数估计进行了讨论，其中一些是 Corder 和 Foreman（2009 年）、Györfi 等（2002 年）以及 Hardle（1992 年）编写的。Stone（1977）的论文中给出了一个重要结论，该结论指出了几种普遍一致的非参数估计方法。

[1] Corder GW, Foreman DI. Nonparametric statistics for non-statisticians: a step-by-step approach. Hoboken（NJ）: Wiley; 2009.

[2] Györfi L, editor. Principles of nonparametric learning. New York: Springer; 2002.

[3] Györfi L, Kohler M, Krzyzak A, Walk H. A distribution-free theory of nonparametric regression. New York: Springer; 2002.

[4] Hardle W. Applied nonparametric regression. Cambridge: Cambridge University Press; 1992.

[5] Nadaraya EA. Nonparametric estimation of probability densities and regression curves. Dordrecht: Kluwer; 1989.

[6] Stone CJ. Consistent nonparametric regression. Ann Stat 1977; 5: 595-645.

第 15 章 学习函数估计

在第 14 章中,我们介绍了函数估计问题。本章将讨论估计方法,具体而言,就是要考虑如何将分类方法扩展用于估计。

15.1 函数估计与回归问题回顾

首先回顾先前讨论过的函数估计的表述方法(与分类进行比较)。

我们想要估计出真实值,而不只是判定事物类别(0 和 1)。也就是说,要找到一个函数 f,使得给定特征向量 $\bar{x}$ 时,$f(\bar{x})$ 能对 y 值进行良好的估计。

假设有一个决定了所有相关于 $\bar{x}$ 和 y 的 $p(\bar{x})$ 和 $p(y|\bar{x})$ 的未知概率分布(密度)$p(\bar{x}, y)$。由于 y 取值连续,故而准确估计 y 值往往并不现实,此外,还需用其他性能标准来替代误差概率最小化标准。

为此,需要引入损失函数(或代价函数)来衡量估计值 $f(\bar{x})$ 与观察值 y 的近似程度。最优估计能使期望代价(或损失)达到最小(可能会有不止一个最优估计)。二次方损失 $(y - f(\bar{x}))^2$ 是最常见的损失函数,也正是我们所用的。

给定任意函数 f,对于给定值 $\bar{x}$,$f(\bar{x})$ 的期望损失为

$$R(f, \bar{x}) = \int_{\mathbf{R}} (y - f(\bar{x}))^2 p(y \mid \bar{x}) \, \mathrm{d}y$$

f 的期望损失在整个 $\bar{x}$ 取值范围内的平均,表示如下:

$$R(f) = \int_{\mathbf{R}^d} R(f, \bar{x}) p(\bar{x}) \, \mathrm{d}\bar{x} = \int_{\mathbf{R}^d} \int_{\mathbf{R}} (y - g(\bar{x}))^2 p(y \mid \bar{x}) p(\bar{x}) \, \mathrm{d}y \mathrm{d}\bar{x}$$

与分类问题类似,贝叶斯规则是使期望损失最小的映射。就二次方损失而言,它表明最优估计(即贝叶斯规则)是给定 $\bar{x}$ 时 y 的条件均值,就是通常所谓的回归函数。

贝叶斯损失(或贝叶斯错误率)R^* 是贝叶斯规则的期望损失。

如果知道潜在分布,就可以求得贝叶斯规则。可是,与分类问题一样,我们往往对这些分布知之甚少。相反,假设有已标记的数据 $(\bar{x}_1, y_1)$,$(\bar{x}_2, y_2)$,…,$(\bar{x}_n, y_n)$。根据这些数据,希望能找出一个误差率小的函数,基准(可能取得的最优错误率)为贝叶斯率 R^*。

15.2 最近邻规则

假设有一特征向量 $\bar{x}$,$1 - \mathrm{NN}$ 最近邻分类规则找出了训练实例中距 $\bar{x}$ 最近的

特征向量$\bar{x}_i$，并为$\bar{x}$分配相应的标签。在估计问题中，会进一步设定相应标签为y的估计。可以证明，就二次方损失而言，1 – NN 规则的渐近错误率等于$2R^*$。用于分类时，该规则的渐进错误率限定为$2R^*$，但值却无须等于$2R^*$。

分类中使用的k – NN 规则考虑了k个近邻，并选取相应的标记。通过对最接近$\bar{x}$的k个实例$\bar{x}_i$对应的y_i值取平均，来估计给定点$\bar{x}$对应的y值，是一种对k – NN 估计的自然延伸。

同分类问题一样，也需考虑对k_n – NN 规则的扩展，扩展规则中近邻数k_n会随训练数据量n增大而增大。在与分类情况相同的条件下，可以得到这样的估计结果，即如果$k_n \to \infty$且$k_n/n \to 0$，那么k_n – 最近邻规则就是泛相容的。

15.3 核方法

就核方法而言，我们确定间距h，并通过对所有可使$|\bar{x}_i - \bar{x}| \le h$的$y_i$取平均，来估计给定$\bar{x}$时的$y$值。

类似于分类问题，根据"窗函数"或第 8 章中的核公式（8-1），可将上述情况表述为

$$K(\bar{z}) = \begin{cases} 1 & |\bar{z}| \le 1 \\ 0 & \text{其他} \end{cases}$$

距离$\bar{x}_i$不超过h的范围内的点数为

$$W = \sum_{i=1}^{n} K\left(\frac{\bar{x} - \bar{x}_i}{h}\right)$$

估计$f(\bar{x})$为

$$f(\bar{x}) = \frac{1}{W} \sum_{i=1}^{n} y_i K\left(\frac{\bar{x} - \bar{x}_i}{h}\right)$$

跟之前类似，采用其他核函数的情况也很普遍。只要能满足某些弱假设，$K(\cdot)$就有多种选取方法。诸如三角函数、高斯函数等一些标准方法在第 8 章里就已进行了描述。

对于常见的核，W和$f(\bar{x})$的表述保持不变。此处，W代表了所有的权值，而不是距离$\bar{x}$不超过h的范围内的训练实例数。估计$f(\bar{x})$是y_i的加权平均，这些权值由x_i与$\bar{x}$的近似程度、核函数$K(\cdot)$以及平滑因子h决定。

类似于分类问题，为了取得普遍一致的估计器，需要令$h = h_n$是实例数目n的函数。如果$h_n \to 0$并且$nh_n^d \to \infty$，那么核估计就具有普遍一致性。

15.4 神经网络学习

对用于分类的神经网络学习，从第 9 章的感知器开始。感知器求取输入的

加权和，并将此加权和送入一个阈值单元。对于第10章讨论的多层网络，我们用S函数（一种软阈值）取代了硬阈值。最终输出经由阈值模块进行处理，以实现二元分类。

双曲激活规则适用于估计问题。最终的输出单元无须进行阈值处理，该阈值使网络的最终输出为一个区间内的实值。有时，最终输出单元的激活规则是线性的，而不是双曲的。也就是说，最终单元的输出正是输入的加权和。这样就能表示取值范围从 $-\infty$ 到 ∞，而非仅在某个有限区间上取值的函数了。

当然，输出单元以外的感知器仍然使用双曲激活规则。要近似常规函数，必须用到非线性特性。如果所有的感知器都具有线性激活规则，那么整个多层网络会求得某一线性规则，使得整个网络退化为单一单元。这样就只能表示线性规则了，在采用单传感器进行分类时也面临类似问题。

但是，同分类问题一样，即便具有非线性特性，还是存在一种通用的多层网络逼近结果。事实上，只需要一层结点足够多的隐层就能实现近似。特别是令 $g(\bar{x})$ 为从 $[-1,1]^d$ 映射到 R 的任意连续函数。而对于任意 $\varepsilon>0$，都存在整数 m 及一些常数 $a_i \in R$, $b_i \in R$, $\bar{w}_i \in R^d$，使函数 $f(x)$ 在 ε 范围内逼近 g，$f(x)$ 如下：

$$f(\bar{x}) = \sum_{i=1}^{m} a_i \sigma(\bar{w}_i \cdot \bar{x} + b_i)。$$

这里，$\bar{w}_i \cdot \bar{x}$ 代表了矢量 $\bar{w}_i$ 和 $\bar{x}$ 的点积，即

$$\bar{w}_i \cdot \bar{x} = w_{i,1} x_1 + \cdots + w_{i,d} x_d$$

ε 很小，代表了 $f(x)$ 与连续函数 g 间的近似程度。具体而言，结果函数 f 对所有 $\bar{x} \in [-1,1]^d$ 均满足 $|f(\bar{x}) - g(\bar{x})| < \varepsilon$。如果观察 f 的形式，会发现 f 可写为 m 项 a_i 的加权线性组合。这些组合项就是遵从双曲激活规则 $\sigma(\cdot)$ 的 m 个单元的输出。事实证明网络的非线性和层次结构决定了其通用近似特性。特定的双曲形状以及激活规则为双曲的都不重要。

在分类时，对一般决策规则的表示只是三个需考虑问题中的一个。第二个问题是找出选择权值的有效方法（如训练网络），以便从诸多可用此网络表示的规则中找出好的那个。可想而知，后向传播就能用作估计中的学习算法。要考虑的第三个问题是，如何确定学习所需的样本量限度。我们想得到一种类似于分类中PAC型的估计结果。接下来就对此进行讨论。

15.5 基于确定函数类的估计

假设有一个学习问题明确涉及了确定的函数类 F，每个函数 $f \in F$ 都是从特征空间 R^d 到 R 的映射。$f(\bar{x})$ 是观察到特征向量 $\bar{x}$ 时，对 y 值的预测。学习器的任

务则是从 F 中选择一个性能良好的函数。

学习器观察已标记的样例 $(\bar{x}_1, y_1), \cdots, (\bar{x}_n, y_n)$，并期望从 F 中选出一个性能良好的函数，这里函数 f 的优劣由错误率 $R(f)$ 确定，用 f 的方均误差来衡量。

使用类 F 内的函数所得的最小错误率为 $R_F^* = \min_{f \in F} R(f)$。如果学习器被限定使用类 F 中的规则，那么这将是它可取得的最好性能。

不要期望学习器仅依据有限的训练数据就能从 F 中找到最优函数。尽管它势必要从 F 中选取错误率 $R(h)$ 满足 $R(h) \le R_F^* + \varepsilon$ 的函数 h，却无法保证总能（如对于任意观测样例集）选出近似正确的函数 h，不过可以期望其大致正确。

因此，类似于分类情况，我们导出了以下用于估计的 PAC 标准
$$\Pr\{R(h) \le R_F^* + \in\} \ge 1 - \delta$$
如果存在一个基于训练实例求得函数 $h(h \in F)$ 的映射，使得对每组 $\varepsilon, \delta > 0$ 存在有限样本量 $m(\varepsilon, \delta)$，这样对任意分布有
$$\Pr\{R(h) > R_F^* + \in\} < \delta$$
那么，函数类 F 是 PAC 可学习的。

以下为大家感兴趣的几个函数类 F：
- 线性估计：用线性估计拟合数据，例如用直线拟合单特征函数。
- 高阶多项式。
- 结构固定的神经网络。

从 F 中选择函数的一种合理方法是，选取其中数据拟合效果最好的函数（即经验损失最小）。这就是所谓的经验风险最小化，是对分类问题中所谓枚举归纳的概括。

如前所述，如果集合 F 内包含的函数不"太多"，经验风险最小化就有用了（事实上类 F 是 PAC 可学习的）。分类时，决策规则类 C 的丰富性依据其 VC 维来衡量。下节论述了分类情况的推广。

15.6 打散、伪维数与学习

考虑点集 $(\bar{x}_1, y_1), \cdots, (\bar{x}_n, y_n)$。未经过这些点的函数 f 将该点集分成两个子集：位于函数曲线下方的点（即 $y_i < f(\bar{x}_i)$）和位于函数曲线上方的点（即 $y_i > f(\bar{x}_i)$），分别将这些点标记为 0 和 1。

如果点集 $(\bar{x}_1, y_1), \cdots, (\bar{x}_n, y_n)$ 中的所有 2^n 个标签都能由 F 中的函数生成，那么这些点就能被函数类 F 打散。

函数类 F 的伪维是个整数，是能被 F 打散的某一 V 点集合所包含的最大点数 V，可表示为 $\dim(F)$。如果类 F 可以打散任意大的点集，那么 $\dim(F) = \infty$。

伪维是实值函数 VC 维的泛化。

在适当的正则条件下，若 $\dim(F) < \infty$，则 F 是 PAC 可学习的。同分类一样，样例集容限也可求得，并取决于 $\dim(F)$、ε 和 δ。

然而，对于估计而言，逆命题就不一定对了。也就是说，许多情况中 F 的伪维为无穷大，但 F 仍然是 PAC 可学习的。相比而言，在分类问题中，（在合适的正则假设条件下）当且仅当 C 的 VC 维有限，类 C 才是 PAC 可学习的。

有些改进结论，其中包含一些逆推结论，涉及"粗分"的概念。我们要求函数 f 的曲线与点 $(\bar{x}_i, y_i)$ 间距至少为某一定值 $\gamma(\gamma > 0)$，而非简单地根据函数 f 的曲线是高于还是低于这些点来打散它们（见图 15-1）。

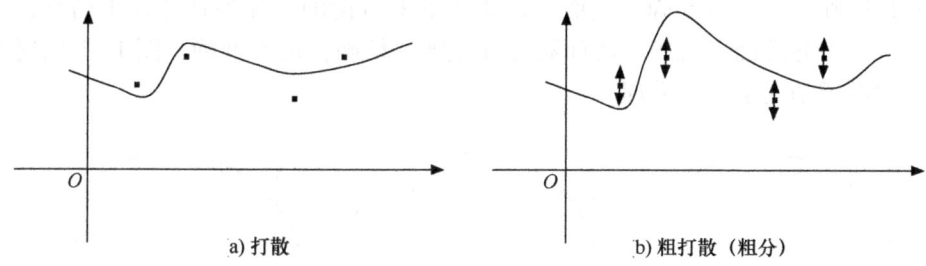

a) 打散　　　　　　　　b) 粗打散（粗分）

图 15-1　打散和粗打散

具体而言，假设有一个函数 f，如果 $y_i < f(\bar{x}_i) + \gamma$，点 $(\bar{x}_i, y_i)$ 被标记为 0；如果 $y_i > f(\bar{x}_i) + \gamma$，点 $(\bar{x}_i, y_i)$ 将被标记为 1。

如果点集 $(\bar{x}_1, y_1), \cdots, (\bar{x}_n, y_n)$ 中所有点的 2^n 个标签都能由 F 中的函数生成，那么就称该点集能被函数类 $F\gamma$ – 打散。$\dim_r(F)$ 表示了能被类 $F\gamma$ – 打散的某个 V 点集合蕴含的最大点数 V，V 为整数。根据 $\dim_r(F)$ 的有限性也有一些改进和逆推结论。

15.7　结论

本章我们将前面章节讨论的分类方法和结论扩展用于分析估计问题。通过将标签 y_i 适当平均，而不是像分类问题中那样选取，自然地拓展了最近邻法和核方法。当具备与分类问题中类似的条件时，普遍一致的结果也适用于估计问题。尽管最终输出单元可使用简单的线性激活规则，但采用 S 形激活规则可使多层神经网络能自然地应用于求解估计问题。任意连续函数都能采用多层网络去逼近，并且后向传播也能用于此类网络的训练。通过打散以及伪维定义的适当引入，概括了打散和 VC 维概念的 PAC 学习结论可以扩展用于估计问题的求解。就估计而言，如果函数类 F 具有有限伪维，那么它就是 PAC 可学习的，虽然使用粗分的概念和相关维度能获得某些逆推结果，但是一般而言逆命题不成立。

15.8 附录：估计中的准确度、精度、偏差及方差

通俗地讲，准确度和精密度往往含义类似，但在统计学中（以及数学、技术和工程中更普遍地是）这两个术语差别很大。准确度是指测量或估计接近于实际数值或真实值的程度。精度指测量或估计的可再现性。

为了阐明准确度与精密度之间的差异，举个常用的射击的例子。估计器可能非常精确，但却不准确。然而，正如接下来讨论的，如果估计器不精确，也就不可能十分准确。当然，估计器还可能既不精确，也不准确。图 15-2 用射击目标的例子阐明了这个道理。

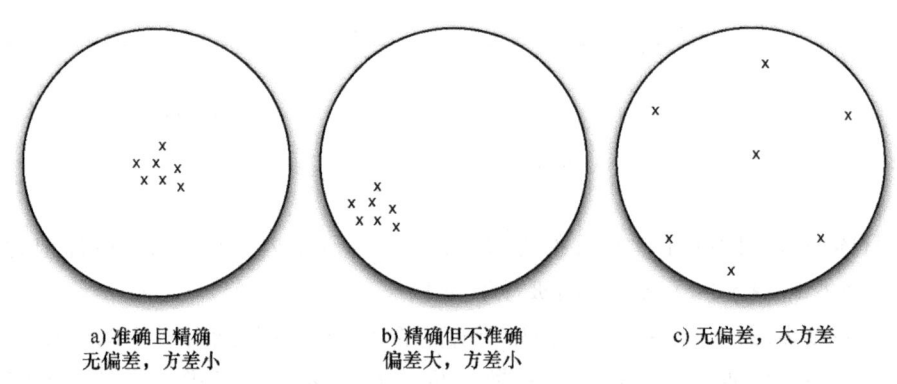

a) 准确且精确
无偏差，方差小

b) 精确但不准确
偏差大，方差小

c) 无偏差，大方差

图 15-2　准确度 = 偏差 + 方差

假设待估计量 y 能取任意实值，为了简化分析，假设 y 是定值（即不是随机变量）。如果正好有个估计 $\hat{y}_1$，我们预计 $\hat{y}_1 \neq y$，但很难找到错误原因。然而，如果观察从估计器 $\hat{y}$ 得到的另外的一些估计 $\hat{y}_2, \hat{y}_3, \cdots, \hat{y}_k$，就可能会对估计器产生的误差类型有所了解。估计 $\hat{y}_2, \hat{y}_3, \cdots, \hat{y}_k$ 中的变异性是形成误差的原因之一。这可通过估计器 $\hat{y}$ 关于其均值的方差来衡量。估计器的方差可用于衡量精密度。

第二个误差源称为估计 $\hat{y}$ 的偏差，它评估了估计器的均值与待估潜在参量 y 之间的差异。估计器的准确度与其偏差和方差有关。我们一直使用的平均（或期望）二次方误差，即 $E[(y-\hat{y})^2]$，是一种衡量估计器准确度的方法。但由于

假设 y 是定值,所以可以写为 $E[(y-\hat{y})^2] = [y - E(\hat{y})]^2 + \sigma^2(\hat{y})$。

上式中第一项是估计器的偏差,第二项是其方差。根据这种测量方法,估计器的准确度是其偏差和方差的和。注意,这两项都是正的,无法相互抵消。因此,估计器如果不精确(即方差大),那也不可能很准确,即使其偏差为零。

15.9 问题

1. 函数估计中(相对于分类),随后的哪个量为有限值时即能够判定 PAC 可学习性:VC 维、伪维、波普尔维数、分维、特征空间维数、豪斯多夫维数。

2. 常值函数组成的类 F,若 $f \in F$,$f(x)$ 形式为:$f(x) = \alpha$,α 为某一常数,即为常值函数。F 的伪维是什么?

3. 考虑所有两分段常值函数组成的类 F,$f \in F$,对于参数 α_1、α_2、β,$f(x)$ 形式为

$$f(x) = \begin{cases} \alpha_1 & x \leq \beta \\ \alpha_2 & x > \beta \end{cases}$$

F 的伪维为何?

4. (a)如果令 F 为所有分段常值函数的集合(分段数无限制,并且相邻段 F 值可以增大,也可减小),那么 F 的伪维是什么?

  (b)此类函数是 PAC 可学习的吗?解释一下(无须证明,只需简要说明)。

  (c)上一部分的结论能用估计的可学习性结果推断出吗?解释一下。

5. 考虑单变量 x 的所有非减函数类 F。若 $f \in F$,且满足如果 $x_2 > x_1$ 时,有 $f(x_2) \geq f(x_1)$。F 的伪维是什么?试证明之。

15.10 参考文献

Cover(1968)初步证明,用于估计的 1 - NN 规则其渐进误差率是 $2R^*$。Stone(1977)指出了最近邻规则、核规则和其他规则的泛相合性,从那时起,又有许多学者进行了更深入地研究和改进。Györfi 等人(2002)所编著的书中包含了该领域中诸多结论的改进方法。使用 S 形激活规则的多层网络是函数的泛逼近器这一事实被 Cybenko(1989)指出。Pollard(1984)、Haussler(1992)、Alon 等人(1993)、Kearns 和 Schapire(1994)、Bartlett 等人(1996)还有其他一些学者研究并使用了伪维、粗分的思路以及其他一些相关于维数及学习的结论。

[1] Alon N, Ben-David S, Cesa-Bianchi N, Haussler D. Scale sensitive dimensions, uniform convergence, and learnability. Symposium on Foundations of Computer Science. Washington, D. C.: IEEE Computer Society Press; 1993.

[2] Bartlett PL, Long PM, Williamson RC. Fat-shattering and the learnability of real-valued functions. J Comput Syst Sci 1996; 52 (3): 434-452.

[3] Cover TM. Estimation by the nearest neighbor rule. IEEE Trans Inf Theory 1968; IT-14: 50-55.

[4] Cybenko G. Approximations by superpositions of sigmoidal functions. Math Control Signals Syst 1989; 2 (4): 303-314.

[5] Györfi L, Kohler M, Krzyzak A, Walk H. A distribution-free theory of nonparametric regression. New York: Springer; 2002.

[6] Haussler D. Decision theoretic generalizations of the PAC model for neural net and other learning applications. Inf Comput 1992; 100: 78-150.

[7] Kearns MJ, Schapire RE. Efficient distribution-free learning of probabilistic concepts. J Comput Syst Sci 1994; 48 (3): 464-497.

[8] Pollard D. Convergence of stochastic processes. New York: Springer; 1984.

[9] Stone CJ. Consistent nonparametric regression. Ann Stat 1977; 5: 595-645.

第 16 章 简 明 性

16.1 科学中的简明性

科研工作者通常认为人们更愿选取较为简单的假设。我们对这类诉求与失配和复杂性均衡（第 13 章中讨论）间的关系很感兴趣。

至少存在两种办法，在这两种办法中简明性明确潜在地影响科学推理。有时，科学家们明确倡导简明性。而另一些时候则通过对所重视的假设进行约束，使简明性潜在地影响理论选择，而非直接排除某些过于复杂的假设。因为当科学家明确依据简明性在两个理论之中进行选择时，其实对此二者均进行了认真考量，故而在这两种方法中简明性的作用并不相同。

16.1.1 对简明性的明确倡导

即便更关注简明性的潜在作用，仍有必要先就第一种情况进行一些说明。在第一种情况中，对不同类型的简明性有着明确诉求，例如，科学家认为两个理论相比，T_1 优于 T_2 是因为从某些方面来看 T_1 更为简单，或者说，T_1 的"本体"较 T_2 的简单。比如，T_1 和 T_2 可能都是物理学理论，并且 T_1 需要的基本亚原子粒子更少。在这种情况下，可能会提到"奥卡姆剃刀"原理，该原理表明：如无必要，勿增实体。

或许有人认为，T_1 较少设定巧合情形，或更少使用预先的假设来解释数据，在这个意义上，T_1 较 T_2 更简单，因此根据 T_1 做出的解释也较 T_2 的简单。

16.1.2 这个世界简单吗？

可能有人会反驳说，在上述任何倡导简明性的情况中，都错误地设定这是个简单的世界。的确没理由这么认为，事实上可以证明这个世界相当复杂的理由却不少。

不过，上述反驳也不对。倡导简明性并不意味着必须选择简单假设。我们真正倡导的是相对简单，而非绝对简单，也就是说，两个假设可能都很复杂，不过其中之一相对简单而已。

正如第 13 章所见，考虑数据拟合与简明性并兼顾二者，使我们能在极限情况下进行学习。那种考虑"简明性"的方法并未假设"这是个简单的世界"——无论世界简单与否，该方法均有效。

16.1.3 对简明性的错误诉求

另一类反对意见源自前面提过的观点，即当科学家明确根据简明性选取假设时，有必要对这两个假设进行认真思考。这种情况下，可能有，也可能没有理由认为假设越简单越合适。有时，假设并非越简单就越合适。

思考生物进化理论中的一种情况，两种生物具有一类共同特征。假设 1 认为它们从同一祖先处遗传了该特征。假设 2 认为它们的共同特征并非遗传自同一祖先，而是它们的祖先经历了平行演化。在某种意义上，假设 1 较假设 2 简单，但这并不能证明它优于假设 2。考虑到具有那种特征可带来的好处，上述平行演化的可能性有多大就至关重要了。鸟类和蝙蝠的翅膀并非源自共同的祖先，而是上述平行演化的结果。在某些情况下，尽管假设 1 明显简单（Sober, 1990），与其相比假设 2 成立的可能性更大。

16.1.4 对简明性的隐性诉求

在某种意义上，科学家一定会，至少是隐含地考虑简明性。在有趣的科学案例中，数据永远要与无数相互矛盾的假设相协调。即使科学家们不断求得的仅是试探性的结论，他们还是必须设法对其进行辨别。

换句话说，在任何给定阶段，都必须从与数据吻合的无穷多个假设中区分出优选假设 h。这并不意味着弃用假设（称之为 u）会一直被搁置。如果 h 不能拟合新的数据，而之前搁置的某个假设却可以的话，那么该假设 u 随后会被重新考虑。

比如，当科学家思考物体如何相互吸引时，可能会导出假设 h，即引力与物体质量的乘积成正比，与它们间的距离 r 的二次方成反比，公式为 $F = Gm_1m_2/r^2$。迄今为止没有证据能将假设 h 和假设 u 区分开，假设 u 表明：两物体间的引力表达式 $F = Gm_1m_2/r^2$ 至今仍然正确，不过，往后正确的公式将取决于距离的三次方，如公式 $F = Gm_1m_2/r^3$ 所示。可是，科学家们均未考虑过后者，并且也不关注那些提议用后者替代前者的人。也就是说，当前的证据并不支持后一假设。如果以后获得了与二次方假设相矛盾，却与三次方假设一致的证据，那么我们可能不得不重新考虑后者。

16.2 排序假设

即便是从事常规的科学实践，似乎也必须设法对假设进行排序，将假设 h 置于假设 u 之前。观察科学家对假设的实际使用顺序会发现，该顺序与假设的直观简明性有关。直观看来，假设 h 比假设 u 更简单。

同样，科学家会先考虑线性方程，其次考虑二次方程，然后才是三次方程。Putnam（1963）声称标准的科学实践过程也是如此。给定一个数据集合 D_1，科学家提出了诸多能对 D_1 进行解释的假设，即 h_1，h_2，…，h_k（实际上，还有更多可以解释 D_1 的假设，可是我们并未考虑到，或者即便想到也并未重视）。接下来，科学家们寻找能从之前所有假设 h_i 中选择其一的数据集合 D_2。然后，他们提出另外一些可以对数据集合 D_1 和 D_2 均进行解释的假设，就这样不断重复下去。

简明性是如何介入实践过程的呢？或许科学家倾向于首先考虑更为简单的假设，又或许简单假设就是科学家往往会首先想到的那类假设（Nozick，1983）。

16.2.1 两种简明性排序法

至少找出两种根据简明性对假设进行排序的方法，这对我们的工作是有益的：独立假设（$h_1, h_2, \cdots, h_k$）间可能存在一种良好的顺序关系，在这一意义上，(a) 对任意两个不同的假设 h_i 和 h_j 而言，要么 h_i 排在 h_j 之前，要么 h_j 排在 h_i 之前；(b) 对假设的任意非空子集而言，总有一个是最简单的（即处于排序中的首位）。这是一种基于简明性实现假设排序的方法。另一可能性是，存在一种假设类的包含排序方法 $H_1 \subset H_2 \subset H_3 \subset \cdots \subset H_k \subset \cdots$，这种方法并未设定独立假设间的顺序关系。第 13 章中讨论的失配与复杂性均衡就是第二种类型。

上述第一类简明性排序方法涉及对假设自身的排序。这类方法会依据某些表述的长度对假设进行排序，长度相同时则按字母顺序调整次序。在有些方法里，假设被表示为某类计算机程序，可以依据程序长度对其进行排序。这类基于程序长度最短原则判别简明性的思路在计算机科学领域挺常用，并且往往能依据柯尔莫戈洛夫复杂性进行判定。它还与"随机性"的概念相关，根据这一概念，在一定程度上，没有比直接罗列随机序列中的数据更简短的表达方式了。

第二类简明性排序法是针对假设类而非个体假设进行排序。有时，人们会根据一些用于确定组内特定假设所需的参数来对假设进行分组。例如，线性假设排在二次假设之前，是因为二维情况下两个参数就足以确定形式为 $ax+b$ 的线性假设，然而要确定形式为 ax^2+bx+c 的二次假设却需要三个参数。

由于这些假设本身就很有序，故第一种方法仅考虑假设数目有限的情况。第二种方法则能处理无穷多假设的情况，因为排序中的每个假设类中都可能蕴含着无数个假设（"无穷多"的含义在第 4.7 节中已讨论过）。然而，即便仅考虑有限个假设，我们仍能使用第二种方法（比如用某一确定字母表述的情况）。此时，就算假设数目有限，也无须对其严格排序。比如，系数为有理数的多项式集。虽然这样的多项式集个数有限，但我们希望采用第二种方法将所有线性假设（无穷多个）排在非线性二次假设之前，而后者则排在三阶多项式之前，以此类推。

16.3 两个实例

16.3.1 曲线拟合

有时研究人员想用曲线拟合一些数据点。在二维例子中，令坐标 y 表示参量值，它与坐标 x 表示值是函数关系。假定数据表明了特定的 x 值与 y 值间的对应关系，如图 16-1 所示。

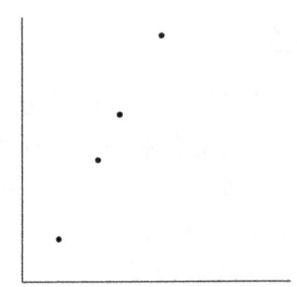

图 16-1　数据点 $(1,2)$，$(3,6)$，$(4,8)$，$(6,12)$

许多曲线都会经过这四个点。其中一条曲线可以由公式 $y = 2x$ 表述，如图 16-2 所示。另一条可由公式 $y = 2x + (x-1)(x-3)(x-4)(x-6)$ 表述，如图 16-3 所示。

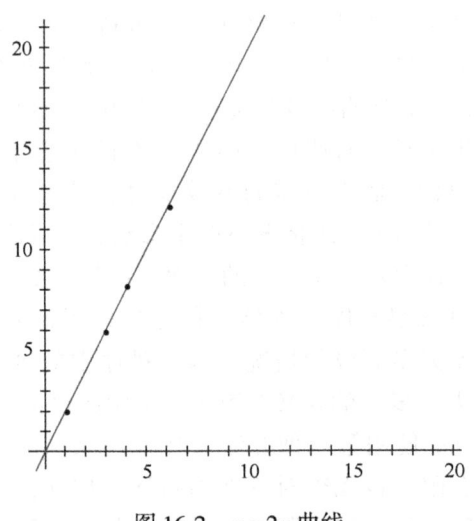

图 16-2　$y = 2x$ 曲线

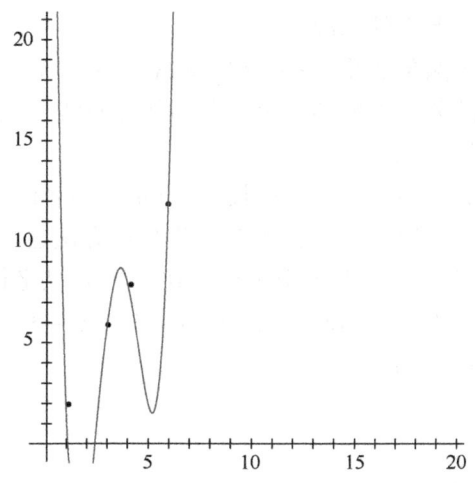

图 16-3　$y = 2x + (x-1)(x-3)(x-4)(x-6)$ 的曲线

那么，哪条曲线给出了表述 x 和 y 之间关系的更优假设呢？

在标准的曲线拟合分析中，研究人员会选择线性关系 $y = 2x$，而不是较为复杂的关系 $y = 2x + (x-1)(x-3)(x-4)(x-6)$。

16.3.2　枚举归纳

假设数据为翡翠颜色的检查结果。在特定时间 T 之前，就已获得了这些数据，并且所有检查过的翡翠都是绿色。考虑以下两个假设：

h_1 所有翡翠都是绿色。

h_2 所有翡翠要么是在 T 时刻前首次检查并且为绿色，要么未在 T 时刻前首次检查并且为蓝色。

两种假设拟合数据的效果同样好。此外，对于那些未在 T 时刻前做首次检测的翡翠而言，上述两个假设相互矛盾。

然而，在这种情况下，研究人员显然只会认真考虑 h_1 而非 h_2，除非是在哲学课上！

我们该如何表征值得重视和无须重视的假设之间的区别呢？

如果有能同样好地解释数据且更简单的假设，那么我们自然不会关注复杂假设。这样一来马上面临两个问题。第一，如何描述这里所涉及的简明性？第二，为什么要优先选取更简单的假设？接下来，首先考虑第一个问题，如何描述简明性。

16.4　简明性即表征简明性

假设的简明性必须与其表述的简单性有关，我们很自然地提出了这一建议。

这解释了我们一直以来考虑的情况。

前面的例子比较了两条曲线 $y=2x$ 和 $y=2x+(x-1)(x-3)(x-4)(x-6)$，显然表述第二条曲线的公式更复杂。第一条曲线是直线（见图 16-2），而第二条曲线有几个起伏（见图 16-3）。

同样，比较之前关于翡翠颜色的假设 h_1 与 h_2，前者的表述更短且更简洁。

然而，相较于目前所用的方法，还有一些其他方法也可用来表述这些假设。如何在图形中表示假设，取决于所用坐标，比如可令纵坐标表示 y 的对数或其他 y 的函数形式。当纵坐标代表 $y/(2x+(x-1)(x-3)(x-4)(x-6))$ 时，图 16-4 就是 $y=2x$ 的图形了。

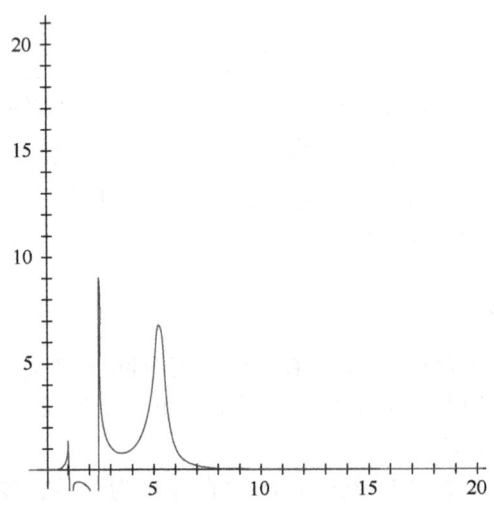

图 16-4 $y=2x$ 的图形，纵轴代表 $y/(2x+(x-1)(x-3)(x-4)(x-6))$

这里，假设函数 $y=2x$ 可以用复杂曲线表示。使用相同坐标时，第二个函数 $y=2x+(x-1)(x-3)(x-4)(x-6)$ 可以用一条数值为常数 1 的水平直线表示。

我们可能会引入一些新术语来重新表述假设 h_1 和 h_2。令"蓝绿（在 t 时刻）"表示"要么在 T 时刻首次检查颜色并且为绿色（在 t 时刻），要么在 T 时刻前并非首次检查颜色并且为蓝色（在 t 时刻）"。那么，复杂的假设 H_2 可以表述为"所有翡翠都是蓝绿色的"，该假设的表述就像 h_1 的（"所有翡翠都是绿色"）一样简单。

事实上，用"h_1"和"h_2"表达两个假设就已经非常简洁了。如果还觉得不够简单，那么任意假设都可以用一个字母或者甚至一个小点来表示。可是，仅仅表述形式简单是远远不够的。

16.4.1 要确定表征系统吗？

提前确定表述系统是解决上述问题的办法之一，随后只需考虑那些能用较少符号进行表述的假设。

这样就无须改变函数 $y=2x$ 和 $y=2x+(x-1)(x-3)(x-4)(x-6)$ 的图形了。第一个函数的表述总是更简单，并且被认为较第二个函数简单，这似乎是对的。同理，我们不能使用可避免对翡翠颜色的误判的新术语（如"绿蓝"和"蓝绿"）来简化假设。那么，也就不能将假设表示为"h_1"或"h_2"了。

但这种简明性处理方法太过刻板，它忽略了有时要用新符号来表示新函数的事实。例如，有时人们想引入三角函数或微积分中的导数及积分符号来简洁地表述重要假设。如果不引入新符号，却又必须表述那些假设，那么假设的表述形式可能很复杂，甚至极为烦琐冗长，并且假如根据表述简单与否来衡量简明性，这些假设可以说是非常复杂的。

16.4.2 参数越少越简单吗？

前面已提到，始终使用固定表述系统，并根据假设在系统中表述的简明性来衡量其简单与否是错误的。随着数学和理科的不断发展，需要引入一些新符号，正如在三角函数和微积分中那样，这些符号的引入改变了特定假设的表述形式，使其更为简洁。

对于依据从给定类别中选出函数所需参数的个数来衡量简明性的情况，三角函数提供了一个反例。考虑函数类 $a\sin(bx)+c$，显然只需三个参数就足以确定其中的特定函数。但是，无论存在多少数据点，几乎总能找出某条经过所有数据点、且具有上述表示形式的正弦曲线。不过该正弦曲线的频率可能很高。但一般而言，总是使用此类正弦函数而非某类四参数多项式的做法也不合理。

观察发现，即便只需三个参数就能确定正弦曲线类中的特定函数，但是正弦曲线类的伪维却是无限的。根据第 15 章的讨论可以看出，选取集合成员所需的参数数目并非是衡量集合复杂性的良好标准。

16.5 简明性的实用理论

另外，还需考虑使用某理论解决问题的难易程度。假如有一个关于翡翠颜色的问题。在分析时，使用假设 h_1 很容易得到答案，因为 h_1 告知我们无论要检测何种翡翠，答案总是"绿色"。可是，要用 h_2 来回答该问题，就不这么简单了，因为要确知首次观察这块翡翠的时间。如果是在 T 时刻前完成首次观察，就能用 h_2 判定翡翠是绿色；否则，判定为蓝色。

再举个例子，假设有函数 $y=f(x)$，我们想知道当 $x=5$ 时该函数的值。若函数是 $y=2x$，那么计算过程相对容易为 $y=2(5)=10$。但如果函数是 $y=2x+(x-1)(x-3)(x-4)(x-6)$，计算起来就比较复杂了，为

$$y = 2 \times 5 + (5-1) \times (5-3) \times (5-4) \times (5-6) = 10 + 4 \times 2 \times 1 \times (-1) = 10 - 8 = 2$$

注意，转换到新的图形坐标系或添加诸如"绿蓝"和"蓝绿"等项，往往不会简化计算过程。事实上，我们在计算时常常会先替换新定义的项，以采用原有方式表达问题，然后再解决问题，此过程其实更为复杂。而这说明，在求解我们感兴趣的问题时，理论越简单可能越容易求得答案。

16.6　简明性和全局不确定性

全局不确定性是在对比两个假设时提出的，假设一：你生活在一个桌、椅的世界；假设二：你是"缸中的大脑"，被赋予了处于桌、椅世界中的印象。在这两种情况下，你可能会有完全相同的体验，甚至永远无法区分这两个假设。

有这样的假设，它认为至少自数十亿年前的"大爆炸"时起，宇宙就已经存在，相比几千年前上帝创造宇宙的假说，前者有化石和更古老的遗迹为证。再者，你日后可能会获得与这些假设一致的经验。

有人认为，考虑到假设的经验等价性，在上述问题中，从相互竞争的假设中选出最简单的那个是一种合理的做法，这里将根据使用假设的难易程度衡量其简明性。在这些例子中，相比于寄生假设，常规假设稍易使用。要使用寄生假设进行预测，需做如下推理：

"该假设表明由于这样或那样的原因，另一个假设似乎才是真的。这个判定为真的假设预测结果如此，因此，似乎就是如此。"

比较分别使用寄生假设、常规假设时所需的推理或计算，前者的计算方法是在后者基础上的扩展。所以，与常规计算方法相比，寄生计算方法的外延必定更广，这意味着它会更复杂，同时证明我们无须重视寄生假设。

16.7　小结

大家已注意到，在选择解释数据用的假设时，简明性很重要。我们已大致考虑了如何表征简明性的相关顺序。在考虑并否定了以表述的简单性作为判别假设简明性的依据后，我们猜测简明性的排序关系可能与假设在科研上的易用性相关。我们注意到个体假设排序和假设类别排序之间的差异。尽管有时人们认为，可以依据指明类中特定成员所需的参数个数对相关类进行排序，但正弦曲线类却是反例。

16.8　附录：基础科学和统计学习理论

在本章中，我们发现科学家追求理论的简明性，并且还将对简明性的科学诉求与在统计学习中有着重要作用的失配与复杂性之间的均衡进行了比较。不过，我们并非想要说明这两者相同，或者科学家能使用统计学习理论的技巧提出基本科学理论。

一方面，基本科学理论（如牛顿力学、爱因斯坦狭义相对论和广义相对论、量子场论）并未根据事物的可观测特征直接对其进行分类。事实上，只有通过"可控实验"、给定测量装置的各种"辅助假设"及隔离其他各种干扰等措施，这些科学理论往往才与观测结果有关。统计学习理论关心的是，从观测数据中寻找特定的模式和规律。即使统计学习理论方法找到了与给定可控实验相关的理论规律，科学家可能还想进一步揭开这些规律后"隐藏的法则"。

资源有限的问题当然存在。那么，应该将其投入基础科学，还是投入无须寻找潜在规律的工程、应用科学呢？应该在医学研究，还是基础生物学上投入呢？是要预测日食，还是要了解天际中究竟存在些什么呢？

有人可能支持将资金投入基础科学，至少部分原因是：基础科学是真的很有趣，更何况还有应用的可能。或许还有人认为，基础科学有时会创造出重要的、技术上很有效的应用，而这些应用可能无法事先预测。

有时，即使基础科学并未发展，技术却已进步了。比如，火药、造纸术、活字印刷术在为欧洲人知晓前，就早已在中国使用。印度的天文学对诸如日食等天文现象的预测相当准确。不过，对一些技术还是要有基本的认知（统计学习理论方法无法自行预测核裂变和聚变）。

16.9 问题

1. 假如假设 h_1 和 h_2 拟合数据的效果同样好，但是 h_1 较 h_2 简单。这种情况下，选择 h_1 而非 h_2 就必须假设世界是简单的吗？简述原因。

2. 仔细体会以下论述。"世界只是个梦境的假设相较于世上真有物质实体的假设更简单。这两个假设能同样好地解释数据。所以，相信这个世界只是个梦境比相信世上真有物质实体更合理。"

3. 怎么能有数不清的假设呢？能对事物的不可数集进行良好排序吗？

4. 所有翡翠都是绿蓝色的假设意味着翡翠将在 2050 年改变颜色吗？

5. 用简明性去判定那些无法用任何证据进行区分的假设，这样做合理吗？

6. 科学家如何衡量假设的简明性？相比数据拟合效果同样好但更复杂的假设，科学家会更认可简单假设吗？还有其他选择吗？

7. 对你而言，相信自己不是个被给予外部世界体验的"缸中之脑"，这合理吗？解释一下。

8. 什么是理论的工具主义概念？

9. 有人建议在根据数据选择假说时，应兼顾假说的实验误差及其简明性。统计学习理论会对此进行评价吗？

16.10 参考文献

Ludlow（1998）给出了简明性的语义学解释，引用了早先 Peirce（1931-1958）和 Mach（1960）的版本。Harman（1999）在研究了替代方法后论证了一种近似的方法。在 Angluin 和 Smith（1983）、Blum 及 Blum（1975）、Blum（1967）、Gold（1967）、Kugel（1977）、Solomonoff（1964）、Turney（1988）以及 Valiant（1979）的工作中对简明性的相关分析方法进行了辩析。Sober（1975）论证了一种简明性的"语义学"解释，这种方法根据指定类中某个特定成员所需的参数数目评估假说类的复杂性。Later Sober（1988，1990）不认同简明性的特定概念推论的一般相关性。后来，Forster 和 Sober（1994）认为（在缺乏可变参数时测量的）简明性最大限度地提高了预测精度。绿蓝-蓝绿的例子由 Goodman 在 1965 年提出。

[1] Angluin DC, Smith CH. Inductive inference: theory and methods. Comput Surv 1983; 15: 237-269.

[2] Blum M. A machine-independent theory of the complexity of recursive functions. J Assoc Comput Mach 1967; 14: 322-336.

[3] Blum L, Blum M. Toward a mathematical theory of inductive inference. Inf Control 1975; 28: 125-155.

[4] Dewey J. Logic: the theory of inquiry. New York: Holt; 1938.

[5] Forster MR, Sober E. How to tell when simpler, more unified, or less ad hoc theories will provide more accurate predictions. Br J Philos Sci 1994; 45: 1-35.

[6] Gigerenzer G, et al. Simple heuristics that make us smart. Oxford: Oxford University Press; 1999.

[7] Gold EM. Language identification in the limit. Inf Control 1967; 10: 447-474.

[8] Goodman N. Fact, fiction, forecast. 2nd ed. Indianapolis (IN): Bobbs-Merrill; 1965.

[9] Harman G. Simplicity as a pragmatic criterion for deciding what hypotheses to take seriously. In: Harman G, editor. Reasoning, meaning, mind. Oxford: Oxford University Press; 1999.

[10] Kugel P. Induction, pure and simple. Inf Control 1977; 35: 276-336.

[11] Ludlow P. Simplicity and generative grammar. In: Stainton R, Murasugi K, editors. Philosophy and linguistics. Boulder (CO): Westview Press; 1998.

[12] Mach E. The science of mechanics. 6th ed. Chicago: Open Court; 1960.

[13] Mitchell TM. Machine learning. New York: McGraw-Hill; 1997.

[14] Nozick R. Simplicity as fall-out. In: Cauman L, Levi I, Parsons C, editors. How many questions: essays in honor of Sydney Morgenbesser. Indianapolis: Hackett Publishing; 1983. pp. 105-119.

[15] Peirce CS. Hartshorne C, Weiss P, Burks A, editors. Collected papers of Charles Sanders Peirce, 8 vols. Cambridge: Harvard University Press; 1931-58.

[16] Putnam H. "Degree of confirmation" and inductive logic. In: Schillp A, editor. The philosophy of Rudolph Carnap. LaSalle, (IL): Open Court; 1963.

[17] Sober E. Simplicity. Oxford: Oxford University Press; 1975.

[18] Sober E. Reconstructing the past. Cambridge (MA): MIT Press; 1988.

[19] Sober E. Let's razor Occam's razor. In: Knowles D, editor. Explanation and its limits. Cambridge: Cambridge University Press; 1990.

[20] Solomonoff RJ. A formal theory of inductive inference. Inf Control 1964; 7: 1-22, 224-254.

[21] Stalker D. Grue: the new riddle of induction. Peru (IL): Open Court; 1994.

[22] Turney PD. Inductive inference and stability [PhD Dissertation]. Department of Philosophy, University of Toronto; 1988.

[23] Valiant LG. The complexity of enumeration and reliability problems. SIAM J Comput 1979; 8: 410-421.

第 17 章 支持向量机

支持向量机（SVMs）是一种先进的学习算法，已经在诸多场合成功应用。在第 8 章中，我们讨论了核方法，支持向量机就是一种特殊的核方法。支持向量机的成功应用使这种特殊的核方法受到了广泛关注。

支持向量机的起源可以追溯到 19 世纪 70 年代后期 Vapnik 的两个重要思想。第一个思想是将特征向量以一种非线性方式映射到一个高维（可能是无限维）空间，然后在新空间里应用线性分类器。这样，就实现了原空间上非线性分类器的构造，克服了线性分类器的表述局限。而（在变换空间中）使用线性分类器有利于找出对训练数据处理效果良好的分类器。当使用包含诸多非线性规则的类时，这些计算优势仍然存在。第二个重要思想是关于大间距线性分类器的，该分类器尽可能地在无数个超平面之间分离数据。虽然许多分离超平面对训练数据的处理效果一样好（事实上，如果分离了数据，效果就非常好了）。但它们处理新数据的泛化性能却差别很大。选用"大间隔"分类超平面可带来良好的泛化性能。

在第 9、10 章讨论神经网络时，我们遇到过类似的问题。第 9 章从线性分类器（即感知器）着手，介绍了一种基于训练样例集调整感知器权值的训练规则。在任何可行情况下，该训练规则肯定能找出一组可将所有样例正确分类的权值。问题是，感知器只能表述线性规则。

这引发了对第 10 章多层网络的思考。我们认为，如果网络有三层并且每层有足够多的结点，那么这些网络就能任意地近似所有决策规则。反向传播训练算法就是这样一种实用的能克服感知器局限（即线性规则）的方法。

所以，对于有限表示的问题可以考虑采用多层网络来解决，而训练算法的问题则可通过反向传播解决。第三个问题是要确保生成的分类器具有良好性能。就多层网络而言，相对于训练样例数，要保证网络规模（层数和每层感知器的数量）不太大。第 12 章中基于 VC 维讨论的样例数据容限对此提供了帮助。

本章中，这些问题会通过不同方式得以解决。支持向量机（SVMs）仅在映射到高维空间之后使用线性规则，这样一来，我们就能取得原始空间中的非线性规则，表述问题就得以解决了。由于求解优化问题的好算法很多，所以可将超平面的选取转化为优化问题进行分析，那么计算难题也就迎刃而解了。接着，通过寻找大间距超平面确保取得良好的泛化性能。将前述思路融合在一起就形成了一个通用的、成功率高的学习算法。

17.1 特征向量的映射

正如上面提到的,先将训练样例非线性映射到高维空间,然后在新空间中使用线性规则,如此一来就解决了表述问题。原始特征空间上的非线性规则也因此获得。

从某种意义上讲,我们认为多层网络就做了类似的事。回忆图 10-10,此处图 17-1 与之相同。输出层的单感知器对输入其中的加权线性组合施以门限。尽管并不清楚所用的非线性变换,但此加权线性组合输入恰好是原始特征向量的某种非线性变换。反过来,我们可以直接指定非线性变换,然后找出变换空间中的线性分类器。

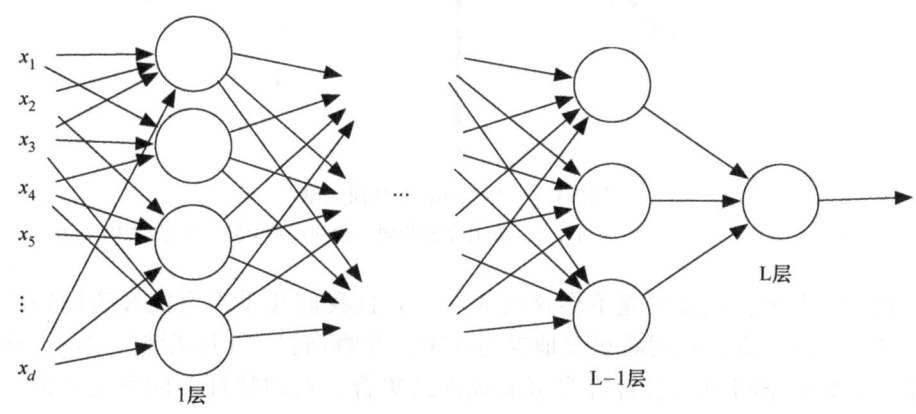

图 17-1　前向神经网络

举个简单的例子,思考第 9 章中的二维异或问题。对于点 $\bar{x} = (x_1, x_2)$,我们将 $x_1 x_2 > 0$ 的点标记为 1,将 $x_1 x_2 < 0$ 的点标记为 -1,如图 17-2 所示(与图 9-5 一样)。显然,线性准则不适于分析此问题。不过,考虑将向量 $\bar{x}$ 变换成一个新的三维矢量 $\bar{z} = (z_1, z_2, z_3)$,其中 $z_1 = x_1, z_2 = x_2, z_3 = x_1 x_2$(见图 17-3)。如此一来,在变换空间中使用线性规则就能够表述最初的异或问题了,因为新空间中的简单(超)平面 $z_3 = 0$ 可将标记为 1 和 -1 的点分开。本例中增加了 1 个维度,从 R^2 到 R^3。在这种特殊情况下,可以通过将 $\bar{x}$ 简单映射到 z_3 来降低一个维

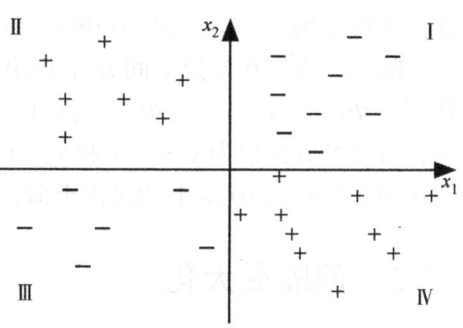

图 17-2　感知器对 XOR 问题的表达

度，进而实现数据分离。不过，这是异或问题的特定构造结果，而且我们事先已了解该构造。

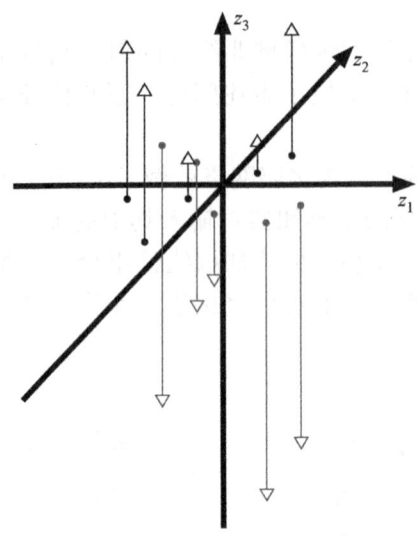

图 17-3 二维 XOR 映射到三维

箭头指向表示 (x_1, x_2) 平面（与 (z_1, z_2) 所在平面相同）内的点映射到三维空间中的何处

通常情况下，问题可能不会这么简单，并且我们几乎不可能知道问题的固有构造。这样一来，映射将更多地参与其中，并将 $\bar{x}$ 转换到更高维的空间，从而给出一个原始空间中的包含许多可能规则的集合。新的特征空间甚至可能为无限维！例如，原始空间只有两维 x_1 和 x_2，而变换空间的特征则可能是：

$$z_1 = x_1, z_2 = x_2, z_3 = x_1^2, z_4 = x_1 x_2, z_5 = x_2^2, z_6 = x_1^3, z_7 = x_1^2 x_2, \cdots$$

令 H 表示新特征空间，Φ 表示映射，有

$$\Phi : \mathbf{R}^d \to H$$

对于原始特征向量 $\bar{x} \in \mathbf{R}^d$ 而言，变换后的特征向量为 $\Phi(\bar{x})$，标签 y 不变。因此，训练样例 $(\bar{x}_i, y_i)$ 变换为 $(\Phi(\bar{x}_i), y_i)$。

随后，我们在变换空间 H 中找出一个超平面，该超平面能将变换后的训练样例 $((\Phi(\bar{x}_1), y_1), \cdots, (\Phi(\bar{x}_n), y_n))$ 分隔开。也就是说，从 H 中找出一个超平面，将变换后标记为 $y_i = -1$ 和 $y_i = 1$ 的特征向量 $\Phi(\bar{x}_i)$ 分隔于该超平面的两侧。与在第 9 章和第 10 章中的讨论类似，此处令类标记为 -1 和 1 而非 0 和 1。

17.2 间隔最大化

一般来说，我们并不期望训练数据 $(\bar{x}_1, y_1), \cdots, (\bar{x}_n, y_n)$ 是线性可分的。但

是，如果将其变换至一个维度够高的空间，变换后的数据（$\Phi(\bar{x}_1), y_1$），…，（$\Phi(\bar{x}_n), y_n$）可能就线性可分了。不管怎样，暂时假设数据可以被超平面分隔。那么，往往有无穷多个这样的分类超平面。如图 17-4 所示具有多根分割线的二维可分的例子。

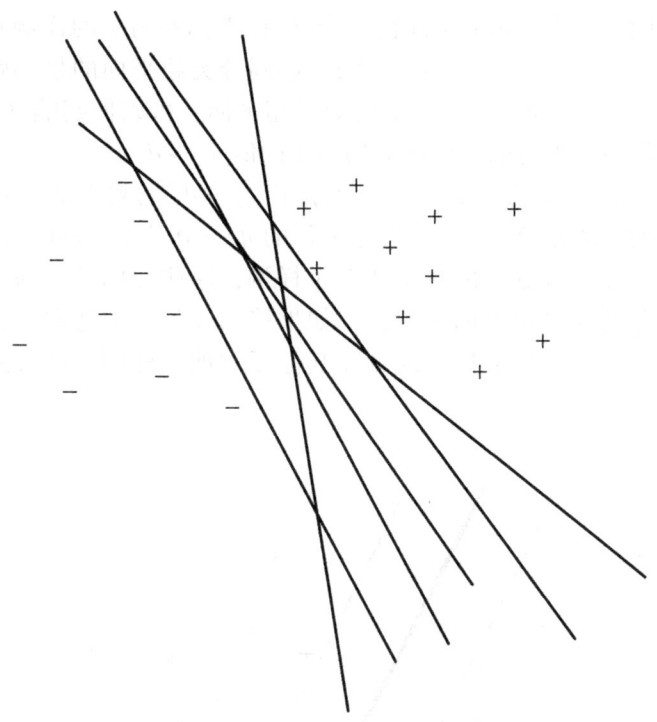

图 17-4　二维空间中的分类超平面

所有这些分类超平面对训练数据的划分效果都很好（事实上它们的表现很完美），但我们却并不清楚它们处理新样例的效果如何。也就是说，不同分类超平面泛化性能可能各异。那么自然会有人问，就处理新样例的错误率而言，这些超平面的分类效果是否有优劣之分。

如果不加限定条件，答案是否定的。从 VC 理论可以证明，任何用于分离 d 维数据的线性分类器其期望错误率都小于 $d\log n/n$ 的某个定常数倍。如果维数 d 比训练数据量 n 小，那么这个边界是可以接受的，但在某些应用中 d 可能非常大，这个边界就太糟糕了。事实上，如果像之前章节中讨论的那样对训练样例进行映射，那么 d 实际代表的是变换空间 H 的维度，所以显著增大 d（甚至可能是无限的），并不会得到令人满意的边界。

我们可以证明这个是紧边界，从这个意义上讲，对于任何分类器，都存在一个错误率接近该边界的分布。因此，在不良情况下，选择哪个分类超平面都无关紧要了，因为所有分类超平面的性能都同样糟糕。

然而，会引起不良性能的分布并不常见，并且对于大多数"典型"分布而言，可以利用训练数据的一些特性来取得更好的性能。找出能以大间隔分离数据的超平面是一个重要的思路。也就是说，给定分离数据用的分类器，我们可以测量训练样例到分类器边界的距离。令 d_+ 代表标签为 1 的样例到分类超平面的最小距离，并令 d_- 表示标签为 -1 的样例到分类超平面的最小距离，超平面间隔定义为 $d_+ + d_-$。通过选取合适的分类超平面，可以使间隔 $d_+ + d_-$ 尽可能大。那么，任何与之平行的平面间隔均为相同值 $d_+ + d_-$。

图 17-5 展示了两维的情况。图中展示了 $d_+ = d_-$ 的超平面（也就是正例与反例到超平面的距离相等），以及与之平行的 $d_+ = 0$ 或 $d_- = 0$ 的超平面。后两个超平面会经过训练数据中的一个或多个样例，这些样例被称为支持向量，它们是定义最大分类间隔超平面的样例。如果移动或删除支持向量，最大间隔超平面也会随之改变，但如果移动或删除其他任意训练样例，最大间隔超平面则不会发生变化。

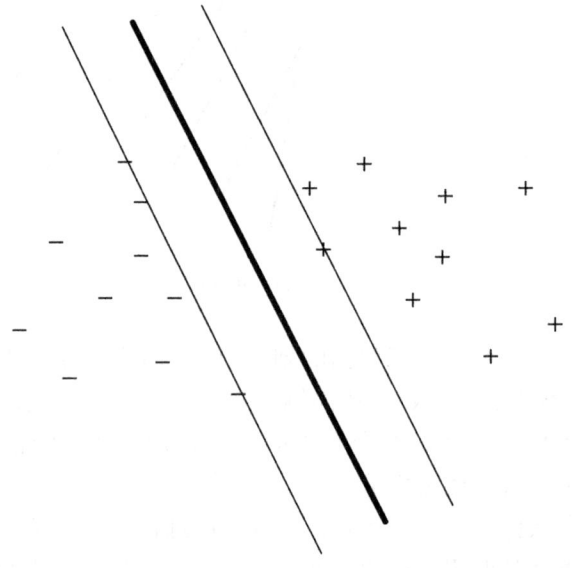

图 17-5　大间隔分离

直观地讲，如果分类间隔大，即便超平面有小幅改变，分类器仍然可以稳健地分离样例，并且我们还期望该分类器具有较好的预测性能。这不是最糟的情况，但却很常见。事实上，无论是在实践中，还是在理论中，均已证明大间隔分类器具有良好的泛化性能。

17.3 优化与支持向量

讨论至此,可以粗略地将支持向量机的操作概括如下:最初的训练样例为 $(\bar{x}_1, y_1), \cdots, (\bar{x}_n, y_n)$,这里 $\bar{x}_i \in \mathbf{R}^d$ 并且 $y_i \in \{-1, 1\}$。通过映射 Φ 将训练样例映射到高维空间 H 中,变换为 $((\Phi(\bar{x}_1), y_1), \cdots, (\Phi(\bar{x}_n), y_n))$,其中 $\Phi(\bar{x}_i) \in H$。在变换空间 H 中,寻找一个能以最大分类间隔将变换后的训练样例进行分类的超平面。然后,对新的训练样例 x 进行分类,求取 $\Phi(\bar{x})$ 并根据 $\Phi(\bar{x})$ 与超平面的位置关系对 $\bar{x}$ 进行分类。

变换空间 H 中的超平面可以用矢量 $\bar{w} \in H$ 和标量 b 来表示,表述方程如下:

$$\bar{w} \cdot \bar{z} + b = 0$$

其中,$\bar{z} \in H$。满足上述方程的点 $\bar{z} \in H$ 位于超平面上。位于该超平面一侧的所有点都满足 $\bar{w} \cdot \bar{z} + b > 0$,而位于其另一侧的点将满足 $\bar{w} \cdot \bar{z} + b < 0$。

因此,要想找到分类超平面,就需要先找到符合条件的 $\bar{w}$ 和 b,如:

$$\Phi(\bar{x}_i) \cdot \bar{w} + b > 0 \text{ 如果 } y_i = +1,$$
$$\Phi(\bar{x}_i) \cdot \bar{w} + b < 0 \text{ 如果 } y_i = -1。$$

给定符合条件的 $\bar{w}$ 和 b,我们就能将此分类器作为势函数分类器用了(详见8.5节),其势函数为

$$f(\bar{x}) = \bar{w} \cdot \Phi(\bar{x}) + b \tag{17-1}$$

在所有的分类超平面中,我们最想获得分类间隔最大的超平面,故而可用优化问题进行求解。实际上,即便在映射后可能仍然无法仅用一个超平面就实现对变换样例 $(\Phi(\bar{x}_i), y_i)$ 的分类。此时,优化问题就要在尽可能多地分离数据的同时,使分类间隔最大化。

通过求解该优化问题,就能得到定义最大间隔超平面的 $\bar{w}$ 和 b。事实证明,$\bar{w}$ 可以这样求取

$$\bar{w} = \sum_{i=1}^{n} \alpha_i y_i \Phi(\bar{x}_i) \tag{17-2}$$

式中,α_i 为求解优化问题时确定出的非负值,常数 b 也可在求解优化问题时求出。

i 取某些值时,$\alpha_i = 0$,这些 i 所对应的样例 $(\Phi(\bar{x}_i), y_i)$ 不会影响最大间隔超平面。其他满足 $\alpha_i > 0$ 的 i 值所对应的样例则会影响最大间隔超平面,这些(对应 α_i 为正值的)样例就是支持向量。

将式(17-2)中给出的 $\bar{w}$ 带入势函数表达式(17-1)中,可得

$$\bar{w} \cdot \Phi(\bar{x}) + b = \sum_{i=1}^{n} \alpha_i y_i (\Phi(\bar{x}_i) \cdot \Phi(\bar{x})) + b \tag{17-3}$$

17.4 实现及其与核方法的关联

如何求解优化问题并在变换空间中真实构建一个最大间隔超平面，是个重要且实际的问题。如何实现变换 $\Phi(\cdot)$ 是该问题的一部分。通常，原始特征向量 $\bar{x}$ 本身就是高维的，而其变换后的变换空间维度更高，甚至可能是无限维，因此，$\Phi(\bar{x}_i)$ 和 $\Phi(\bar{x})$ 很难求取。

一个有用的数学结论可以帮我们求解该问题，并还给出向量机和第 8 章中讨论的核方法之间的联系。（正如在 17.5 节中所讨论的）原来，优化问题可以表示成 $\Phi(\bar{x}_i)$ 与 $\Phi(\bar{x}_j)$ 的点积形式 $\Phi(\bar{x}_i) \cdot \Phi(\bar{x}_j)$。同时，如式（17-3）中所示，用相应决策规则实现特征矢量分类的操作涉及点积 $\Phi(\bar{x}_i) \cdot \Phi(\bar{x}_j)$。

在特定条件下，可以用一个易于求解的函数 $K(\bar{x}_i, \bar{x})$ 来代替点积 $\Phi(\bar{x}_i) \cdot \Phi(\bar{x})$。函数 $K(\cdot, \cdot)$ 正是核函数，并且生成的分类器具有核分类器的通用形式，即

$$\bar{w} \cdot \Phi(\bar{x}) + b = \sum_{i=1}^{n} \alpha_i y_i (\Phi(\bar{x}_i) \cdot \Phi(\bar{x})) + b$$

$$= \sum_{i=1}^{n} \alpha_i y_i K(\bar{x}_i, \bar{x}) + b$$

优化问题中用来寻找 α_i 的项也包含点积 $\Phi(\bar{x}_i) \cdot \Phi(\bar{x}_j)$，该点积可用 $K(\bar{x}_i, \bar{x}_j)$ 替换。因此，如果 $\sum_i \alpha_i y_i K(\bar{x}_i, \bar{x}) + b > 0$，特征向量 $\bar{x}$ 划分为 1；如果 $\sum_i \alpha_i y_i K(\bar{x}_i, \bar{x}) + b < 0$，特征向量 $\bar{x}$ 划分为 -1。

实践当中往往直接选取核函数 K，映射 $\Phi(\cdot)$ 和变换空间 H 都取决于 K 的选择。事实上，一旦指定了核，甚至无须知道相应的 Φ 和 H，就能直接运用训练和分类准则。其实，对于给定内核 K，当且仅当 K 满足 Mercer 条件时，相应的 Φ 和 H 才存在，也就是说，对所有使 $\int g(\bar{x})^2 \mathrm{d}\bar{x} < \infty$ 的 $g(x)$，有 $\int K(\bar{x}, \bar{z}) g(\bar{x}) g(\bar{z}) \mathrm{d}\bar{x} \mathrm{d}\bar{z} \geq 0$。

在第 8 章中已经针对一些常用核函数进行了讨论，即

$$K(\bar{x}_i, \bar{x}_j) = (\bar{x}_i \cdot \bar{x}_j + 1)^p$$

$$K(\bar{x}_i, \bar{x}_j) = e^{-\|\bar{x}_i - \bar{x}_j\|^2 / 2\sigma^2}$$

$$K(\bar{x}_i, \bar{x}_j) = \tanh(\kappa(\bar{x}_i \cdot \bar{x}_j) - \delta)$$

一般情况下，就核方法而言，核函数及相关参数的选取也颇有技巧，该选择可能会显著影响分类性能。

17.5 优化问题的细节

本节将对寻找最大间隔超平面的优化问题进行详细论述。首先，改写分离方程，并给出数据被超平面分离时间隔的精确方程。然后，引入松弛变量，确保在变换空间中训练样例可被线性分离。为此，要对"最大间隔"概念进行适当修正。最后，描述了如何使用优化理论工具重新表述优化问题，并给出求解方程。

17.5.1 改写分离条件

变换后的训练样例是 $(\Phi(\bar{x}_1), y_1), \cdots, (\Phi(\bar{x}_n), y_n)$，这里 $\Phi(\bar{x}_i) \in H$ 而 $y_i \in \{-1, 1\}$。变换空间 H 中的超平面方程可以用矢量 $\bar{w}$ 和标量 b 表述为

$$\bar{w} \cdot \Phi(\bar{x}) + b = 0$$

可以证明，$\bar{\omega}$ 是超平面的法向量，$|b|/\|\bar{\omega}\|$ 是从原点到超平面的距离。

如果超平面分离了训练数据，那么

$$\Phi(\bar{x}_i) \cdot \bar{w} + b > 0 \text{ 如果 } y_i = +1;$$
$$\Phi(\bar{x}_i) \cdot \bar{w} + b < 0 \text{ 如果 } y_i = -1。$$

这些方程采用简单的形式表示了我们的需求，即标为 +1 的 $\Phi(\bar{x}_i)$ 位于超平面的一侧，而标为 -1 的诸多 $\Phi(\bar{x}_i)$ 则位于超平面另一侧。因为只有有限多 $\Phi(\bar{x}_i)$，并且它们与超平面的距离都非零，故对某些 $\beta > 0$ 有

$$\Phi(\bar{x}_i) \cdot \bar{w} + b \geq \beta \text{ 如果 } y_i = +1;$$
$$\Phi(\bar{x}_i) \cdot \bar{w} + b \leq \beta \text{ 如果 } y_i = -1。$$

然后，改写上述方程（即方程两侧同除以 β，并将 $\bar{\omega}/\beta$ 和 b/β 用 $\bar{\omega}$ 和 b 表示），使分类超平面满足：

$$\Phi(\bar{x}_i) \cdot \bar{w} + b \geq +1 \text{ 如果 } y_i = +1, i = +1;$$
$$\Phi(\bar{x}_i) \cdot \bar{w} + b \leq -1 \text{ 如果 } y_i = -1, i = -1。$$

可以将上述条件等效表述为

$$y_i [\Phi(\bar{x}_i) \cdot \bar{w} + b] - 1 \geq 0 \quad i = 1, \cdots, n \tag{17-4}$$

17.5.2 间隔方程

根据式（17-4）表述的分离条件，可证明正例到超平面的最短距离（d_+）和负例到超平面的最短距离（d_-）都等于 $1/\|\bar{\omega}\|$（见图 17-5）。超平面的间隔可表示为

$$\text{margin} = d_+ + d_- = \frac{2}{\|w\|}$$

要使该间隔最大,可以使 $\|\overline{\omega}\|$ 最小,或者 $\|\overline{\omega}\|^2$ 最小(为了找到切实可行的优化算法,使 $\overline{\omega}$ 幅值的二次方最小比使其幅值最小更容易一些)。因此,可以通过求解后述优化问题,找到分离训练数据的最大间隔超平面:

使 $\|\overline{\omega}\|^2$ 最小化,需满足 $y_i(\Phi(\overline{x}_i) \cdot \overline{w} + b) - 1 \geq 0 \quad i = 1, \cdots, n$。

17.5.3 用于不可分实例的松弛变量

通常情况下,可能无法仅用一个超平面就能分离全部训练数据。可是,通过对目标进行合理的定义,我们就可找出一个能"尽量多地"分离数据,同时尽可能"使间隔最大化"的超平面。

为了找到这样的超平面,引入"松弛变量" ξ_i,$\xi_i \geq 0$,$i = 1, \cdots, n$,并尽量满足:

$$\Phi(\overline{x}_i) \cdot \overline{w} + b \geq +1 - \xi_i \text{ 如果 } y_i = +1;$$

$$\Phi(\overline{x}_i) \cdot \overline{w} + b \leq -1 + \xi_i \text{ 如果 } y_i = -1。$$

由于 ξ_i 非负,我们发现以上条件实际是最初分离条件的"松弛"版。ξ_i 的引入使这些条件在一定程度上得到了"松弛"。若不约束 ξ_i,上述条件显然能够轻易满足。也就是说,采用任意超平面,然后选取足够大的 ξ_i,就可满足上述条件。

通过引入一个惩罚项,会得到一个适定问题。该惩罚项包括了用于优化问题的松弛变量。特别是,由于已限定 ξ 非负,因此添加一个 $C\sum_i \xi_i$ 形式的项(这里 C 为某个适当的常数值)就可得出一个有用的公式。根据该项,更大的 ξ_i 会被惩罚,从而缓解了将 ξ_i 设为任意大引发的上述条件满足度下降的问题。因此,需寻找一个求解以下优化问题的超平面:

使 $\|\overline{w}\|^2 + C\sum_i \xi_i$ 最小,满足 $y_i(\Phi(\overline{x}_i) \cdot \overline{w} + b) - 1 + \xi_i \geq 0$,$i = 1, \cdots, n$;$\xi_i \geq 0$,$i = 1, \cdots, n$。

17.5.4 优化问题的重构和求解

使用优化技巧(拉格朗日乘数法并考虑对偶问题),通过求解以下优化问题就能找到最大间隔分类超平面:

使 $\sum_i \alpha_i - \frac{1}{2}\sum_{i,j} \alpha_i \alpha_j y_i y_j (\Phi(\overline{x}_i), \Phi(\overline{x}_j))$ 最大化,满足 $\sum_i \alpha_i y_i = 0$,$0 \leq \alpha_i \leq C$,$i = 1, \cdots, n$。

这是一个标准的优化问题,称为凸二次规划问题,有多种大家熟知并且高效的算法能求解这类问题。要求解这类优化问题,需满足下列方程,其中还包含分类超平面方程：

$$\bar{w} = \sum_{i=1}^{n} \alpha_i y_i \Phi(\bar{x}_i) \tag{17-5}$$

$$\alpha_i \{ y_i [\bar{w} \cdot \Phi(\bar{x}_i) + b] - 1 + \xi_i \} = 0, \ i = 1, \cdots, n \tag{17-6}$$

$$y_i [\bar{w} \cdot \Phi(\bar{x}_i) + b] - 1 + \xi_i \geq 0, \ i = 1, \cdots, n \tag{17-7}$$

求解优化问题可取得 α_i 和 ξ_i 值。由此，$\bar{\omega}$ 可以直接从上面的式（17-5）求得。可以通过式（17-6）任取一个 i 值并求取标量 b。但更好的方法是根据所有 i 值分别求解对应的 b 值，然后对所有 b 值取平均，并将该均值作为标量 b 的数值。

训练过程要求解优化问题，并取得分类超平面（即 $\bar{\omega}$ 和 b）。对于分类，只需验证特征向量 $\bar{x}$ 落在超平面的哪一侧。也就是说，如果

$$\bar{w} \cdot \Phi(\bar{x}_i) + b = \sum_{i=1}^{n} \alpha_i y_i [\Phi(\bar{x}_i) \cdot \Phi(\bar{x})] + b > 0$$

那么 $\bar{x}$ 划分为 1，否则 $\bar{x}$ 划分为 -1。

正如 17.4 节中提到的，在一定条件下，点积 $\Phi(\bar{x}_i) \cdot \Phi(\bar{x}_j)$ 可用更易于计算的函数 $K(x_i, x_j)$ 替换。这样形成的分类器就演化为一种通用核分类器了。换言之，可根据下式结果是否大于 0，完成对特征向量 $\bar{x}$ 的分类

$$\bar{w} \cdot \Phi(\bar{x}_i) + b = \sum_{i=1}^{n} \alpha_i y_i (\Phi(\bar{x}_i) \cdot \Phi(\bar{x})) + b$$

$$= \sum_{i=1}^{n} \alpha_i y_i K(\bar{x}_i, \bar{x}) + b$$

17.6 小结

本章介绍了一种非常有用的学习方法——支持向量机。我们先讨论了支持向量机的核心思想，即将特征向量映射到一个高维空间，并在这个变换空间中找到分类超平面。这使得在原始空间中的非线性分类成为可能，从而克服了线性分类器代表性的局限。此外，通过使用线性分类器，我们可以提出找寻分类器的有效计算方法。

SVM 的第二个核心思想是大间隔分类器。在所有对给定训练数据集进行分离的超平面中，那些间隔大的超平面对典型分布具有更好的分类性能，即使在最糟糕的情况下，所有的分类超平面的性能也是可比的。因此，即便变换空间维度较高，变换空间中的大间隔分类器性能还算不错。

这种变换特征空间以及寻找大间隔分类器的方法可以归纳为优化问题。在某些条件下，应用优化问题求解方法取得的分类器采用了核方法的形式，并可有效运用。

在未使用非线性映射且原始训练数据线性可分的情况下，最易于构造优化问题。当训练数据不可分时，则可引入松弛变量，优化问题表述为寻找能够尽可能多分离数据的超平面，也就是说该超平面的间隔应尽量大，同时松弛变量最小。常见的非线性分类器（即使用更高维空间的映射）及变换后不可分的数据引出了上述核方法。通常在支持向量机应用中，即使无须明确地考虑，仍然要选择核函数，核函数的选取导出了映射和新的高维空间。

17.7 附录：计算

支持向量机作为一种实用的学习方法，它的成功源于很多因素，求解优化问题所用有效算法的可实现性就是其中之一。就成功的学习方法而言，这很寻常。也就是说，除了泛化性能和学习方法的其他特点外，具有良好的求解算法至关重要。

有人可能会问，用于学习或其他问题的良好算法何时存在，以及如何更好地表述这样的问题？在考问好算法的存在性之前，要先解决"什么是算法？"的问题。计算机科学中一个称为计算理论的分支就解决了上述及其他一些问题。

大家普遍认为是阿兰·图灵、阿隆佐·邱奇等人的工作开创了现代计算理论。阿兰·图灵提出了一种用于计算的相当简单、直观的数学模型——图灵机，图灵机试图捕捉数值计算的本质。大约同一时期的其他一些模型（如递归和 λ-演算）被证明具有与图灵机相同的计算能力。此后，又有许多其他的计算模型（包括许多对图灵机模型细节的改变）也显示了相同的计算能力。图灵机（或其他等效模型）表述了算法的概念以及可以对什么进行计算。诸多模型的等价性使人觉得定义具有鲁棒性，同时，这种等价性还引出了被普遍认可的假说"图灵机获得了计算真谛"，即任何可计算的问题都能用图灵机求取，这通常被称为邱奇论题或邱奇—图灵论题。

不过有些问题或函数（事实上很多问题/函数）无法用图灵机解决或计算，因此也无法用其他任何等效的计算模型求取。对于这样的问题或函数，是否具有解决问题或求取函数的优良算法是无关紧要的。这类问题压根无法解决，而这类函数也根本无法求取！

但幸运的是许多（全部？）有趣的问题是可以计算的！对于这样的问题，的确存在可以解决问题的算法，因此，自然会探究是否具有性能良好的算法，并且如何界定好算法。一个称为复杂性理论的计算机科学分支研究了此类问题。

复杂性理论中一种很常见的方法是思考解决问题所需的时间（步骤数）和空间（内存容量）。更具体地讲，此类分析往往关注的是如何根据问题的大小调整所需的时间和空间。例如，就学习问题而言，问题的大小可以依据特征空间的维度 d 及训练样例的数量 n 求得。如果维度 d 确定，那么我们可能会关注求得一良好决策规则所耗费的时间，该决策规则是训练样例数目的函数。我们通常会寻找所需时间为 n 的函数，且不会增长过快的算法。

试想，比如有三个算法，为了求取优良准则，第一个算法需要 $0.4n$s，第二个算法需要 $0.03n^2$s，第三个算法要用 $(0.001)\,2^n$s。如果有十个训练样例，那么三个算法分别需要 4s、3s 和 1.024s。看起来第三个算法的速度相当快。但是如果有一千个训练样例，那么第一个算法需要 400s，第二个算法需要 30000s，而第三个算法将超过 10^{297}s！显然，在实际应用，算法效率是一项必须考虑的重要内容。

17.8 问题

1. 判别真伪：在支持向量机算法中，在变换空间中使用线性规则可以给出原特征空间里的非线性规则。

2. 线性支持向量机决策规则的形式是什么？

3. 如果我们坚持认为超平面经过原点，那么决策规则是什么形式？

4. 试说明：通过将特征向量维度加 1，增广空间中过原点的超平面就能代表原空间中的一个普通超平面决策规则。

5. 前一问题的构建将对分类器间隔造成何种影响？

6. 实际上，支持向量机通过将特征空间变换到另一更高维的空间（有时是无限维空间），然后在变换空间内实现（可能是软的）大间隔线性分类，进而解决分类问题。无限维空间中线性类的 VC 维为何？这是难题吗？如果是，那么使用大间距分离能解决这个问题吗？试分析。

7. SVM 为什么称为支持向量机？什么是支持向量，在支持向量机中支持向量起什么作用？

8. 假设在变换空间中特征向量和相应的标记如下：

$(-1,0;+)$，$(0,1;+)$，$(1,0;+)$，$(-1,2;-)$，$(-1,3;-)$，$(0,3;-)$，$(1,5;-)$。

(a) 画出特征向量，标出支持向量并求取间距。在这种情况下，支持向量机决策规则是什么？如何对特征向量 $(1,2)$ 进行分类？

(b) 现在添加一个新数据点 $(-1,1;+)$ 到上述数据中，重复 (a) 的内容。

(c) 如果集合 $(0,0;-)$ 中有其他数据点，概括描述该如何调整支持向量机算法，并解释原因。

17.9 参考文献

支持向量机最早由 Vapnik（1979 年）提出，但是并未引起广泛的关注，直到 1990 年代初通过 Vapnik 和其他人如 Boser 等（1991）、Cortes 和 Vapnik（1995）及 Vapnik（1991）的工作才为大家了解。自那时起，支持向量机被广泛研究，并在诸多领域中成功应用，比如 Poldrak 等（2009）的工作。

Burges（1998）的教程和 Cristianini 和 Shawe-Taylor（2000）、Shawe-Taylor 和 Cristianini（2004）、Schölkopf 和 Smola（2001）和 Vapnik（1991，1998）编著的书籍为 SVMs 学习提供了很好的切入点。Schölkopf 等人（1999）和 Bartlett 等人（2000）编写的书中囊括了这些领域中的诸多论文。

[1] Bartlett P, Schölkopf B, Schuurmans D, Smola AJ, editors. Advances in large-margin classifiers. Cambridge（MA）：MIT Press；2000.

[2] Boser B, Guyon I, Vapnik VN. A training algorithm for optimal margin classifiers. Proceedings of the 5th Annual ACM Workshop on Computational Learning Theory. New York：Association for Computing Machinery；1992. pp. 144-152.

[3] Burges CJC. A tutorial on support vector machines for pattern recognition. Data Mining Knowl Discov 1998；2：121-167.

[4] Cortes C, Vapnik VN. Support vector networks. Mach Learn 1995；20：1-25.

[5] Cristianini N, Shawe-Taylor J. An introduction to support vector machines. Cambridge：Cambridge University Press；2000.

[6] Poldrak RA, Halchenko YO, Hanson SJ. Decoding the large-scale structure of brain function by classifying mental states across individuals. Psychol Sci 2009；20（11）：1364-1372.

[7] Scholkopf B, Burges CJC, Smola AJ, editors. Advances in kernel methods：support vector learning. Cambridge（MA）：MIT Press；1999.

[8] Scholkopf B, Smola AJ. Learning with kernels：support vector machines, regularization, optimization, and beyond (adaptive computation and machine learning). Cambridge（MA）：MIT Press；2001.

[9] Shawe-Taylor J, Cristianini N. Kernel methodsfor pattern analysis. Cambridge：Cambridge University Press；2004.

[10] Vapnik VN. Esimation of Dependencies Based on Empirical Data. Moscow：Nauka, 1979, in Russian. English translation New York：Springer；1982.

[11] Vapnik VN. The nature of statistical learning theory. New York：Springer；1991.

[12] Vapnik V. Statistical learning theory. New York：Wiley-Interscience；1998.

第18章 集成学习

集成学习是一种用于提高学习算法性能的迭代过程。它是迄今为止最成功的学习方法之一。Boosting算法将一系列"弱"分类规则进行融合,以形成"强大的"复合分类算法。集成学习方法在多次迭代中完成,在每个运算过程中,通过执行某个基本学习算法对训练样本进行不同的加权,以生成一个弱分类规则。首轮迭代中将使用相同的权,此后每轮都对权值进行更新,增大被当前弱假设错分样本的权值,同时减小被正确分类的训练样本的权值。这样可使弱学习算法在下一轮中重点处理那些难分类的样本。若干轮迭代后,我们会得到由多个弱分类规则加权求和形成的最终分类规则。尽管每轮生成的弱分类规则性能一般,但这一方法提升了整体性能,生成了一个性能优良的新组合规则。

有很多不同的基本集成学习算法,其中Freund和Schapire(1997年)提出的自适应集成学习算法是最流行的一种。介绍该算法之前,先对弱学习器的研究背景和涉及的两个关键要素(即组合分类规则和训练样本权值更新)进行简要介绍。

18.1 弱学习规则

在任意分类问题中,我们期望的最优错误率均为贝叶斯错误率R^*。对于任何问题,设计一个错误率为$\frac{1}{2}$的学习规则很容易,只需忽视特征向量$\bar{x}$,并随机将标签定为+1或-1即可。如此一来,正如第5章中提到的,肯定有$R^* \leq \frac{1}{2}$。

有些分类问题中贝叶斯错误率为$R^* = \frac{1}{2}$,就这些情况而言,我们能做的并不比随机猜测好,而这与学习算法无关。对于这样的问题,集成学习(或为此采用的任何其他学习算法)是无效的。不过,更典型的是贝叶斯错误率严格小于$\frac{1}{2}$的情况。对于此类问题,我们期望找出性能更接近贝叶斯错误率的规则。

正如之前所见一样,常规过程需观察训练样本集$(\bar{x}_1, y_1), \cdots, (\bar{x}_n, y_n)$,并利用训练数据构建分类规则。要找到一个性能接近贝叶斯错误率的规则可能相当困难(通常情况下我们甚至并不清楚贝叶斯错误率)。截至目前,我们已就遇到的问题介绍了多种分析方法,每种方法都有其优、缺点,当训练样本无限多时,其中一些方法所得规则的错误率接近贝叶斯率。然而，样本数有限时，除非对潜在分布或者计划使用的规则类施加一定限制，或者对两者均进行限制，否则所有的期望往往都会落空。

因此，当样本数有限时，规则性能可能远非最好。不过，如果该规则的性能明显优于随机猜测，那说明它已经从训练样本中提取到了有用的东西，而这样的规则被称为弱学习规则。某些 $\gamma > 0$ 的情况下，弱学习规则的错误率为 $\varepsilon = \frac{1}{2} - \gamma$。

出于计算或其他方面的考虑，要找出良好规则可能比较困难，但弱学习规则却易于求取。这时，集成算法就有用了。如果有生成弱规则的方法，集成算法就可以整合这些弱规则，从而生成性能更好的新分类器。

18.2　分类器组合

集成学习算法会将多个弱分类器组合在一起，形成一个性能（有可能）更好的组合分类器。这一新分类规则由原先的多个分类器加权组合构成。随后会分析如何求取权值，本节将围绕给定权值情况下分类器的组合方法进行讨论。

假定有一组分类规则 $h_1(\bar{x}), h_2(\bar{x}), \cdots, h_T(\bar{x})$，可以对其进行加权求和以构造新的分类规则。假设有一组权值 $\alpha_1, \alpha_2, \cdots, \alpha_T$，可定义

$$H(\bar{x}) = \mathrm{sign}\Big(\sum_{t=1}^{T} \alpha_t h_t(\bar{x})\Big)$$

同第 9 章一样，$\mathrm{sign}(u)$ 在 $u < 0$ 时函数值为 -1，否则为 1。

对于给定的 $\bar{x}$，每个独立规则 $h_t(\bar{x})$ 的输出为 $+1$ 或者 -1。组合规则 $H(\bar{x})$ 为独立规则加权和 $\sum_{t=1}^{T} \alpha_t h_t(\bar{x})$ 的符号。如果该加权和为正，那么 $H(\bar{x}) = 1$；如果该加权和为负，那么 $H(\bar{x}) = -1$。因此，正如预计的那样，$H(\bar{x})$ 的输出也为 $+1$ 或 -1。当然，也需要应对加权和为零的情况，为了简化分析，假定这种情况映射到 $+1$。我们会依据 sign 函数的定义隐式地完成这些过程，正如在第 9 章中所做的那样。如此一来，对任意特征向量 $\bar{x}$，输出为 $+1$ 或 -1，故而 $H(\bar{x})$ 为通常意义上的分类规则。

需要注意的是，单个输出 $h_t(\bar{x})$ 是第 t 轮生成的弱分类器所做的判决。每个这样的判决都与相应的权值 α_t 相乘并相互叠加，进而生成加权和。在特殊情况下，α_t 均相等且为正值，$H(\bar{x})$ 为诸多单个规则 $h_t(\bar{x})$ 中大多数的判定结果。但是，某些规则 $h_t(\bar{x})$ 的判决通常会被赋予更大的权值。

18.3 训练样本的分布

跟往常一样,用于学习的训练样本为$(\bar{x}_1, y_1), \cdots, (\bar{x}_n, y_n)$,其中$\bar{x}_i \in R^d$,$y_i \in \{-1, +1\}$(同样,为了便于分析,本章将类视为 +1 和 -1,而非 0 和 1)。一般而言,任何学习算法都会尽量寻找训练误差小的分类规则。给定规则$h(\cdot)$,其训练误差可通过其对训练样本的误判数目来衡量,也就是

$$\sum_{i=1}^{n} I_{\{h(\bar{x}_i) \neq y_i\}} = \sum_{i:h(\bar{x}_i) \neq y_i} 1$$

(在第 8 章中)I_A表示事件A的指示函数,对于该函数,如果事件A为真,那么$I_A = 1$,否则I_A为 0。这正是对一些训练样本的数目统计,就这些样本而言,用于特征向量$\bar{x}_i$的规则h与观测到的标签y_i不相符。

如果除以n,会得到上述训练样本数目的分数,而非样本数目。用ε表示该分数,故有

$$\varepsilon = \frac{1}{n} \sum_{i=1}^{n} I_{\{h(\bar{x}_i) \neq y_i\}} = \frac{1}{n} \sum_{i:h(\bar{x}_i) \neq y_i} 1 \tag{18-1}$$

当每个训练样本概率相同时,可以将ε视为所有训练样本的错误概率(或错误率)。尽管学习算法常试图找出使ε小的规则,但有时需要在这一目标和简化分类规则之间进行平衡。

被规则h误分类的样本很有可能本就难以分类。假设采用任意学习算法,并关注难以分类的情况,我们可以这样做,比如给这些"难"分类的样本分配更大的权值,同时给"容易"分类的样本分配较小的权值;可以将特定样本的权值视作发现该样本的概率;还可以根据这些概率划分$(\bar{x}_i, y_i)$对以形成新的样本,然后基于新样本集训练学习算法;或者,如果可能,仅用使加权训练误差而非上述未加权的误差ε最小的学习算法。

令$D_t(\cdot)$表示第t轮训练样本的分布,那么$D_t(i)$就是第i个训练样本的概率(或权值)。在第t轮迭代中,弱学习算法将使加权训练误差最小。也就是说,弱学习算法将生成一个假设$h_t(i)$,该假设要使加权误差ε_t最小,而不是使等式(18-1)中的未加权的误差最小。加权误差ε_t定义为

$$\varepsilon_t = \sum_{i=1}^{n} D_t(i) I_{\{h(\bar{x}_i) \neq y_i\}} \tag{18-2}$$

我们可将ε_t视作第t轮中由弱分类算法生成的分类器$h_t(\cdot)$的错误概率,在此处,该概率可以根据分布$D_t(\cdot)$求取。

18.4 自适应集成学习算法(AdaBoost)

现在已具备了详细论述集成算法所需的全部要素,但在给出详细的数学分

析之前，先简要介绍一下算法的主要步骤。

集成算法可通过以下方式实现。输入为训练数据$(\bar{x}_1, y_1), \cdots, (\bar{x}_n, y_n)$，并采用弱学习算法。输出是一个分类器，该分类器是几轮生成的弱分类器的加权组合算法。主要步骤如下：

- 开始时，对每个训练样本都设置相同权值，并设置$t=1$。
- 在第$t(t=1,\cdots,T)$次迭代中，运行弱学习算法生成假设$h_t(\cdot)$。
- 计算$\varepsilon_t(h_t(\cdot)$的错误率），并用其计算权值α_t。
- 将训练样本的分布$D_t(\cdot)$更新为$D_{t+1}(\cdot)$，分配更大的权值给那些被$h_t(\cdot)$误分类的样本，并分配较小的权值给那些被正确分类的样本。这样一来，在下一轮（即在第$t+1$次迭代）中弱学习算法将侧重于前一轮被误分的样本。
- T轮迭代完成后，用权值α_t形成最终的复合分类器$H(\cdot)$，该复合分类器是弱学习规则$h_t(\cdot)$的加权组合。

要准确描述集成学习过程，仅需明确如何选取权值α_t，以及分布$D_t(\cdot)$的更新方式。我们描述的这一形式的集成学习算法就是Freund和Schapire于1995提出的自适应集成学习算法。该算法已被证实非常有效，并被广泛研究。

自适应集成学习
- 输入：
- – 训练数据$(\bar{x}_1, y_1), \cdots, (\bar{x}_n, y_n)$。
- – 弱学习算法。
- 初始化：
- – 设$t=1$。
- – 设$D_1(i) = 1/n$。
- 主要步骤：对于$t=1, \cdots, T$
- – 对分布D_t使用弱学习算法，以获得分类器$h_t(\cdot)$。
- – 令ε_t为$h_t(\cdot)$关于分布D_t的错误率。设$\alpha_t = \frac{1}{2}\log\left(\frac{1-\varepsilon_t}{\varepsilon_t}\right)$。
- – 采用如下方法更新分布：

$$D_{t+1}(i) = \frac{D_t(i) e^{-\alpha_t y_i h_t(\bar{x}_i)}}{Z_t}$$

其中Z_t是确保$\sum_{t=1}^{T} D_{t+1}(i) = 1$的归一化因子。
- 输出：由集成学习过程生成的最终分类器$H(\cdot)$

$$H(\bar{x}) = \text{sign}\left(\sum_{t=1}^{T} \alpha_t h_t(\bar{x})\right)$$

18.5 训练数据的性能

集成算法以降低训练数据误差的方式将弱分类规则组合在一起。回想一下，令 ε_t 表示第 t 轮迭代中根据分布 D_t 进行加权形成假设 h_t 的错误率。假设基本学习器生成假设的性能优于随机猜测，所以 $\varepsilon_t < \frac{1}{2}$。然而，由于基本算法只是弱学习器，因此其错误率可能并不比随机猜测好多少。令 γ_t 为可使 h_t 对训练数据（根据 D_t 加权）的处理效果优于随机猜测的量，即

$$\gamma_t = \frac{1}{2} - \varepsilon_t$$

可以看出，自适应集成算法生成的最终分类器训练误差范围如下：

$$\frac{1}{n}\sum_{i=1}^{n} I_{\{h(\bar{x}_i) \neq y_i\}} \leq e^{-2\sum_{t}^{T}\gamma_t^2} \quad (18\text{-}3)$$

上式左侧为 H 用于训练数据时的（未加权）错误率，也就是 H 误分类的训练样本数与训练样本总数的比值。由于每轮生成的基分类器都优于随机猜测，$\gamma_t > 0$，因此，式 (18-3) 右侧的界限值每轮都在缩小。

假设每轮基分类器都优于随机猜测一定值。即假设对于某个 $\gamma > 0$ 的情况，有 $\gamma_t \geq \gamma$，那么式 (18-3) 的界限值表明，随着轮数增加，训练误差趋近于零。事实上，此时训练误差以轮数 T 的指数方式快速逼近零，因为

$$e^{-2\sum_{i=1}^{T}\gamma_t^2} \leq e^{-2\sum_{t}^{T}\gamma^2} = e^{-2T\gamma^2}$$

相较于自适应集成学习，集成算法会先达到同样的训练误差界，但是这需要知道 γ，而该值可能难以获得。自适应集成学习算法的优势在于它能自然而然地适应 h_t 的错误率，从而使我们不再依赖参数 γ（因此，AdaBoost 实际是自适应集成学习的缩写）。

18.6 泛化性能

虽然从某种意义上讲，上一节中关于集成学习算法性能（尤其是自适应集成学习）的分析结果令人满意，不过对于那些有价值的学习算法，我们真正关心的是其在处理新数据时的表现。也就是说，我们最终关注的还是泛化误差而非训练误差。

当然，使用 VC 维理论会发现，如果要考虑的决策规则集并不复杂（用该集合的 VC 维衡量），那么就能对训练误差最小的分类器的泛化性能进行约束。这样的方法可与随后的结果集成。令 V 代表基分类器集的 VC 维。跟之前一样，n

代表训练样本数，T 表示集成学习轮数。此外，按照之前章节的表述，分类器 H 处理新样本所得错误率用 $R(H)$ 表示，而这样可以量化泛化性能，即

$$R(H) = P\{H(\bar{x}) \neq y\}$$

其中，$R(H)$ 是 H 将随机抽取新样本误分类的概率。集成学习算法进行了 T 轮后，其错误率很可能有界，如下所示

$$R(H) \leq \frac{1}{n}\sum_{i=1}^{n} I_{\{H(\bar{x}_i) \neq y_i\}} + o\left(\sqrt{\frac{TV}{n}}\right) \qquad (18\text{-}4)$$

式（18-4）右侧第一项是分类器 H 处理以往训练数据时产生误差的一部分。通过前面学习可知，随着迭代次数增加该项会逐渐趋于零。另外，式（18-4）右侧第二项是不确定的，随着 T 的增加这一项也增大，使泛化误差限变得更糟。这表明，随着集成学习算法运行轮数的增加，可能会造成训练数据过拟合。随着训练数据的误差变小，泛化误差限会变糟，而这不是我们想要的结果。尽管基类的 VC 维有限，集成学习会取得一个由若干基分类器构造的组合。随着 T 增大，所有此类组合集的 VC 维通常均会增加。

然而，尽管在实际应用中，许多情况下都会观察到过拟合现象，但随着迭代次数的增加，泛化误差会持续减少，甚至在训练数据的误差为零后，这种情况仍会出现。分类器间距就解释了这一现象。第 17 章中介绍了线性分类间隔，该间隔可以用来衡量分类器对数据的分离程度。还有其他一些方法也能用于衡量分离程度，而为了分析集成学习，使用了一个与第 17 章中略有不同的定义。

定义样本 $(\bar{x}_i, y_i)$ 的间隔为

$$\text{margin}(\bar{x}_i, y_i) = \frac{y_i \sum_{t=1}^{T} \alpha_t h_t(\bar{x}_i)}{\sum_{t=1}^{T} \alpha_t} \qquad (18\text{-}5)$$

集成学习生成的分类器为

$$H(\bar{x}) = \text{sign}\left[\sum_{t=1}^{T} \alpha_t h_t(\bar{x})\right]$$

$\text{sign}(\cdot)$ 中的量乘以 y_i 就是间隔表达式中的分子。因此，当且仅当 H 将 $(\bar{x}_i, y_i)$ 正确分类，$(\bar{x}_i, y_i)$ 的分子（及由此得到的间隔）才是正值。同时，间隔总介于 -1 和 $+1$ 之间。如果每个基分类器 h_t 都将 $(\bar{x}_i, y_i)$ 正确分类，那么间距为 $+1$；如果每个基分类器都将 $(\bar{x}_i, y_i)$ 错误分类，那么间隔为 -1。

从某种意义上说，间隔衡量了对 $(\bar{x}_i, y_i)$ 分类的可信度。如果很多训练样本的分类间隔都大，那么 H 以高置信度将其分类，与此同时，我们还期望 H 具有良好的通用性。研究表明，训练样本间隔越大，分类器的泛化性能的边界越

好。特别是，对于任意 $\theta > 0$，可以根据下式确定错误率 $R(H)$ 的上限

$$R(H) \leq \frac{1}{n}\sum_{i=1}^{n} I_{\{\text{margin}(\bar{x}_i, y_i) \leq \theta\}} + o\left(\sqrt{\frac{V}{n\theta^2}}\right) \qquad (18\text{-}6)$$

上式中的第一项是一部分间隔小于或等于 θ 的训练样本。不依赖于 T 是该界限的一个重要特点，这有助于解释实验当中观测到的，集成学习算法运行了数轮，其泛化误差却往往并未增加的现象。

18.7 小结

集成学习是一种非常有效的学习过程，它将一组弱分类器组合形成一个强分类器。集成学习要运行多轮，每轮生成一个弱分类器，该弱分类器侧重于在上一轮中被错误分类的训练样本。随后获得的最终分类器是每轮形成的弱分类器的加权组合，其权值取决于弱分类器的性能。自适应集成学习是集成学习的一种特殊操作，它很简单、应用效果良好并且具有许多有用的特性。

18.8 附录：集成方法

本书中介绍了多种不同的学习方法，但仍有许多方法尚未讨论。面对具体学习问题时，人们自然想知道如何在诸多可用方法中进行选择。正如第 6 章中提到的所谓"没有免费午餐理论"，没有哪种算法在处理任何问题时，效果都优于其他算法。因此，基于对当前问题的理解，必须要审慎地做出选择。一旦选定方法，将其用于训练数据就可获得决策规则。

集成学习与之前介绍的学习方法有所不同。它不是通过对训练数据应用某一学习算法来提出特定决策规则，而是假设生成多个决策规则，然后选取其中的绝大多数来实现对新特征向量的最终分类。集成学习指出了一类更常称为集成方法的做法。我们希望运用分类器的集合（或组合），并将其中的单分类器进行适当组合，从而提出一个性能优于前述任意单分类器的规则。

有许多方法可以组合生成新分类器集。例如，可以对训练数据应用多种不同方法（比如，已讨论的各种方法及其他），并且该分类器集中应包含不同方法生成的诸多分类器。但就实际使用而言，我们的确希望有一种系统的、高效的分类器集生成方法，并且该方法还能将集合中的分类器组合起来。有许多方法能做到这一点。一般情况下，会先选择一个基本学习方法，随后系统地改变其细节或训练样本的使用方式。

比如，假如学习算法中用到了诸多参数或初始条件，那么随着所选参数或初始条件的不同，该方法可能会多次运行。与神经网络结合使用时就是如此，

随机选择不同的初始权值，神经网络会被多次训练。

生成分类器集的几种方法均涉及对训练数据的操作。一种称为装袋学习的技术就是个简单的例子。在装袋学习算法中，如果有 n 个训练样本，那么采用随机选出的 n 个样本构造新训练集，替换原始训练集。这样一来，有些样本会被重复选取，而其他的将被忽略。这种学习方法用于新训练集以形成分类器，而这一过程会被重复多次以生成分类器集。这是一种引导技术，并且术语装袋来源于引导聚合。另一种方法忽略了原训练数据的不相交子集，并在每个训练样本缩减集上运行学习算法，是一种交叉验证方法。集成学习属于此类训练数据处理方法。

通过生成分类器集并对其中的分类器进行组合可得最终规则，该规则一般不属基本学习方法生成规则的范畴。因此，集成方法考虑了更多分类器，故而被期望具有较大的泛化误差。有人认为集成方法就是另一种考虑了更多可能决策规则的学习算法。它使用训练样本集，并生成分类器。然而，正如我们在集成学习中讨论的，通过形成分类器集并对其进行适当地组合，往往能获得优于任意单分类器的性能。

18.9 问题

1. 什么是集成学习？何为"弱"学习规则？集成学习在什么情况下会成为提高弱学习规则性能的有效方法？

2. 判别真伪：集成学习应被视为核方法的特例。

3. 如果 $h_t(x)$ 是集成学习于第 t 轮生成的规则，试根据 $h_t(x)$ 和权值 α_t 表述 T 轮后的最终分类器 $H(\bar{x})$。

4. 集成学习如何改善弱分类器性能？

5. 有时哲学家们认为，在某种意义上，除非你相信某事是可靠的信仰形成过程的结果，你才会笃信它。他们意指什么？有没有相关统计学习理论的内容，能从这个意义上分析此类想法合理的原因。

6. 考虑随后的使用数据提出性能良好分类规则的方法：用这些数据估计背景概率分布，随后基于这些分布找出贝叶斯法则。请问这种方法与本书中讨论的其他学习方法相比如何？

18.10 参考文献

Kearns 和 Valiant（1988）考虑了是否弱学习器能够集成为强学习器的问题。Schapire（1990）提出了动态规划的集成学习算法，后来 Freund（1995）对该算

第18章 集成学习

法进行了改进。Freund 和 Schapire（1997）提出了最流行和实用的自适应集成学习算法。针对集成学习算法分析、改良、扩展以及应用的大量工作已经展开。Schapire（1999）简单介绍并研究了 Freund 和 Schapire（1999）的论文、Schapire（2001）的论文、Meir 和 Rätsch（2003）的论文并为集成学习算法提供了不错的切入点。Dietterich（2003）给出了更常用的集成算法的概述。

[1] Dietterich TG. Ensemble learning. In: The handbook of brain theory and neural networks. 2nd ed. Cambridge (MA): MIT Press; 2003.

[2] Freund Y. Boosting a weak learning algorithm by majority. Inf Comput 1995; 121 (2): 256-285.

[3] Freund Y, Schapire RE. A decision-theoretic generalization of on-line learning and an application to boosting. J Comput Syst Sci 1997; 55 (1): 119-139.

[4] Freund Y, Schapire RE. A short introduction to boosting. J Jpn Soc Artif Intel 1999; 14 (5): 771-780. (In Japanese, translation by Naoki Abe.)

[5] Kearns M, Valiant LG. Learning Boolean formulae or finite automata is as hard as factoring. Technical Report TR-14-88. Harvard University, Aiken Computation Laboratory; 1988.

[6] Meir R, Rätsch G. An introduction to boosting and leveraging. In: Mendelson S, Smola A, editors. Advanced lectures on machine learning. LNCS. New York: Springer; 2003. pp. 119-184.

[7] Schapire RE. The strength of weak learnability. Mach Learn 1990; 5 (2): 197-227.

[8] Schapire RE. A brief introduction to boosting. Proceedings of the Sixteenth International Joint Conference on Artificial Intelligence. Stockholm; 1999.

[9] Schapire RE. The boosting approach to machine learning: an overview. MSRI Workshop on Nonlinear Estimation and Classification; Berkeley, CA. 2001.